经管专业案例型论文撰写规范与典型案例

陈国民 ◎ 著

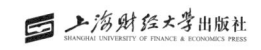

上海财经大学出版社
SHANGHAI UNIVERSITY OF FINANCE & ECONOMICS PRESS

图书在版编目(CIP)数据

经管专业案例型论文撰写规范与典型案例 / 陈国民著. -- 上海：上海财经大学出版社，2025.1
ISBN 978-7-5642-4525-2

Ⅰ.F2

中国国家版本馆 CIP 数据核字第 202405AL87 号

□ 策划编辑　杨　闯
□ 责任编辑　杨　闯
□ 封面设计　张克瑶

经管专业案例型论文撰写规范与典型案例

陈国民　著

上海财经大学出版社出版发行
(上海市中山北一路 369 号　邮编 200083)
网　　址：http://www.sufep.com
电子邮箱：webmaster@sufep.com
全国新华书店经销
上海华业装潢印刷厂有限公司印刷装订
2025 年 1 月第 1 版　2025 年 1 月第 1 次印刷

710mm×1000mm　1/16　12.75 印张(插页：2)　201 千字
定价：68.00 元

目 录

前言 / 001

第一章 经管专业学位论文概述 / 001
第一节 经管专业学位论文的基本要求 / 003
第二节 经管专业学位论文的关键要素 / 002
第三节 经管专业学位优秀论文的标准 / 007
第四节 经管专业学位论文的类型 / 009
第五节 经管专业学位论文写作的准备工作 / 011

第二章 经管专业学位论文的基础规范 / 013
第一节 经管专业学位论文的选题规范 / 013
第二节 经管专业学位论文的文献检索与著录规范 / 015
第三节 经管专业学位论文的研究设计规范 / 018
第四节 经管专业学位论文的谋篇布局规范 / 021
第五节 经管专业学位论文的文本表达规范 / 022
第六节 不同类型的经管专业学位论文规范 / 025

第三章 案例型专业学位论文写作基础 / 039
第一节 什么是案例研究 / 039
第二节 案例研究的设计 / 041
第三节 案例研究的步骤 / 055
第四节 案例型专业学位论文的写作体例 / 058

第四章 案例型专业学位论文的写作流程 / 060
第一节 论文选题与开题报告 / 060
第二节 研究方案设计 / 064
第三节 资料收集与实地调研 / 068
第四节 案例型专业学位论文的结构设计与正文写作 / 078
第五节 案例型专业学位论文的研究方法 / 085
第六节 案例型专业学位论文的研究工具 / 089

第五章 案例教学与应用实例（一）：桂林南药
——从诺奖技术到非洲疟疾克星 / 093
第一节 案例正文 / 093
第二节 案例教学定位 / 112
第三节 案例教学框架设计 / 113
第四节 案例教学的理论讲授与分析应用 / 116
第五节 案例教学的课堂设计 / 125

第六章 案例教学与应用实例（二）：数智赋能
——广西正大重塑生猪产业链新图景 / 135
第一节 案例正文 / 135
第二节 案例教学定位 / 146
第三节 案例教学框架设计 / 148
第四节 案例教学的理论讲授与分析应用 / 153
第五节 案例教学的课堂设计 / 170

第七章 案例教学与应用实例（三）：深耕产教融合
——京东物流构筑数智人才培养"新高地" / 174
第一节 案例正文 / 174
第二节 案例教学定位 / 178
第三节 案例教学框架设计 / 180
第四节 案例教学的理论讲授与分析应用 / 184
第五节 案例教学的课堂设计 / 196

前　言

作为世界第二大经济体,中国的经济发展轨迹、管理实践与创新成果正逐步成为国际学术界与企业界关注的焦点。习近平总书记提出的"讲好中国故事",不仅是对文化传播的号召,更是对包括教育和科研在内的各个领域提出的新要求——通过深入剖析本土案例,提炼中国智慧,为世界贡献中国方案。正是在这样的背景下,我们撰写了《经管专业案例型论文撰写规范与典型案例》一书。

一、写作背景与案例的新发展

随着中国经济的快速发展和管理实践的日益成熟,经管类教学对案例教学的需求日益增长。案例教学以其独特的实践性、互动性和启发性,成为连接理论与实践的桥梁,为学生提供了深入了解企业运营、洞察市场变化、培养解决问题能力的有效途径。在中国,随着企业国际化步伐的加快和本土企业创新能力的增强,大量具有中国特色和时代特征的经管案例不断涌现,为案例教学提供了丰富的素材和广阔的空间。

同时,我们也应看到,案例教学在中国经管学科教学中的新发展,不仅仅是数量的增加,更是质量的提升。案例的选取更加注重代表性和典型性,既反映中国企业的独特经验,又体现全球管理趋势的共性;案例的分析更加注重理论与实践的结合,既运用国际先进的管理理论进行剖析,又紧密结合中国国情和文化背景进行解读。

二、经管学科案例教学与研究的规范性需求

面对案例教学在中国管理教育中的蓬勃发展,我们也需要关注其规范性和科学性的要求。首先,案例的选取应遵循一定的标准和程序,确保案例的真实性、可靠性和可分析性;其次,案例的分析应建立在扎实的理论基础之上,运用科学的研究方法进行分析和论证;最后,案例教学的效果应通过有效的评估机

制进行检验和反馈,以不断提升教学质量和效果。

此外,对于经管学科案例研究而言,我们还需要注重研究的规范性和创新性。研究过程中应严格遵守学术道德和规范要求,确保研究的客观性和公正性;同时,也要勇于探索新的研究领域和方法论框架,为管理学科的发展注入新的活力和动力。

三、本书的定位与主要内容

《经管专业案例型论文撰写规范与典型案例》一书旨在为广大经管专业学生、教师及研究人员提供一本全面、系统的案例型论文撰写指南与典型案例样例。本书不仅详细介绍了案例型论文的撰写流程和规范要求,还通过精选的典型案例展示了如何将理论知识与实际问题相结合进行深入研究。本书的目的在于帮助读者掌握案例型论文的撰写技巧和方法论框架,提升其解决实际问题的能力和科研水平;同时,也希望通过典型案例的剖析和解读,为读者提供深入了解中国企业管理实践和创新成果的窗口。

在内容编排上,本书首先介绍了案例型论文撰写的基本知识和要求;随后通过几个领域的典型案例进行深入剖析和点评;最后总结了案例型论文撰写的常见问题和技巧以及案例分析中的注意事项。全书内容丰富、结构清晰、语言通俗易懂,既适合作为经管专业学生的教材或参考书使用,也适合作为研究人员和管理实践者的工具书使用。

在本书编写过程中,我们得到了众多专家、学者和企业界朋友的支持和帮助。他们不仅为我们提供了丰富的案例素材和宝贵的建议意见,还为我们解答了许多疑难问题。此外,也感谢桂林航天工业学院的张一纯教授、何勇副教授、黄文霞老师等为本书编写与出版付出的辛勤努力!希望本书能够为广大读者提供有益的帮助和指导并为中国经济管理教育事业的发展贡献一份力量!

第一章 经管专业学位论文概述

第一节 经管专业学位论文的基本要求

一、论文题目应该通顺

学位论文同期刊论文一样,论文题目是论文的"眼睛"。论文题目是对有关科学问题的提炼程度、凝练水平的反映。[①] 一般来说,经管专业学位论文的题目和副标题不超过20个汉字。

二、语句通顺,正确使用标点符号

学位论文是科技论文的一种,也是写给人看的。因此,做到语句通顺很重要。这一点也是经管专业学位最基本、最起码的要求。

三、结构清晰、层次分明

论文的结构、层次是作者思路、材料组织能力的反映。以清晰、简明的结构层次来组织学位论文会给读者以明确、直率的感觉,使其易于把握作者的思路。

一般来说,经管专业学位论文达到3级小标题即可。学位论文写作是一个综合分析的过程,需要对材料、文献进行归纳、总结和分析。然而,有些学位论文细化到5级甚至6级小标题,这会使学位论文的问题分析、材料表述复杂化,使论文整体碎片化,从而弱化作者综合分析能力,不利于论文整体水平的提升,也不利于读者把握作者的整体思路。因此,具备较好的论文结构层次,也是经管专业学位论文的基本要求。

---

① 徐海成,芮夕捷,马银波.经管类本科生毕业论文质量评价指标体系研究[J].情报杂志,2009,28(9):88—91,106.

四、论文分析表述自圆其说,而不前后矛盾

自圆其说是所有类型论文的基本要求,经管专业学位论文也不例外。

例如,在分析某超市顾客满意度时,通过顾客满意度指数计算该超市的顾客满意度较高,而在对策建议仍提出提升顾客满意度。这样的分析和建议是不能相互印证的,甚至是矛盾的。这就不符合经管专业学位论文的基本要求。

在强调提升学位论文质量的同时,还必须注重学位论文的一些基本要求。

第二节 经管专业学位论文的关键要素

一、选题

为保证经管专业学生的学位论文的质量与研究价值,论文选题应尽可能细化和聚焦,围绕我国企业管理实践中的独特现象和具体问题展开研究和撰写。

论文选题的重要性是无论如何强调也不过分的。切记不能大题小作,结果题目大,论断多,论证少。选题上要严格把关,题目选得相对小一些,集中一些,深入下去,会提高认识水平和判断能力,也会提高学生从事学术研究的功力。选题一定要具有理论价值或者现实意义。有人说选对了题目就完成了经管专业学位论文的一半,可见,通过选题,可以看出一个人的科学水平。因此,选题是提高论文质量的关键之一。①

二、文献综述

文献是写好论文的材料,也是研究的基础。它反映的是研究者的专业基础和专业能力。没有文献,就相当于造房子没有砖块,使写出的东西看起来像在空中造房子一样没有基础。文献是学术传承和学术伦理的载体。尊重文献就是尊重前人的研究,尊重文献,也体现了学术发展的脉络。因此,文献在撰写论文中至关重要。在撰写论文之前,一是要对文献进行必要的梳理,二是要善于使用文献。

---

① 李建明.高等院校经济类专业毕业论文写作要略[J].中国市场,2006(48):52—53.

(一)文献梳理

1. 文献梳理的目的

选题的问题意识来源于对文献的阅读和分析,问题意识不是凭空产生的,而是基于既有的研究而发现的。梳理文献的目的在于:

其一,梳理所选问题的历史发展脉络。任何问题都有一个发展脉络,不了解学术发展的脉络就不能对学术问题进行深入研究。也就是说,先要了解这个问题是从哪里来的,然后才能预判这个问题的未来发展方向。不仅要梳理这一问题国内研究的现状,而且还要梳理国际学术界对这一问题的研究现状,这样才能全面把握这一问题研究的基本状况。如果打开电脑就直奔主题,对某一具体问题洋洋洒洒地写下去,也不查阅相关文献,结果写出的可能是低水平重复的东西。在学术论文中,开头就直奔主题的论文,一般都不是好的论文。人贵在直,文贵在曲。论文的贵也在曲。而这种曲是通过对前人既有研究的追述和分析表现出来的。

其二,梳理文献是充分肯定前人所做的学术贡献。任何人的研究都是在前人的研究基础上进行新的探索。也就是牛顿所谓的"站在巨人的肩膀上"。在研究中,这个巨人不是具体的一个人,而是所有对该学术问题做出了贡献的人。学术的传承就是要尊重历史,不尊重前人的学术贡献,就难以开拓新的研究领域,也难以深入开展学术研究。不尊重历史,我们同样会陷入盲目自大的境地,以为别人都没有达到自己的水平,从而陷入重复研究的泥淖,浪费学术资源。

其三,梳理文献最根本的目的是发现前人研究中的问题,从而为自己的研究找到突破口。学术问题大多不是一代学人能解决的,一代学人只能解决那一代学人的认知水平之内所能解决的问题,但即便如此,也存在研究的疏忽和漏洞,也会因主观能力的不足而存在研究的缺陷。因此,后辈学人就是要反复不断地阅读、比较和分析前人的既有研究成果,从中发现研究中存在的问题和漏洞。这样,自己的选题就有可能或者延续前人的研究使之深化,或者发现前人研究的漏洞和不足以进行弥补,或者在原有的问题领域发现新的研究处女地。这才真正体现了所做选题的研究价值。

2. 梳理文献的方法

不少作者喜欢在引言中一口气把所有相关的文献都罗列出来,认为这就叫文献梳理。但是,把所有相关文献罗列出来肯定会占据论文的篇幅,会导致喧宾夺主。文献罗列太多,正文就要腾出篇幅来,结果正文想写下去但发现篇幅越拉越长而不敢深入了。这种文献梳理方法是最不可取的。还有部分作者将

要分析的文献全都放在一段中,这样给阅读的人造成很大的困扰。正确的文献梳理方法是:

其一,选择有代表性的文献,即在权威刊物上发表的论文和权威论著,这些论文论著代表了学术发展的基本状况。不能把那些不入流的刊物上的文章都罗列出来。

其二,选择有代表性的作者的论文,也就是权威学者、或者是活跃在学术界的知名作者的论文、论著。这些论文、论著同样代表了学术发展的基本态势。

其三,选择研究的视角来梳理文献。也就是结合自己要研究的视角,特别是具体的问题来梳理文献,这样范围就大大缩小,也有利于作者把握文献。

其四,在正文撰写的过程中,可以对具体的观点进行文献追述。这种方法要求作者对学术史特别是前人的学术观点十分清楚,对论文的写作已经有娴熟的技术。

一般来说,文献可以从以下角度梳理:根据不同的角度按照时间顺序梳理,例如张伟莲在撰写《H影视公司财务风险管理案例研究》时就采用这种方式;[①]根据不同研究内容梳理参考文献,例如钟晨曦在《互联网供应链金融风险管理——基于京东和道口贷的案例研究》的撰写中就采用了这种方式;[②]还有一些是利用文献管理软件 Vosviewer 和 Citespace 采用图表的形式梳理参考文献,例如赵一青在撰写《游客感知视角下阳朔民宿与目的地品牌建设互动性研究》时便采用了这种形式。[③]

(二)文献使用

使用文献不能投机取巧,必须老老实实。使用文献体现了一个学者治学是否严谨,研究是否下功夫。使用文献时要注意以下几点:

(1)切忌文献堆砌。使用文献的价值在于体现论文的研究深度和严谨性,而不是通过堆砌文献炫耀自己的专业知识多么广博。如果是这样,结果可能是适得其反。

(2)切勿张冠李戴。一定要查找文献的源头,如果是经典著作类的文献,就更需要阅读和查对。比方说,马克思、恩格斯的著作是合在一起的,但有的作者

---

① 张伟莲. H影视公司财务风险管理案例研究[D]. 北京:中国财政科学研究院,2019:1—5.
② 钟晨曦. 互联网供应链金融风险管理——基于京东和道口贷的案例研究[D]. 北京:北京交通大学,2018:2—6.
③ 赵一青. 游客感知视角下阳朔民宿与目的地品牌建设互动性研究[D]. 桂林:桂林理工大学,2020:8—17.

没有去读他们的著作,而是从别人的引用中直接就引过来。同时,由于没有弄清楚究竟是马克思的观点还是恩格斯的观点,可能会张冠李戴,这样就成为学术笑话了。切记要查阅原始文献,不可"人云亦云"。尤其是外国文献,有的作者不愿意阅读,而别人引用之后,自己在没有阅读的情形下就引用了,甚至还用外文形式来冒充。这在学术界是有先例的。张冠李戴还有一种情形就是引用观点时是一个学者,但注释文献时却是另一个学者。这说明作者根本没有读过被引观点的学者,而是从注释文献归属作者的论文中看到了这句话,同时又不愿意花时间查对,所以出现了张冠李戴的情形。

(3)正确使用网络文献、报纸文献。学术的浮躁或严谨,从文献的使用上一看就清清楚楚。如果通篇文章的文献都是网络文献或者是报纸文献,这样的论文无论如何都是不深入的。有的作者会说,网络文献、报纸文献表明论文是最新的观点。但是,网络文献和报纸文献可能并非学术著作,内容也并非经过严格论争的学术观点。或者说,这样的观点没有学术底蕴,相应的文献也不能支撑一篇学术论文。当然,网络文献、报纸文献是否就不能用了呢?那也未必。有的数据必须通过网络来发布,如一些统计机构的统计数据、调查数据等都是从网络上发布的。简而言之,权威机构的网站、权威学术机构的学术网站、国际知名的研究机构网站等,这些网络文献完全可以用。

(4)切勿想当然地使用文献,包括弄错出版时间、引用内容错误、页码错误、作者和译者错误等,这些会导致论文出现明显的硬伤。

三、研究设计

研究设计是论文的核心,它决定了研究的可信度和有效性。在进行研究设计时,应该明确研究目的、假设和研究方法。合理的研究方法可以帮助作者收集和分析数据,验证假设,并得出客观可靠的结论。在研究设计中,还应该考虑到样本的选择、数据的收集和处理方法以及实施计划的可行性。

四、收集资料要全面、真实

经管专业学位论文不是在家里拍脑袋想出来的,而是要通过数理统计分析得出结论,这才是科学方法。要写出优秀的经管专业学位论文,收集全面的资料尤为重要。

首先,可以通过学校图书馆收集相关资料。文献查阅工作是写作学术论文必不可少的步骤,也是提升学术能力的关键。学术期刊数据库和网上资料也是获取素材的一个便捷渠道。

其次,可以利用毕业实习环节和社会实践机会做调查,获取第一手的数据和材料,这是最为宝贵和最有价值的资料。数据和材料一定要原始可靠,绝不能拼凑,这是科研工作的基本要求。经济管理科学是经验科学,结论往往来源于社会实践,因此学术论文中包含第一手资料和数据是很有分量的。

五、论证逻辑

研究是一个论证的过程,论证是一个严密的逻辑思维过程。如果用发散性思维写论文,论文就会缺乏深度。论证的逻辑体现在以下几个方面:

(一)层次感,而不是平面感

好的论证逻辑一定是立体的、有层次感的,而不是平面的。世界是平的——这只是一种臆想,论文的论证逻辑是富于立体感的,这是一个刚性的现实要求,而不是臆想。好的论证逻辑就像剥洋葱,一层一层剥到中心,后才知道洋葱中心究竟是什么。平面性的论证逻辑缺乏新奇感,就像摊大饼,一开始就知道大饼中是什么内容了,所以这样的论证不会给人遐想,也不会带来新奇感。好的论文,有时也要给读者带来出人意料的结果。

(二)缜密性,而不是一盘散沙

论证的缜密性体现的是作者的思维能力,也体现了作者对专业知识掌握的程度。专业基础扎实的作者,其逻辑思维能力肯定要强。相反,没有扎实的专业根基,那么其论证往往是碎片化的。碎片化的专业知识,只能导致碎片化的论证逻辑。

(三)科学性,而不是随性化

学术研究是一个求真的过程,是一个利用大量的事实或史料经过逻辑论证之后得出结论的过程。正是经过这样的论证,学术才具有真理性和科学性。然而,当今的学术研究越来越缺乏这样的精神,做历史研究的不愿泡图书馆、档案馆,做现实研究的不愿做田野调查,用的是二手材料和二手数据,并且先预设一个观点或立场,用这些材料和数据证明这个预设的观点或立场。殊不知,同样的材料和数据可以证实完全相反的两种观点。这样,学术研究因没有按照学术规范而导致学术失去了科学性和真理性。反过来,预设一个观点,可以毫不费力地找到相应的材料和数据来证明这个观点,这同样也会导致难以找到学术的真理。这两种情况都会造成对学术的伤害,即任何人都可以从事学术研究,学术也就从根本上丧失了尊严,也无所谓学术权威可言。正确的方法是在阅读了大量文献之后而形成新的观点,然后再回到材料通过更多的材料来证明观点的科学性。

(四)学理性,而不是口语化

学术论文的学术性较强,因此必须要超越日常生活的口语化表达。口语强调是能让对方听得懂,所以具有随意性。而学术论文并不是要大众看得懂,而是要有专业背景的人才能看得懂。如果都能看得懂,那就不是学术论文了,那就是日常的讲话了。

(五)严谨性,而不是随意性

学术研究是一个求真的过程,因而需要研究者在论文写作中要有严谨的态度。论文的严谨性既包括论证过程的逻辑性与条理性,也包括材料与数据的真实性、参考文献的准确性。

(六)围绕核心问题展开论证,而不是天马行空

学术论文肯定有一个核心观点,因而在论证过程中必须围绕这个核心观点展开,所有材料的目标都指向这个核心观点,而不是从核心观点延伸出去,一旦延伸出去就有可能偏离主题。然而,现在不少作者完全是为了凑字数,导致论文的关键词非常多,整篇论文很有可能是一个拼盘,而不是在一个关键词或者一个核心观点统领之下的论文。结果,篇幅很长,但不知所云。这样的文章可以说是学术散文,而不是学术论文。

六、编写和修改

在完成初稿后,应该仔细修改和润色。在修改过程中,需要注意逻辑的连贯性与表述的准确性。同时,还应该检查拼写和语法错误,并确保格式和引用符合学术写作规范。最好能请教论文指导老师或专业人士的意见,以便更全面地改进论文。

第三节 经管专业学位优秀论文的标准

一、选题新颖

好的选题是经管专业学位论文写作的关键一步,论文的成功与否,在很大

程度上取决于题目的选择。专业学位论文选题要在自己调查研究的基础上，紧密结合学科领域的前沿课题、热点问题、特色问题，在导师的指导下选择一个既能联系实际又能体现该专业学位教育特色的新颖题目。例如，MBA 的联合库存管理、供应商管理库存等是近期库存管理的热点，这样的选题就很新颖。同样，MPA 的危机管理、食品安全等课题也比较新颖，工程硕士领域也有很多前沿领域值得研究。如果还用 ABC 分析法等传统的管理方法，就难免过时了。

二、资料丰富

专业学位论文的写作要围绕需要说明的观点，从各方面搜集丰富的材料，这些材料是分析提炼主题的基础。论文主题确立之后，还需要用大量翔实的材料证明。最近几年的行业发展数据、主要竞争对手的比较数据、所在单位近几年主要财务指标等，都是必不可少的。专业学位论文在使用材料上，必须紧扣论文的主题，选择真实、新颖、典型的资料来对论点进行有效的论证。

三、论述严密

一篇优秀的论文，表达观点和材料的语言也必须严密、准确、流畅、精炼。在论述中，应当用准确、规范、易懂的语言来进行有逻辑性的论述和推理，不能泛泛而谈，必须体现出作者的逻辑思维能力。例如，某篇论文的问题分析部分得出的结论是企业缺乏有效激励，导致员工积极性不高，后面的对策就应该集中于建立科学的激励机制、调动员工积极性。

四、方法先进

在经济管理学领域，前人总结了很多先进的方法，如战略管理工具——PEST 分析、"五力"模型分析、价值链分析、SWOT 分析、平衡计分卡等，MPA 和工程硕士也有很多类似的分析工具。采用这些工具于问题分析、方案制订，不仅符合管理学原理，也更具说服力。例如，某论文题目是"××企业的战略制定"，这样的题目很平淡。如果适当引入工具，把题目改成"基于价值链的××企业战略制定"，就要好得多。

五、成果丰富

论文成果表现为解决方案、经验总结或决策建议，是一系列观点的集合。如果这些观点源于实际调查，有独到见解，能解决企业实际问题，具有可行性，这样的论文大概率是一篇好文章。当然,研究成果不是凭空编造的,需要大量的调查、分析和创造性思考。

第四节　经管专业学位论文的类型

一、案例分析报告

为了及时了解当前我国经济生活中的管理现实问题,充分发挥经济管理专业学生的资源优势,大多数院校都鼓励经管专业学生撰写高质量的教学案例。①

实践证明,编写高质量的案例的确最能体现经管专业的学科特色。案例类型论文的内容至少应包括三大部分:第一部分主要是案例选题的原因、研究思路、研究路线以及案例素材收集的过程、必要的背景情况等,当论文被改编成为教学案例时选题原因需要删除。第二部分是案例的主体内容,这部分内容应尽可能真实、详尽、客观地围绕案例希望分析或解决的问题,介绍所涉及单位的背景或总体情况、必要的历史回顾、关键人物的概貌、特定事件的发生过程、有关的统计数据及图表等,必要的时候也可在这部分给出建议阅读的参考资料。第三部分是为教师提供的教学辅助材料。由于是写给教师看的,学生应特别注意从如何运用相关理论去分析并解决实际问题的角度讲述清楚教学用途、建议讨论的题目、背景信息、分析要点等方面的内容。

二、企业咨询报告

经济管理专业学生所做的企业诊断就是根据所学的有关知识,运用科学有效的方法,在充分调查、研究、分析、计算的基础上,找出企业在经营过程中某些环节存在的问题,并着重分析造成这些问题的内因与外因,最后提出改进建议。② 学生在写作这类论文时树立以下观念是非常重要的:①诊断必须深入企业实际。企业诊断是无法与特定的企业实际隔离的,学生要随时关注企业,定期走访企业,坐在资料室里永远找不出产生问题的关键原因。②必须深刻认识到问题诊断的复杂性。大多数企业经营管理实践中出现的问题没有现成的解决方法,不可能套用某个现有公式。问题往往是多方面原因造成的,错综复杂、涉及面广,蜻蜓点水式的诊断只能找到表面原因。③解决问题比诊断问题更重

---

① 尹华斌.我国信息技术行业上市公司股权激励效果研究[D].广州:广东财经大学,2018:1-7.
② 符金凤.多层次商业企业财务诊断体系研究[D].南宁:广西大学,2007:1-9.

要。仅仅诊断出企业经营过程中的一大堆问题,无解决问题的方法,于事无补、于人无益。做诊断更应注重解决问题、注重实效。如果为了诊断而诊断,甚至会使企业经营更加混乱。

三、专题研究报告

专题研究类型的论文重心是研究,研究的对象是专题,专题研究就是指对典型、特别具有代表性的问题进行深入、专注的研究。在撰写专题研究类型的论文时应把握好以下几点:(1)专题研究类型论文的选题要特别注意体现专题的特点。专题必须具有代表性、普遍性或者独特性、典型性,能够通过对它的研究揭示若干具有指导性的思路、方法、方案、措施与政策等。同时专题应当"专",即必须针对现实、普遍、典型的企业管理、产业发展、区域经济等问题展开,不应过于宽泛,提倡小题大做或小题深做,切忌大题小做或大题泛做。(2)专题研究类型论文分析过程要体现出其研究的特点。必须以问题为导向,即遵循现实存在的问题(问题的描述,如起源、发展、措施与政策等)的逻辑展开。要有自己的研究,研究必须有所得,所得必须有价值。(3)对专题研究类型论文的评价标准要慎重考虑。对经管专业学位论文的总体要求不在于理论研究的创新,而在于综合运用理论观察、分析与解决现实的管理及经济问题,在于应用的创新。专题研究不同于调查报告与案例研究之处在于专题研究的理论成分大于后者。在专题研究中问题是载体,理论研究是主题,因此专题研究的特点在于"专"(即深入、集中、专一)。

四、创业计划书/商业计划书型论文

创业计划书/商业计划书型论文的撰写,主要定位于考察学员通过规范的经济管理理论的应用,对创业项目和商业项目的调研、分析、策划、以及形成商业策划文案的能力。[①] 对于创业计划书型论文而言,主要内容涵盖创业的种类、项目概况、市场分析、SWOT分析、发展规划、行销策略、资金规划、可能风险评估、投资人结构、内部管理规划、销售、财务预估报表等。对于商业计划书型论文而言,主要内容涵盖经营者的理念、市场、客户、比较优势、管理团队、财务预测、风险因素等。

---

① 杜侨. ZM科技有限公司商业计划书[D].成都:电子科技大学,2024:1—71.

第五节　经管专业学位论文写作的准备工作

一、确定论文题目和研究方向

在开始写论文之前，首先需要确定论文的题目和研究方向。题目和研究方向的选择应该基于自己的兴趣和专业背景，同时要考虑到研究的可行性和价值。在选择题目和研究方向时，可以与导师深入沟通，了解导师的研究方向和关注点，寻求导师的建议。

二、收集文献材料

尽可能多地搜集文献资料，从中找出自己所关心的问题，进行相关研究，此时可能还需要配合大量的实践；搜集资料时，应与导师充分沟通和交流，我们需要先阅读相关方向的文献资料，为写作积累素材。

（一）文献资料收集

学位论文的重要依据是参考文献。写作者需要广泛大量的查阅文献资料，通过文献的阅读和思考建立自己的写作基础，所有的研究都是建立在坚实的基础之上的，而这些文献中含有大量作者的思路和过程，学生在阅读和理解时能从中获得大量的启发。

（二）文献资料整理

文献收集后我们不能直接抄袭，这样出来的论文查重通不过，所以我们需要通过自身对内容的理解（可以尝试写一个小提纲），整理出我们自己的想法或见解，这样我们整理的资料就会有理论依据。

（三）文献阅读

通过文献的阅读和思考，领会文献作者的思路和见解，可以从中获得大量的启发，并为自己的论文写作提供帮助。

三、整理研究思路

有了一定的知识储备之后，学生需要对研究内容进行规划，以便清晰深刻地了解自己的研究思路，整体性把握研究进程。

在动笔之前还要想好全文具体分几部分，各有哪些层次，先说什么，后说什么,哪里该详,哪里该略,从头至尾都应有个大致的设想。要把需要的材料准备好,将各种事实、数据、引文分门别类地放好备用,以免到用时手忙脚乱,打断思路,不能合理地利用时间,影响写作任务。

四、数据收集和分析

在撰写论文的初期,我们需要收集大量的信息和数据。特别是论文的实证部分。数据一般可以通过实际调研或者图书馆、网络查询等方式获取。

相关资料收集齐全后,还需要对相关资料做进一步的整理分析。首先,应梳理、选取有用的资料,按内容和用途将其归类整理,并详细注明资料的来源、出处以便查考、引用。其次,应反复阅读、分析、理解资料,启发写作思路,并将其中与自己的研究、思考所得相同或相悖的观点择取出来,以便引用、借鉴充实自己的论据或予以反驳。

五、在准备好以上准备工作后,可以开始进行论文写作

在论文写作过程中,需要注意论文的结构和规范性。要遵循学术规范和标准,正确使用引用格式、参考文献等。此外,还需要多次审查和修改论文,确保语言表达准确、流畅。

总之,写毕业论文需要做的准备工作包括确定论文题目和研究方向、收集文献资料、整理研究思路、数据收集分析以及进行论文写作等。这些准备工作能够确保论文的质量和顺利完成。

第二章 经管专业学位论文的基础规范

第一节 经管专业学位论文的选题规范

一、论文选题必须切合经管专业的研究方向

经管专业学位论文是对学生所学专业知识运用能力的综合考察,所以论文的选题必须符合专业培养要求。学生写作学位论文的目的是将学到的专业知识融会贯通,用理论知识指导实践,运用理论去分析与解决实际问题。否则,即使论文写得再好,也只是徒劳一场。比如市场营销专业的学生写的论文题目应该是关于市场营销理论、实务及其相关道德责任方面的题目,如果所写的是关于语言艺术、有色金属提炼技术等其他方面的题目,即使论文满篇锦绣,字字珠玑,仍然是不合格的。

二、论文选题必须切合自己的知识积累和兴趣

选题的方向、大小、难易都应与自己的知识积累、分析问题和解决问题的能力以及兴趣相适应。

首先,要充分估计自己的知识储备情况和分析问题的能力。学位论文写作时必须依据自己的专业知识积累,写自己最擅长的东西。自己在该方面积累的知识越多,写作起来就越顺利,越容易写出高质量的文章,答辩时也越流畅,不会答非所问。比如金融学专业的学生所学的知识有金融学理论、商业银行管理、中央银行管理、保险、证券投资、信托与租赁等。一个人不可能样样精通,假如学生对货币制度、汇率制度最感兴趣,平日所涉猎该方面的学术论文最多,就可写人民币汇率制度改革方面的论文。如果抛开自己擅长的东西不写,而硬要另辟蹊径,其结果可能会搬起石头砸了自己的脚。

其次,要充分考虑自己的特长和兴趣。应当看到,每个人的学识水平是有差距的。有的可能在面上广博些,有的可能在某一方面有较深的钻研,有的可能在这一方面高人一筹,而在另一方面则较为逊色。在选题时,要尽可能选择那些能发挥自己专长的或者自己学有所得、学有所感的题材。同时还要考虑到自己的兴趣和爱好。兴趣深厚,研究的欲望就强烈,内在的动力和写作情绪就高,成功的可能性也就越大。

三、论文题目要切合"小范围",选定小题目

毕业论文选题时,一般来说宜小不宜大,宜窄不宜宽。学生的知识积累度及其论证把握能力有限,学位论文题目要力戒宽泛。应具体到哪个企业或行业,最好是具体到企业。因为题目范围越宽,要收集的资料越多,越难以把握,越容易失去控制,越容易流于泛泛而谈。论文题目越小,越容易把握,越能够集中收集所需资料,进行较深刻细致的论述。论文题目越小,论据越充分,体系越完整,层次越清晰,论证越严谨,就越容易写成好文章。如"东莞市常平镇玩具业发展中存在的问题及其治理策略探析"就是一个较好的题目,而"亚洲玩具业发展中存在的问题及其治理策略探析"就不是一个较好的题目。

论文选定小题目有两种方式:一是直接选个小题目;二是在大题目中选定小的论证角度。比如,有这样三个题目:《论妇女权益的保障》《论妇女经济权益的保障》《论妇女财产继承权的保障》,第一个题目显然太大,因为妇女权益包含的内容十分广泛,有政治权利、文化教育权益、劳动权益、财产权益、人身权益、婚姻家庭权益,等等。一篇学位论文如果要涉及这么多的内容,是不容易写好的。第二个题目比起第一个来要小一些,但经济权益包含的内容仍较复杂,作为毕业论文写起来还嫌太大。第三个题目抓住了妇女经济权益中的财产继承权这一侧面,显得角度小,针对性强,容易深入研究。总之,在学位论文选题时不宜将论文题目定得太大太空,而应结合现实与自身实际,或通过调查分析,从一个小问题入手,细致探讨。而想把选题做具体,最好联系实际。

四、论文选题必须考虑到是否有资料或资料来源

资料是论文写作的基础,没有资料或资料不足就写不成论文,即使勉强写出来,也缺乏说服力。因此,选题首先必须考虑是否有利于论文写作中所需要的资料搜集。资料又可分为第一手资料和第二手资料。第一手资料是指作者

亲自考查获得的资料,包括各种观察数据、调查所得等。第二手资料的主要来源是图书馆和资料室以及网络等的文献资料。其次,要了解所选课题的研究动态和研究成果,大致掌握写作中可能遇到的困难,以避免盲目性和无效劳动。要注意在已有的研究成果中寻找薄弱环节,即他人研究中存在的疑点、漏洞或不足。有疑点、漏洞的问题,不少是重要的学术论题,以此作为研究的突破口,在理论上修正、补充或丰富已有的结论相对容易获得认可。

五、毕业论文选题要切合时代要求

学位论文选题要具有时代气息,切合时代要求。这就要求同学们在选题时要紧握时代脉搏,写当前身边所发生的事情,不能过于陈旧。

第二节 经管专业学位论文的文献检索与著录规范

一、文献检索的基本要求

文献检索是学位论文中非常重要的一环,它是通过检索和筛选已发表的相关文献以获取相关信息来支持研究假设或论点的过程。以下是文献检索的基本要求。

(一)明确研究目的和问题

在进行文献检索前,研究者需要清楚地了解自己的研究目的和问题,明确想要找到的信息类型。例如,是为了支持研究假设还是为了获取相关统计数据等,这将有助于研究者确定检索关键词的范围和方向。

(二)选择合适的文献数据库和工具

根据研究领域和需要,研究者需要选择合适的文献数据库和相关工具。常用的文献数据库包括 PubMed、Google Scholar、Web of Science 等,而工具如 EndNote、Zotero 等可以帮助管理和整理文献。

(三)使用正确的检索关键词和查询语法

在进行文献检索时,研究者需要使用准确的检索关键词以匹配所需信息。合适的关键词应该具有代表性,能够覆盖研究领域的重要概念和主题。此外,使用正确的查询语法也非常重要,例如 AND、OR、NOT 等,以确保检索结果的准确性和完整性。

(四)及时更新和追踪最新文献

学术领域的知识更新非常快,学生需要定期更新文献检索结果,获取最新的研究成果。为了实现这一点,可以设置文献警报,定期追踪相关学术期刊和研究机构最新发表的文章。

总结起来,文献检索的基本要求包括明确研究目的和问题、选择合适的数据库和工具、使用正确的检索关键词和查询语法、筛选和评估文献质量以及保持更新和追踪最新文献。只有遵守了这些要求,研究者才可以更有效地获取到相关的研究文章,进一步支持其学术研究工作。

二、学位论文参考文献标准格式要求

(一)参考文献的类型

参考文献(即引文出处)的类型以单字母方式标识,具体如下:

M——专著　C——论文集　N——报纸文章

J——期刊文章　D——学位论文　R——报告

对于不属于上述的文献类型,采用字母"Z"标识。

对于英文参考文献,还应注意以下两点:

①作者姓名采用"姓在前名在后"原则,具体格式是:姓,名字的首字母,如:Malcolm Richard Cowley 应为:Cowley, M. R.,如果有两位作者,第一位作者方式不变,& 之后第二位作者名字的首字母放在前面,姓放在后面,如:Frank Norris 与 Irving Gordon 应为:Norris, F. & Gordon I. 。

②书名、报刊名使用斜体字,如:*Mastering English Literature*、*English Weekly*。

(二)参考文献的格式及举例

1. 期刊类

【格式】[序号]作者. 篇名[J]. 刊名,出版年份,卷号(期号):起止页码.

【举例】

[1]王海粟. 浅议会计信息披露模式[J]. 财政研究,2004,21(1):56—58.

[2]Heider, E. R. The structure of color space in naming and memory of two languages [J]. Foreign Language Teaching and Research, 1999(3): 62—67.

2. 专著类

【格式】[序号]作者. 书名[M]. 出版地:出版社,出版年份:起止页码.

【举例】

[3]葛家澍,林志军. 现代西方财务会计理论[M]. 厦门:厦门大学出版社,2001:42.

[4]Gill, R. Mastering English Literature[M]. London:Macmillan,1985:42—45.

3. 报纸类

【格式】[序号]作者. 篇名[N]. 报纸名,出版日期(版次).

【举例】

[5]李大伦. 经济全球化的重要性[N]. 光明日报,1998—12—27(3).

[6]French, W. Between Silences:A Voice from China[N]. Atlantic Weekly,1987—8—15(33).

4. 论文集

【格式】[序号]作者. 篇名[C]. 出版地:出版者,出版年份:起止页码.

【举例】

[7]伍蠡甫. 西方文论选[C]. 上海:上海译文出版社,1979:12—17.

[8]Spivak, G. "Can the Subaltern Speak?"[A]. In &. L. Grossberg(eds.). Victory in Limbo:Imigism[C]. Urbana:University of Illinois Press,1988:271—313.

5. 学位论文

【格式】[序号]作者. 篇名[D]. 出版地:保存者,出版年份:起止页码.

【举例】

[9]张筑生. 微分半动力系统的不变集[D]. 北京:北京大学数学系数学研究所,1983:1—7.

6. 研究报告

【格式】[序号]作者. 篇名[R]. 出版地:出版者,出版年份:起止页码.

【举例】

[10]冯西桥. 核反应堆压力管道与压力容器的 LBB 分析[R]. 北京:清华大学核能技术设计研究院,1997:9—10.

7. 条例

【格式】[序号]颁布单位. 条例名称. 发布日期.

【举例】

[11]中华人民共和国科学技术委员会.科学技术期刊管理办法[Z].1991—06—05.

8.译著

【格式】[序号]原著作者.书名[M].译者,译.出版地:出版社,出版年份:起止页码.

【举例】

[12]卡斯特 M.认同的力量[M]曹荣湘,译.北京:社会科学文献出版社,2006:11—13.

(三)注释

注释是对论文正文中某一特定内容的进一步解释或补充说明。注释前面用圈码①、②、③等标识。

第三节　经管专业学位论文的研究设计规范

经管专业学位论文的内容一般包括标题、目录、中英文摘要、正文、参考文献以及相关附件等内容。正文部分为论文的主体部分,按照"识别问题→分析问题→解决问题"的研究思路,具体包括绪论、研究设计、研究过程与研究发现、管理方案设计、结论几部分。一般结构方面的共性要求如下:

一、标题

标题目的名称应力求简短、明确、有概括性,能直接反映经管专业学位论文的中心内容和学科特点。题长一般不超过 20 个字,如确有必要,可用副标题作补充。

二、目录

学位论文要求层次分明,必须按其结构顺序编写目录。目录是文章展开的步骤,也是作者思路的直接反映。

目录格式虽然只是论文的结构层次,但它反映了作者的逻辑思维能力,要注意的是所用格式应全文统一,每一层次下的正文必须另起一行。

章节标题要采用书面、专业性的语言。节的标题要紧扣章的标题,是章标题的支撑,章的标题应能涵盖下属各节。一般每章包含 3~4 节,每节 3~4 目。不能出现章、节标题之间,或是与论文标题相同的情况。

三、中文摘要及关键词

论文摘要是学位论文的浓缩,语言文字要精炼。一般包括研究背景、研究目的、研究方法、研究内容、主要结论五项内容。其中,对研究内容的论述要占 40% 以上,研究背景不超过 20%,摘要篇幅在 500 字以上,中文摘要不超过 1 页。

关键词(也叫主题词),是反映内容主题的词或词组,一般 3~8 个。关键词放在摘要的下面。关键词之间用分号分开。

四、正文

正文是学位论文的主体内容,包括论文研究设计、研究过程、研究发现和研究结论。不同类型的专业学位论文由于在研究目标、研究设计、研究流程以及数据来源等方面存在一定的差异性,在正文结构和篇章内容上也存在一定的差别。写作者可根据自身论文的选题类型与实际撰写情况,根据以下专业学位论文正文的一般撰写结构酌情调整。

(一)绪论(即概述或引言或前言等)

主要阐述论文选题、主要研究方向、相关研究进展、研究方法与技术路线、论文内容结构以及其他需要说明的关于论文的问题。绪论部分的语言应严谨、精炼、明确。一般包括研究背景、研究目的和意义、相关理论概述、研究方法与技术路线、论文篇章结构安排等内容。

(二)研究设计

主要阐述论文采用的研究方案、研究方法,描述研究对象及其行业背景信息、管理事件及管理问题。对企业的背景描述,主要是对企业发展的历史、现状及趋势进行系统性的描绘和分析;对企业外部环境的描述,一般从外部一般环境、行业环境、竞争对手三个方面展开;对管理事件和管理问题的描述,一般需要首先介绍管理事件的全流程和全貌,然后聚焦到更为具体和准确的问题,清晰和具体地描述管理问题。

(三)研究与发现

主要包括必要的定性及定量数据的搜集、处理与结果分析,识别管理问题的成因及其作用机理等。首先,通过必要的定性或定量数据的分析,明确管理现象或管理问题的问题指向;其次,在初步整理出涉及的问题点之后,进行归类和关联性分析,形成少数关键性问题;再次,识别分析核心问题,哪些最关键、最重要,并且会决定和影响其他问题的问题;最后,在提炼出核心问题的基础上,寻找问题产生的原因,分析和探讨其作用机理。

(四)管理方案设计

针对核心问题,应用相关经济管理理论及方法,系统性地设计系列问题解决方案。管理方案的设计要遵循有效性、现实性和创新性的原则。在明确管理方案的设计目标、原则以及整体思路的基础上,确定管理方案设计的要点,一般包括主体改进和配套改进两方面,主体改进是指围绕问题的改进,配套改进是问题关联方面的改进。

(五)结论与展望

逐条梳理和精炼总结论文的主要研究结论、论文研究的局限和未来研究方向。结论部分一般包括研究目标、研究过程、研究发现和管理方案设计等内容;展望部分主要说明论文研究的局限以及未来研究方向。

图 2—1 为管理类学位论文的一般撰写结构。

绪论	研究设计	研究与发现	管理方案设计	结论与展望
研究背景、研究意义,国内外相关研究进展,研究方法与技术路线,论文章节内容安排等	论文采用的研究方案、研究方法、研究对象及其行业背景信息,管理事件及管理问题描述等	必要的定性及定量数据的搜集、处理与结果分析,识别管理问题的成因及其作用机理等	应用相关管理理论与方法,针对识别出的管理问题成因及形成机理,设计具体的管理解决方案	对论文的主要研究结论进行逐条梳理和总结,如管理问题的成因、机理、管理方案设计等

图 2—1 管理专业学位论文正文的一般撰写结构

(六)引用注释

直接引用采用脚注的方式,间接引用采取尾注的方式。按照《文后参考文献著录规则》(GB/T 7714-87)和《文献类型与文献载体代码》(GB3469-83)的文献引注格式标准,逐一注明本文引用或参考的资料数据出处及他人的研究成果和观点,成段引文应用不同的字体和格式区分。按照学术界通常的观点,连续引用别人成果 3 行以上且不加标注的,即为抄袭,学员在撰写论文中要严守学术规范,杜绝学术不端现象。

(七)参考文献

参考文献采用顺序编码制,按照在正文中引用的顺序编码。根据 GB/T

7714-87、GB3469-83 的规定,将所引参考文献顺序列于论文末端。外文参考文献可直接列出原文信息,不必译成中文。参考文献应主要列出同论文密切相关的最新期刊论文,参考文献应不少于 20 篇,其中至少有 4 篇英文参考文献。

(八)附录

包括正文内不便列入的调查问卷、公式推导、数据结果输出、便于读者加深理解的辅助性数据和图表、论文使用的符号意义、缩略语、程序全文和有关说明、其他对正文的必要补充资料等。

第四节　经管专业学位论文的谋篇布局规范

一、围绕主题,一以贯之

主题是学位论文的精髓,其体现了作者的学术观点与学术见解。主题就如一条项链的绳索,将一颗颗看似散乱的珠子串起。要使文章条理清楚,层次分明,就必须围绕主题阐述,这样才不至于使文章看起来杂乱无章。因此,学位论文的构思,必须围绕主题展开,为主题服务,中心简单明了,行文要反映思想发展的历程,讲完一层再继续讲另一层。做到环环相扣、前后呼应、形散神不散。

二、确定体裁,明确要求

论文类型不同,其体裁也各有不同,论文撰写也存在显著差异。不同的体裁有不同的写作方法与收集资料的方法。

论文体裁确定后,还要进一步把握该类型体裁的写作要求。构思时,有时需要按时间顺序组织材料,有时需要按空间顺序组织材料,但无论采用哪种顺序组织材料,都需要按逻辑关系进行,即要求符合客观事物的内在联系和规律,符合科学研究和认识事物的逻辑。

三、拟写提纲,形成轮廓

论文提纲是在论文写作前对文章的整体构思,其意义在于,可以将思路清晰地整理出来,在梳理的过程中明白哪些是自身缺乏的,然后收集材料,整理出对论文有用的材料,形成轮廓再写作。论文提纲有助于更好地收集相关材料、展开论证,使文章结构完整统一,最大限度地利用资料。

确定论文提纲,一般先拟标题,写出总论点,然后考虑全篇论文结构框架(即从几个方面,以什么顺序论述总论点)。在此基础上,应将论文分节并编码,分节通常具体到三级标题,以标题形式明确各节次的主旨后,再根据主旨准备好拟使用的写作材料。最后,全面检查写作提纲,做必要的增删。

四、推敲修改,必要微调

推敲修改不仅包括初稿形成后的改动,还包括动笔前的斟酌。最重要的修改一般在论文初稿完成后进行。要系统检查文章,对其所表达的思想主题、框架结构、语义语序反复推敲,不断调整。

论文是客观事物经过人脑加工后的产物。人对于事物的认识是一个反复观察和思考的过程,随着认识的深入,往往会有新的想法产生。

修改的范围主要包含深化主题,明确论点;增减材料,调整结构;校正标题,润色语言;规范书写,修改标点。作者要理清思路,清楚文章的内部逻辑关系,使主题思想更为鲜明,语言表达更为准确和流畅。

第五节 经管专业学位论文的文本表达规范

一般来说,一份完整的经管专业学位论文应包含以下内容:题目、目录、中文摘要及关键词、正文、参考文献(本章第二节已有相关内容的表述)、附录。具体每一部分的写作规范和文本表达陈述如下:

一、题目

标题的确定是一项需要经过多次修改和调整的工作。在文章初稿完成后,需要根据文章内容拟出 3~5 个备选题目,并在仔细对比和征求他人意见后,确定一个最合适的题目。也可以先确定一个初步的题目,待文章写好并修改后再调整。

许多人在写论文题目时并未给予足够重视,往往导致题目不准确、不得体,进而影响整篇论文的形象和质量。事实上,论文题目应该以最恰当、最简明的词语来反映论文中最重要的特定内容。题目的具体要求包括准确性、简洁性、吸引力、得体性和规范性。

二、目录

一般来说,目录包含 3~4 级标题,按照美观的原则编排。

三、中文摘要及关键词

摘要是一种特殊的陈述性短文,其书写步骤与普通文章有所不同。摘要通常在论文完成之后撰写,但也可以提早写作并随着论文的撰写逐步修改。首先,摘要的编写应从四要素出发,全面审读论文并仔细列出每段的主题句和结尾的总结,保留梗概和精华部分,提取关键信息。其次,要求语句精炼,确保信息能完全、准确地回答摘要四要素所涉及的问题。如果不足以回答,需要重新阅读论文并摘录相应内容补充。最后,将这些零散信息组成符合语法和逻辑规则的完整句子,再进一步组成通畅的短文,通读此短文,反复修改,以达到摘要要求。

写摘要时需要注意以下几点:第一,要突出重点,不要在摘要中重复已成为常识的内容,避免在摘要中出现应在引言中出现的内容,并且一般不要对论文内容做诠释和评论,尤其是自我评价。第二,不得简单地重复题目中已有的信息。例如,如果文章的题目是"风险投资公司财务绩效考核体系的研究",那么摘要的开头就不应再写"为了……,对风险投资公司财务绩效考核体系进行了研究"。第三,结构严谨,表达简明,语义确切。摘要要按照逻辑顺序来安排先写什么后写什么,句子之间要上下连贯,互相呼应。摘要慎用长句,句型应力求简单。每句话表意要明白,不要使用空泛、笼统、含混之词,但是摘要毕竟是一篇完整的短文,电报式的写法不足为取。摘要不要分段。第四,使用第三人称。建议采用"对……进行了研究""报告了……现状""进行了……调查"等记述方法标明一次文献的性质和文献主题,不必使用"本文"、"作者"等作为主语。第五,使用规范化的名词术语,不用非公知公用的符号和术语。新术语或尚无合适中文术语的,可用原文或译出后加括号注明原文。第六,除非实在无法变通,一般不使用数学公式和化学结构式,不出现插图、表格。第七,除非该文献证实或否定了他人已出版的著作,一般不使用引文。第八,对于缩略语、略称、代号,除了相关专业的读者也能清楚理解的以外,在首次出现时必须加以说明。

论文的关键词是根据题目、层次标题和正文确定的,它们能够反映论文的主题和概念。关键词是用自然语言表达文献主题概念的词汇。

四、正文

(一)引言

论文引言的重要性不言而喻,那么如何撰写出优秀的引言呢?第一,引言应该简明扼要,不应冗长烦琐,同时要引起读者的兴趣。一般经管专业学术论文引言的长度在1 000字左右。第二,引言应该直截了当,不要绕圈子。避免在引言中大篇幅地讲述历史渊源和立题研究过程。第三,要突出重点。在回顾前人研究成果时,应该选择具有代表性和与本研究关系最密切的资料来阐述,避免写成文献综述。第四,引言中的内容应该具有一定的深度。在讲述本人研究成果时,一些普及的、为公众所熟知的原理和知识可以不必赘述,如教科书中早已有的公式、众所周知的基础理论等。第五,要尊重科学,实事求是,谨慎评价。在介绍自己的研究成果时,不要使用拔高或贬低的评价词汇,如"国内首创""从未见报道""国际水平""国内领先""填补空白"等,而是应该如实展示自己的成果,让读者自行评价。最后,引言的内容不应与摘要雷同。

(二)文献综述

如果在我们的引言中没有很好地展开对文献综述的论述,那么在文献综述中,我们应该简要回顾相关研究的进展,并适当批评现有文献。这种批评不是简单罗列前人研究成果,而是一种批判性回顾。我们需要回答作者提出的问题,如前人是否曾经做过类似研究、他们的成果和观点是什么、存在哪些局限性以及相比之下作者的创新点。从综述这一部分可以看出作者对所研究问题所下的工夫和投入的时间与精力,因为作者需要广泛阅读、理解不同作者的观点和分歧。

(三)研究假设和分析框架

根据文献的回顾和总结,研究者可以基于前人的研究成果或特定的理论进行逻辑推理,进而提出研究假设并构建相应的分析框架。

分析框架是经管类论文的主体部分。通常有两种方式来阐述分析框架。第一种是使用图形表示。使用图形可以简明直观地表达对事物之间关系的认识。这种方式适合突出和强调主要的影响因素或机制。然而,图形高度简化,某些假定可能与现实之间存在差距。第二种方式是使用数学模型表示。这种方式的优点是能够处理多种因素和复杂的因果关系,而且模型的推理和论证过程严谨。但是,在建立模型时会有一定的难度。因此,在选择分析框架表示方式时,需要根据研究问题的性质和研究目的选择。

(四)实证研究

本部分主要涉及研究设计、数据搜集和数据分析。研究者需要对现有材料进行数理统计和分析,并设计实验来进行量化的、精确的测试以推导出结论。常用的统计方法包括描述性统计、信度分析、效度分析、方差分析和因子分析。其中,描述性统计是统计分析的第一步,旨在从整体上观察数据的有效性和整体分布情况,一般不做解释和分析。信度分析是指采用同样的方法对同一对象进行重复测量时所得结果的一致性程度。效度分析是指测量工具或手段能够准确测出所需测量的事物的程度,主要方法有结构效度、内容效度和效标关联效度。方差分析是从观测变量的方差入手,研究哪些控制变量是对观测变量有显著影响的变量。因子分析是一种统计技术,用于研究从变量群中提取共性因子,可在许多变量中找出隐藏的具有代表性的因子。将相同本质的变量归入一个因子,可减少变量的数目,还可检验变量间关系的假设。

(五)结论

在书写结论时,需要避免三个常见问题。首先,不要把结论写成余论,即不需要留下一些问题供读者思考。其次,不要把结论写成展望。一篇论文只要解决需要解决的问题即可,通常不需要展望未来。如果必须展望,那么可以在结论之后写一小段文字来表达。最后,不要把结论写成感想。一些学生往往在结论中情感用事,写入许多与结论无关的内容,这是不可取的。

五、参考文献

参考文献按照相应的格式编写。

六、附录

凡不宜收入正文中的,又有价值的内容可按照美观的原则编入学位论文的附录。

第六节　不同类型的经管专业学位论文规范

一、学位论文的工作流程

学位论文的工作流程如图 2—2 所示。

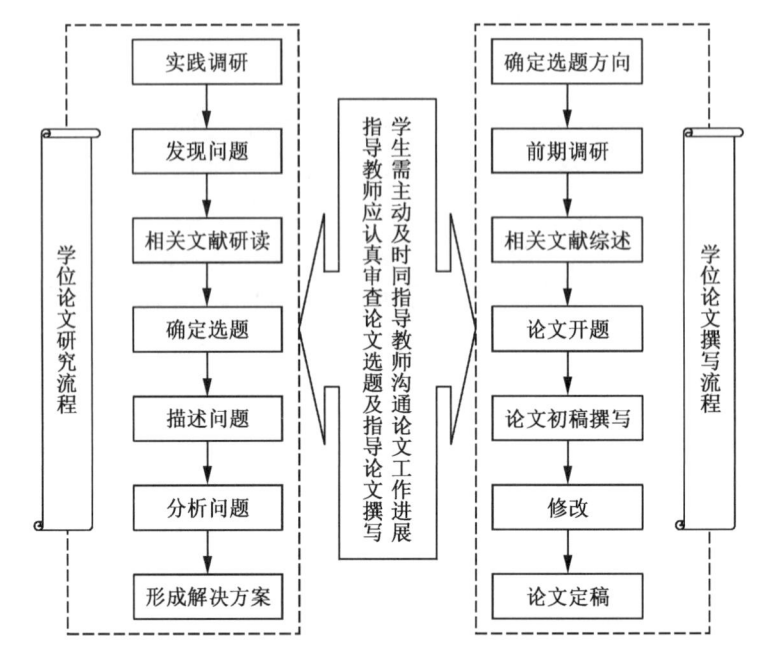

```
┌─────────────────────┐         ┌─────────────────────┐
│   实践调研          │         │  确定选题方向       │
│      ↓              │         │      ↓              │
│   发现问题          │  学生需  │   前期调研          │
│      ↓              │  主动及  │      ↓              │
│   相关文献研读      │  时同指  │   相关文献综述      │
│      ↓              │  导教师  │      ↓              │
│   确定选题          │  沟通论  │   论文开题          │
│      ↓              │  文工作  │      ↓              │
│   描述问题          │  进展    │   论文初稿撰写      │
│      ↓              │         │      ↓              │
│   分析问题          │         │   修改              │
│      ↓              │         │      ↓              │
│   形成解决方案      │         │   论文定稿          │
└─────────────────────┘         └─────────────────────┘
 学位论文研究流程                 学位论文撰写流程
```

指导教师应认真审查论文选题及指导论文撰写

图 2—2　专业学位论文的工作流程图

二、专业学位论文的核心逻辑

学位论文强调应用经济管理理论与方法解决实际管理问题，发现问题、分析问题、解决问题是经管类专业学位论文最核心的逻辑结构（见图 2—3）。

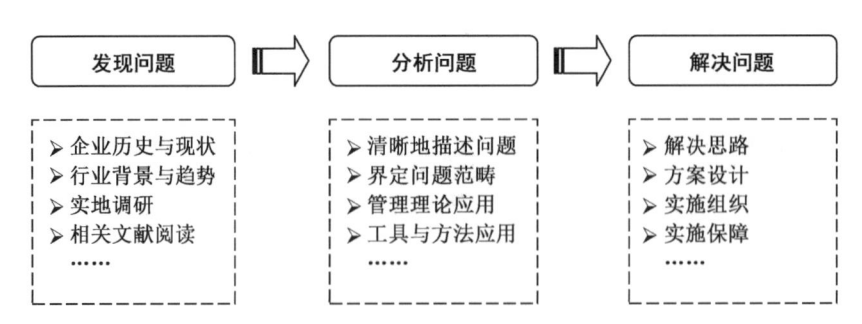

```
┌──────────────┐    ┌──────────────┐    ┌──────────────┐
│  发现问题    │ ⇒  │  分析问题    │ ⇒  │  解决问题    │
└──────────────┘    └──────────────┘    └──────────────┘
┌──────────────┐    ┌──────────────┐    ┌──────────────┐
│➢企业历史与现状│    │➢清晰地描述问题│    │➢解决思路     │
│➢行业背景与趋势│    │➢界定问题范畴 │    │➢方案设计     │
│➢实地调研     │    │➢管理理论应用 │    │➢实施组织     │
│➢相关文献阅读 │    │➢工具与方法应用│    │➢实施保障     │
│   ……         │    │   ……         │    │   ……         │
└──────────────┘    └──────────────┘    └──────────────┘
```

图 2—3　专业学位论文撰写的核心逻辑图

三、学位论文写作类型

(一)案例分析报告

案例分析报告的主体部分应至少包括绪论、案例分析设计、案例描述、案例分析和案例启示五个主要部分。基本要求如下:

其一,绪论。主要介绍案例选择的背景、类似案例报告的基本情况和本案例分析的特色之处。

其二,案例分析设计。从案例对象初访与聚焦问题、背景资料准备与相关理论回顾、现场调查与访谈、案例写作和案例分析等环节设计案例分析。

其三,案例描述。这是论文的主体部分,应讲述一个引人入胜的故事,包括案例对象所处的产业情景的背景介绍,案例主角(企业或决策者)的发展历程,案例焦点的发展脉络,面临的问题、矛盾和冲突等。案例描述一般需要 6 000 字以上。

其四,案例分析。依据理论设计或相关知识,有层次、有重点地分析和论述案例中的焦点问题或决策问题。案例分析部分一般应不少于 10 000 字。

其五,案例启示。对上述研究的简要总结,并阐述实践和理论方面的启示(以前者为主)。

1.案例分析报告的类型

管理案例是围绕某一特殊的管理现象(管理实践)或独特的管理问题(管理决策)对企业或其他组织进行的特定管理情境的真实、客观描述。管理案例型论文需要综合运用各种方式搜集相关案例信息,并整理与规范案例信息,以提升案例分析数据的信度和效度,完成对所研究的案例对象、管理现象、管理问题的状态和情况的描述,并按照专业学位论文的规范要求撰写形成的管理案例。根据研究主题和研究关注点,管理案例型论文主要分为描述型(平台型)和问题型(决策型)两类。

(1)描述型管理案例论文(也称为平台型案例论文),聚焦于企业或其他组织发展过程中独特的管理现象或管理实践,综合应用管理理论和方法研究。描述型管理案例论文定位于解释"Why"的问题,注重对案例现象及其发生内在机理的解释。一般来说,描述型管理案例论文的主体内容包括:绪论,必要的企业(行业)背景信息描述,管理现象(管理实践或管理事件本身)的全过程描述,案例分析与研究发现几部分。

(2)问题型管理案例论文(也称为决策型案例论文),定位于企业或其他组织发展过程中所面临的独特管理问题或管理决策,综合应用管理理论与方法研究。问题型管理案例论文侧重于解决"How"的问题,注重对引发案例问题的内在原因的识别分析与系统性解决方案的提出。一般来说,问题型管理案例论文的主体内容包括绪论、必要的企业(行业)背景信息描述、管理问题(管理决策或管理困境)本身的全过程描述、案例分析、管理方案设计与实施几部分。

管理案例型论文要求必须是取材于真实的企业实践,提倡采用深入企业(行业)调研的一手案例信息。某些情况下,出于案例对象企业保密和案例中所涉及人物隐私的考虑,在论文中可以对企业名称、人物姓名、敏感数据进行修饰处理,但所描述的管理现象(管理实践)和管理问题(管理决策)必须是实际发生的,需要真实、客观,不得随意编造和修改。案例论文中的图、表等要加以编号,并注明资料来源。

管理案例型论文的标题格式建议采用:《××企业××(问题)的案例研究》。学生在撰写管理案例型论文之前,要深入思考所选取的研究对象是否具备撰写案例论文的条件,并积极同指导教师沟通。

2.管理案例论文参考结构及参考样文

(1)描述型管理案例论文参考结构[①]:

1.绪论(占全文篇幅10%左右)

1.1 研究背景与研究目标

阐述论文选题的研究背景和研究目标。

1.2 案例研究设计

案例对象选择、调研设计、调研方法与访谈过程。

1.3 案例内容结构与安排

说明论文篇章结构。

2.案例正文(占全文篇幅35%左右)

2.1 企业背景

企业发展历史与现状描述,重点描述企业发展的里程碑事件和代表性事件。

2.2 行业背景

描述案例企业所在行业的宏观图景,供应商、竞争者、合作者、消费者等微观竞争环境,行业发展、现状及趋势。同时,特别关注行业内特有的广为接受的标准和实践,以及其他情境性因素。

---

① 梁毅. HC公司一线员工流失的案例研究[D].大连:大连理工大学,2022:1-54.

2.3~2.n 管理现象(管理实践)描述

对案例企业独特的管理现象/管理实践发生的全过程进行描述。在描述中,关注其独特性因素和过程,鼓励标签化现象与行为,要结合企业历史和产业环境描述管理现象(管理实践)。

3. 案例分析(占全文篇幅35%左右)

3.1 研究问题

识别、梳理、系统化案例中的管理现象(管理实践)蕴含的管理问题。

3.2 分析思路

针对案例中涌现的不同管理问题,设计可行的分析思路。

3.3 理论依据

综述案例分析相关的管理理论与方法。

3.4 案例分析

应用相关管理理论与方法分析管理问题,阐释管理现象(管理实践)发生的内在机理与管理规律。

4. 情境化管理框架研究(占全文篇幅15%左右)

4.1 情境化管理分析框架的提出

针对案例分析的问题成因与管理解决的关键核心要素,构建情境化的管理分析框架。

4.2 情境化管理解决框架与保障措施

针对设计情境化管理解决框架,提出具体的实施步骤、流程以及保障措施。

5. 结论(占全文篇幅5%左右)

5.1 研究结论

总结本文研究所揭示的管理规律、解决的管理问题或提出的管理方法。

5.2 研究展望

本文研究的普适性、不足之处和未来研究方向。

附录

附录1:案例企业或行业等有助于进一步理解案例的补充资料

附录2:案例后续发展

附录3:……

(2)描述型案例论文参考样文:

论文题目:G公司员工流失的案例研究

目录

1. 绪论
1.1 研究背景与研究目标
1.2 案例研究设计
1.3 案例内容结构与安排
2. 案例正文
2.1 公司简介
2.2 行业背景介绍
2.3 总部高层震动及分公司高层更换频繁
2.4 "水池计划"失败
2.5 员工和客户满意度下降
2.6 员工流失与挽留
2.7 ……
3. G公司员工流失的表现与成因分析
3.1 G公司员工流失的表现分析
3.2 G公司员工流失现象的分析思路
3.3 理论依据
3.4 G公司员工流失的原因分析
4. "管理者忠诚转移"型员工流失的管控框架
4.1 "管理者忠诚转移"型员工流失分析框架
4.2 "管理者忠诚转移"型员工流失管理模型
5. 结论

(3) 问题型管理案例论文参考结构[①]：

1. 绪论（占全文篇幅10%左右）
1.1 研究背景与研究目标
阐述论文选题的研究背景和研究目标。
1.2 案例研究设计
案例对象选择、调研设计、调研方法与访谈过程。
1.3 案例内容结构与安排
对论文篇章结构进行说明。
2. 案例正文（占全文篇幅35%左右）

---

① 余颖海. 美滋咖啡创业失败案例研究[D]. 上海：上海交通大学，2021：1—44.

2.1 企业背景

企业发展历史与现状描述,重点描述企业发展的里程碑事件和代表性事件。

2.2 行业背景

描述案例企业所在行业的宏观图景,供应商、竞争者、合作者、消费者等微观竞争环境,行业发展、现状及趋势。同时,特别关注行业内特有的广为接受的标准和实践,以及其他情境性因素。

2.3~2.n 管理问题/管理决策描述

描述案例企业独特的管理问题/管理决策发生的全过程。重点描绘决策情境与决策转折点的冲突,给出可行的选择空间,要结合企业历史和产业环境描述管理问题/管理决策。

3. 案例分析(占全文篇幅30%左右)

3.1 研究问题

识别、梳理、系统化案例中的管理问题/管理决策。

3.2 分析思路

针对案例中涌现的不同管理问题,设计可行的分析思路。

3.3 理论依据

综述案例分析相关的管理理论与方法。

3.4 案例分析

应用相关管理理论与方法分析管理问题,阐释管理问题/管理决策的内在根源与作用机理。识别关键管理问题、关键核心要素与主要影响因素。

4. 管理解决方案设计与实施(占全文篇幅20%左右)

4.1 管理解决方案设计

针对案例分析的问题成因与管理解决的关键核心要素,综合运用相关管理理论与方法,设计创新性的管理解决方案。

4.2 管理解决方案实施与保障措施

针对设计的管理解决方案,提出具体的实施步骤、流程,以及保障措施。

5. 结论与展望(占全文篇幅5%左右)

5.1 研究结论

总结本文研究所揭示的管理规律、解决的管理问题与提出的管理解决方案。

5.2 研究展望

本文研究的普适性、不足之处和未来研究方向。

附录

附录1：案例企业或行业等有助于进一步理解案例的补充资料

附录2：案例后续发展

附录3：……

(4)问题型管理案例论文参考样文。

论文题目：H企业二次创业的市场定位的案例研究

1. 绪论

1.1　研究背景与研究目标

1.2　案例研究设计

1.3　案例内容结构与安排

2. 案例正文

2.1　公司简介

2.2　行业背景介绍

2.3　多产品线的经营困境

2.4　新技术带来的曙光

2.5　市场推广的困境

2.6　产品经理小王的市场回访

2.7　新市场还是老市场，决断之时

3. H企业二次创业的市场定位要因分析

3.1　H企业二次创业的市场困境研究

3.2　H企业二次创业的市场定位研究思路

3.3　理论依据

3.4　H企业二次创业的市场定位的影响因素研究

4. H企业二次创业的市场定位研究

4.1　H企业二次创业的市场定位分析框架

4.2　H企业二次创业的市场定位方案研究

5. 结论

(二)企业咨询报告

企业咨询报告的主体部分应至少包括绪论、咨询设计、问题描述、原因分析、问题解决方案五个主要部分。学生应特别关注企业咨询报告的应用价值，一般要求被咨询企业对企业咨询报告提供书面意见。内容的基本要求如下：

其一,绪论。主要介绍咨询问题和对象选择的背景、类似报告的基本情况和本报告的特色之处。

其二,咨询设计。从初步访谈咨询对象并聚焦问题、咨询内容与工具选择、现场调查与诊断、问题成因分析和解决方案提供等环节设计咨询方案。

其三,问题描述。主要是在介绍被咨询企业的基本情况、行业或市场等背景信息的基础上,详细描述需要解决的问题。

其四,原因分析。作者根据前面确定的咨询方案,运用各种分析工具和方法,深入细致分析问题的成因。

其五,问题解决方案。在分析的基础上,作者应提出咨询意见,并由此提供问题的具体解决方案。

1. 企业咨询报告的类型

企业咨询报告按研究范围可以分为战略发展调研与诊断型报告和职能运行调研与诊断型报告两类。

其中,战略发展调研与诊断型报告包括企业战略调研与诊断、企业竞争力调研与诊断、企业商业模式调研与诊断、企业成长力调研与诊断以及企业创新力调研与诊断等。

职能运行调研与诊断型报告包括组织调研与诊断、营销调研与诊断、生产调研与诊断、采购调研与诊断、财务调研与诊断、人事调研与诊断以及流程调研与诊断等。

论文题目标准格式为:《××企业(行业)××(问题)调研与诊断报告》。

2. 企业咨询报告型论文参考结构及参考样文

(1)企业咨询报告型论文参考结构[①]:

第一章　绪论(占全文篇幅10%左右)

介绍企业调研与诊断的背景、问题的提出、范围、目的和方法等内容。

第二章　调研方法与调研方案设计(占全文篇幅10%左右)

包括对调研与诊断对象的内外部环境介绍、调研与诊断方法的选取、调研与诊断的程序与方法、调研数据的需求与来源、操作性概念的界定、调研结果的统计学处理方法等。

第三章　调研过程与诊断结果分析(占全文篇幅45%左右)

按照研究方案逐步实施的过程形成调研与诊断工作的研究发现过程,包括

---

① 吕芳芳. 兰州ZY股份有限公司财务诊断报告[D]. 兰州:兰州大学,2023:1-65.

调研信息描述→信息处理与分析→诊断结果分析三个过程。

第四章 企业诊断结论与行动方案(占全文篇幅25%左右)

在企业调研诊断结果分析的基础上,识别分析企业管理问题的成因,并就成因提出针对性的系统化解决方案。

第五章 结论(占全文篇幅10%左右)

对企业调研结果、成因诊断、行动方案进行总结。

(2)企业咨询报告论文参考样文。

论文题目:W集团海外研发基地员工满意度调研与诊断报告

1. 绪论

1.1 调研与诊断背景

1.2 调研与诊断问题的提出

1.3 调研与诊断的目的

1.4 调研与诊断的范围

1.5 主要调研与诊断内容、技术方法应用概况

2. 调研方法与调研方案设计

2.1 调研对象选取

2.2 调研与诊断方法的选择

2.3 调研与诊断的程序与方法

2.4 调研数据的需求与来源

2.5 操作性概念的界定

2.6 调研结果的统计

3. W集团海外研发基地员工满意度调研与诊断结果分析

3.1 调研信息与结果

3.2 调研信息处理与数据分析

3.3 诊断结果分析

4. W集团海外研发基地员工满意度改善方案研究

4.1 W集团海外研发基地员工满意度影响因素分析

4.2 W集团海外研发基地员工满意度改善途径研究

4.3 W集团海外研发基地员工满意度改善组合方案研究

5. 结论

(三)专题研究

专题研究的主体部分总体上应至少包括绪论、理论基础与相关研究概述、

问题分析、问题解决方案、结论这五方面内容。其中，作者应特别关注问题解决方案的针对性和可操作性，具有较强的实践应用价值。内容的基本要求如下：

其一，绪论。主要介绍专题研究的背景、目的及意义，国内外研究现状，主要研究内容与方法。

其二，理论基础与相关研究概述。主要介绍与本研究紧密相关的理论和成果，为后续的问题分析与解决方案提出提供理论借鉴和方法支撑。此处，应注意三方面问题：一是涉及的相关理论与研究必须与本专题紧密相关，切忌写成教科书式的基本理论或撰写过于边缘的理论；二是必须梳理和总结相关理论和研究，提出自己的见解，指出相关理论与研究对本研究的借鉴所在；三是对于具有丰富实践借鉴的专题，本部分也可从标题和内容中增加"实践借鉴"的相关内容，从实践角度为专题研究提供经验借鉴。

其三，问题分析。主要是对研究的对象进行现状刻画与分析，在现状描述的基础上，梳理出其管理现状中存在的问题，并分析问题，指明导致问题的深层次原因。

其四，问题解决方案。本部分是专题研究的核心内容。在问题分析的基础上，作者应提出具体的、富有针对性与可操作性的解决方案，且依据要充分。根据专题研究的形式不同，本部分内容要求也有所差异，分述如下：①问题—对策型。这种形式比较宽泛，一般应该结合问题分析中提出的问题与原因，提出具体的对策与保障措施。②学科理论适用型。这种形式需要结合具体的研究方向，运用科学的管理工具设计解决方案。

其五，结论。针对绪论部分提出的研究目的与问题，正面回答通过本研究得到的答案。

1. 专题型研究论文参考结构及参考样文

（1）专题研究型论文参考结构[①]：

第一章　绪论（占全文篇幅10%左右）

介绍研究背景、目的、意义、方法和内容。

第二章　文献综述（占全文篇幅10%左右）

国内外相关理论的发展概况、发展趋势、先进经验借鉴。

第三章　外部环境分析（占全文篇幅15%左右）

可使用PEST分析、五力模型、价值链理论、SWOT分析等工具，进行外部

---

① 陈晓星. K化工公司供应链成本管理优化研究[D]. 上海：华东师范大学，2024：1-69.

环境分析。

第四章 企业现状与问题分析(占全文篇幅25%左右)

介绍企业发展概况与发展现状,分析其存在的主要问题,系统梳理问题、识别关键问题。

第五章 解决方案设计(占全文篇幅20%左右)

设计针对性较强的解决方案,并比选不同的可行方案,选择最优方案。

第六章 方案组织实施与保障(占全文篇幅10%左右)

主要论述方案的实施与保障措施体系。

第七章 结论(占全文篇幅10%左右)

总结论文研究工作与研究结论,整理创新之处与不足。

(2)专题研究型论文参考样文。

论文题目:A集团供应链管理的优化研究

1.绪论

1.1 选题背景及研究意义

1.2 国内外研究动态

1.3 研究方法、研究内容与技术路线

2.供应商管理的相关理论

2.1 供应商的选择

2.2 供应商的绩效考评

2.3 供应商关系管理

2.4 小结

3.A集团供应商管理现状及存在的问题分析

3.1 集团概况

3.2 供应商管理现状

3.3 供应商管理存在的问题

3.4 供应商管理问题的根源分析

4.A集团供应商选择与评价研究

4.1 供应商选择评价原则、程序和内容

4.2 供应商评价方法选择

4.3 供应商评价指标体系

4.4 A集团供方分级评价制度

5.A集团供应商管理方案重构研究

5.1　供应商分类管理
5.2　供应商管理方案重构
5.3　供应商管理优化方案的实施
6.结论

(四)创业计划书/商业计划书型论文

选择撰写创业计划书/商业计划书型论文,鼓励学员结合自身的行业经验和所在企业实际发展的项目需求,提出创新性的商业计划推动企业发展;另外,鼓励学员对创新型的商业模式、新技术成果、新出现或潜在细分市场等的商业化应用,提出创新型的创业计划项目。需要学员在选题时:(1)尽量结合所在企业的管理需求选题或创新型的创业机会,达到学以致用的目的;(2)商业计划书型论文需要选择创新型的企业发展项目,而非对日常业务流畅的一般性改进项目;(3)创业计划书型论文应选择强创新导向的创业项目,一般性常规创业项目不在论文撰写范围之内。

1.创业计划书(商业计划书)型论文的参考结构①:

第一章　绪论(占全文篇幅10%左右)

描述创业项目(商业项目)的实施背景与现实意义,界定论文的工作目标与研究范围,拟采用的管理理论与方法的回顾与综述,研究方法与论文的篇章安排等。

第二章　创业计划/商业计划摘要(占全文篇幅10%左右)

创业项目/商业项目摘要,管理团队。

第三章　创业项目/商业项目描述(占全文篇幅25%左右)

创业项目/商业项目定位,主要发展战略目标和阶段目标,项目技术/市场独特性,产品与服务的创新方案。

第四章　营销与竞争方案(占全文篇幅30%左右)

企业针对的市场、营销战略、竞争环境、竞争优势与不足、主要对产品的销售金额、增长率和产品或服务所拥有的核心技术、拟投资的核心产品的总需求等,风险分析,以及其他相关说明。

第五章　财务分析与融资方案(占全文篇幅20%左右)

财务历史数据与发展预测、资本结构、投资计划、融资需求、投资者退出方式。

---

① 王一博.郑州Y家政项目商业计划书[D].郑州:河南财经政法大学,2023:1-58.

第六章　结论(占全文篇幅5％左右)

2.创业计划书与商业计划书型论文样本

论文题目:YR休闲农场创业计划书

1.绪论

1.1　项目背景和研究意义

1.2　研究目标与研究范围

1.3　国内外相关研究综述

1.4　研究方法与技术路线

1.5　论文主要内容与结构安排

2.YR休闲农场创业计划摘要

2.1　YR休闲农场项目基本情况

2.2　投资安排

2.3　组织架构与管理团队

3.YR休闲农场创业项目描述

3.1　YR休闲农场创业项目定位

3.2　主要发展战略目标和阶段目标

3.3　项目独特性与创新性分析

3.4　YR休闲农场创业项目产品与服务方案

4.YR休闲农场创业项目营销与竞争方案

4.1　YR休闲农场创业项目营销方案设计

4.2　YR休闲农场创业项目的行业分析

4.3　YR休闲农场创业项目的竞争分析

4.4　YR休闲农场创业项目的营销策略与实施

4.5　YR休闲农场创业项目风险分析

4.6　YR休闲农场创业项目的其他相关说明

5.YR休闲农场创业项目财务分析与融资方案

5.1　YR休闲农场创业项目的财务预测

5.2　YR休闲农场创业项目投资计划与融资需求

5.3　YR休闲农场创业项目资本结构

5.4　YR休闲农场创业项目融资方案与退出方式

6.结论

第三章　案例型专业学位论文写作基础

第一节　什么是案例研究

什么是案例研究？要回答这个问题并不容易，由于案例研究的复杂性，在管理学界并没有一个得到普遍认可的定义。对案例研究方法的界定，不同学者持不同的观点，但总体而言，已有的定义主要从案例研究方法的目标（如"探索某一问题"）和测量技术（measurement techniques）（如"使用多重证据来源""质性研究方法"等）两个维度界定。此外，还有一些学者也强调了案例研究的情境性，即案例与其发生环境的渗透性。如罗伯特·K.殷在《案例研究：设计与方法》一书中指出，案例研究是一种经验主义的探究，研究生活背景中的暂时现象，在这一种研究中，现象本身与其背景之间的界限不明显，要大量运用实例证据开展研究。[①] 已有的定义虽然对指导案例研究工作的开展起到了积极的推动作用，但随着案例研究方法的发展，原有定义已经被现有的案例研究方法所突破，未能涵盖案例研究方法的新进展，主要体现在案例研究的范式化和数据性质两个方面。首先，在范式化上，案例研究方法已经建立起了自己的标准化流程，即按照理论回顾→案例研究设计→数据收集→数据分析→案例研究报告撰写的流程进行相关研究。与问卷调查和实验法相比，虽然案例研究方法在范式化方面还存在一定的差距，但案例研究方法流程的规范化应该体现在其定义之中，以指导案例研究人员更好地开展案例研究。其次，案例研究中使用的数据已经突破了单纯的质性数据的范畴，开始朝着质性数据和定量数据结合的趋势发展。因此，案例研究方法在数据性质方面的进展也应该在其定义之中有所体现。据此，可以界定案例研究方法：

案例研究方法是一种以理论回顾→案例研究设计→数据收集→数据分析

[①] 罗伯特·K.殷. 案例研究：设计与方法[M]. 周海涛，李永贤，李虔，译. 重庆：重庆大学出版社，2010：3—6.

→案例研究报告撰写为流程,以质性数据的收集和分析为主、以定量数据收集和分析为辅,建立在具有情境性特征实践基础上的、以理论构建或检验为目的的实证研究方法。要把握案例研究的内涵,需要从以下四个方面着手:

一、案例研究需要遵循科学规范的案例研究范式

案例研究方法不断受到挑战的一个主要原因就是定量的案例研究方法缺乏科学规范的研究范式,在数据收集和分析的过程中,研究者拥有绝对的自主性,这就使案例研究的结论无论在信度上还是效度上均存在无法避免的缺陷。为了弥补这一缺陷,研究者对案例研究方法进行了不断地完善和发展,构建了"理论回顾→案例研究设计→数据收集→数据分析→案例研究报告撰写"的研究范式。这一范式不仅规范了案例研究的流程,同时也解决了诸如研究问题边界界定、研究问题的聚焦、数据的可靠性、分析的客观性等问题,较大幅度提高案例研究结论的信度和效度。

二、案例研究既涉及质性数据,同时也涉及定量数据

绝大多数案例研究方法的定义都将案例研究归为质性研究方法,当然也有一些研究仅将案例研究作为质性研究的一个阶段,甚至并未将案例研究作为一种正规的研究方法看待。但事实上,随着案例研究方法的发展,案例研究过程中所收集和分析的数据已经不仅仅局限于质性数据,案例研究方法已将统计分析方法嵌入其中,在以质性数据分析为主的基础上、结合定量数据的统计分析,对研究提供有力的支持和补充。因此,案例研究方法现在已不能被简单地归入质性研究方法的子集了,而是一种以质性研究方法和定量研究方法为共同基础的研究方法。

三、案例研究具有情境性

案例研究具有情境性,这也是案例研究方法区别于问卷调查和实验研究的最重要的特征,后两种研究方法为了便于研究的实施有意识地屏蔽了环境的影响作用,使用理想模型开展研究,而案例研究方法则不加修正地将实践背景反映到研究当中,最大限度地实现了事件的还原。案例研究所具有的这一优势是其他两种实证研究方法所无法比拟的,原因在于工商管理是以组织特有的政治、经济、文化和社会背景为基础,不同背景下的组织在管理理论和方法上不尽相同。除此之外,在某些研究中还会出现情境与事件之间难以分离的现象,在

这种情况下,案例研究方法也显现出其独特的优势。

四、案例研究是一种既可以用于理论检验,又可以用于理论构建的实证研究方法

实证研究方法是一种基于观察或实验等方式获取数据,并利用这些数据解答研究问题或证明研究假设的研究方法。首先,由于案例研究主要通过观察、访谈、文献档案和实物等方式获取数据,在此基础上完成对研究问题的解答,因此案例研究方法属于实证研究方法的范畴。其次,不同类型的案例研究具有不同的目的,有些案例研究旨在描述一个现象,有些案例研究旨在验证某一(些)研究假设,还有些案例研究旨在对相关理论进行拓展、深化或构建,因此案例研究的功能既可以满足理论检验,又可以满足理论构建。

第二节 案例研究的设计

案例研究的设计过程是一个系统性、综合性的工作,旨在通过对特定案例的深入剖析,揭示现象的本质、发现新的理论观点或验证现有理论。案例研究包括确定案例研究问题、准备理论视角和研究假设、理论抽样、确定分析单位、单案例与多案例设计、数据收集设计、数据分析设计等步骤。

一、确定案例研究问题

(一)高质量的研究问题

高质量的案例研究,必须针对现有理论缺口提出研究问题,好的研究问题往往具备以下特征:重要、新颖、有趣、范围适当与可实施。

第一,研究问题要重要。研究者要解决明显的、在文献或实践中没有解决的、存在重要争议或者是能够挑战现有解释的研究问题。[1]

第二,研究问题要新颖。研究问题的新颖主要表现为有创见、有新意、有特色,并具有一定的先进性;研究者要有自己的真知灼见与开创性。当然,新颖不是赶时髦或一味地标新立异,研究者需要通过对问题的深入研究,提出自己的新设想、新发现、新观点和新见解,以展现研究问题的新颖性。新颖的研究往往

---

[1] 毛基业,李高勇.案例研究的"术"与"道"的反思——中国企业管理案例与质性研究论坛(2013)综述[J].管理世界,2014(2):111-117.

来自知识的融合,当在两种不同的文献、理论或是学科之间建立起桥梁时,往往能够得到新颖的研究问题。同时,对现实的观察也能帮助研究者获取新颖的研究问题,研究者通过对实践的观察,能够发现现实与理论的差别并从中找到新颖的研究问题。

第三,研究问题要有趣。很多学者都强调研究问题要有趣,因为只有有趣的问题,才会吸引读者了解你的研究问题。有趣的问题一般具有以下特征:出乎意料或者反直觉;现有理论不能很好地解释;能为以往没有研究过的现象提供启示。[1]

第四,研究问题要有适当范围。如果一个研究问题所针对的领域非常狭小,适用的空间有限,那么它的理论价值和实践意义都会降低。研究问题既要聚焦,不能过于宽泛,又不能过于狭窄,要有适当的范围,这就要求研究者权衡好研究问题的适用范围,适当放大自己的视界,甚至可以扩大到相似或相近学科中。[2]

第五,研究问题要有可实施性。可实施性是指研究问题要有实践意义,结论具有可操作性,能为管理实践提供有价值的见解。[3] 举个极端点的例子,如果研究智商对员工个体采纳信息技术和工作效率的影响,即便结论是显著的,但由于员工的智商无法改变,对管理工作也不具备可实施性,所以这类研究没有什么意义。因此,学者们要注意研究问题的实践意义与应用情境等,避免研究问题脱离实践。

(二)适合案例研究的问题

高质量的案例研究,其研究问题不仅需要具备上述五个特征,还需要注意案例研究本身特定的适用范围。案例研究者在寻找研究问题时,可以参照以下内容判定自己的研究问题是否适合采用案例研究方法。

第一,适用于探讨缺乏已有理论的新研究问题。案例研究方法通常基于归纳逻辑,适于创造新观点,以解决或解释"How"和"Why"式的研究问题。与演绎方法不同,案例研究常采用归纳方法,从一个研究问题开始,没有预先设定构念与理

---

[1] 李高勇,毛基业. 案例选择与研究策略——中国企业管理案例与质性研究论坛(2014)综述[J]. 管理世界,2015(2):133−136,169.

[2] 毛基业,李高勇. 案例研究的"术"与"道"的反思——中国企业管理案例与质性研究论坛(2013)综述[J]. 管理世界,2014(2):111−117.

[3] McGahan, A. M. Academic research that matters to managers: On zebras, dogs, lem. mings, hammers, and turnips[J]. Academy of Management Journal,2007,50(4):748−753.

论关系,通过分析质性数据产生新观点。这是因为案例研究常采用意想不到的视角,探索不同寻常的情境,并不受先前假设的约束,采用更为开放的设计与归纳推理,以便提出新颖的想法,构建新理论。例如,在20世纪80年代,微型电脑行业处在快速变化的环境中,管理者需要快速地制定决策,当时的管理理论体系还没有探讨如何快速决策,于是有人运用案例研究对该问题进行了探讨。

第二,适用于现有理论不能充分回答或者现有理论存在缺陷的研究问题。高质量的案例研究,经常基于现有理论不能充分回答或现有文献存在缺口,寻找"How"和"Why"式的研究问题,进而针对这些研究问题,给出有意义的解释。例如,研究者发现关于企业家获取合作伙伴的文献都是从大企业或者知名企业家的角度切入的,缺乏对年轻企业家或是小企业如何获取合作伙伴的探讨,于是采用案例研究填补了相关文献的空白。[①]

第三,适用于探讨复杂的管理问题与构建过程理论的研究问题。案例研究方法常采用归纳逻辑,具有"凸显情境,呈现过程,解释规律"的优势[②],擅长探讨复杂的过程问题,有利于研究人员使用混合数据,深入分析一个或多个案例,进而探明演变过程,解释变量间的关系与机制。如果研究问题是要探讨某一管理现象随时间展开的过程,那么案例研究很适合构建过程模型。这里的过程模型包括纯过程模型(processmodel),即探讨管理现象的具体流程机制;也包括过程—因素模型(process-variance model),即探讨管理现象发展过程中不同因素变异水平(levelofvariance)相互之间的影响。[③] 例如,海因策(Heinze)和韦伯(Weber)探究了两家医院中药和西药结合进行疾病治疗中的政治和社会过程;[④]而戴维斯(Davis)和艾森哈特(Eisenhardt)则构建了一个过程—因素模型来探讨大型企业之间,如亚马逊(Amazon)和思科(Cisco),如何进行研发合作。[⑤]

[①] Ozcan, P. & Eisenhardt, K. M. (2009). Origin of alliance portfolios: Entrepreneurs, network strategies, and firm performance[J]. Academy of Management Journal, 52(2): 246—279.

[②] 黄江明,李亮,王伟. 案例研究:从好的故事到好的理论——中国企业管理案例与理论构建研究论坛(2010)综述[J]. 管理世界,2011(2):118—126.

[③] 毛基业,陈诚. 案例研究的理论构建:艾森哈特的新洞见——第十届"中国企业管理案例与质性研究论坛(2016)"会议综述[J]. 管理世界,2017(2):135—141.

[④] Heinze, K. L. & Weber, K. Toward organizational pluralism: Institutional intrapreneurship in integrative medicine[J]. Organization Science, 2016,27(1): 157—172.

[⑤] Davis, J. P. & Eisenhardt, K. M. Rotating leadership and collaborative innovation: Recombination processes in symbiotic relationships[J]. Administrative Science Quarterly, 2011, 56(2): 163—198.

第四,适用于核心构念难以测量的研究问题。例如,研究问题涉及悖论或身份认同等难以测量的构念,研究者采用案例或质性研究就较为合适。案例研究的目标是构建理论,所构建的理论是由构念及其间的关系所形成的命题,以及命题背后的理论依据这三个要素组成的。然而,许多构念是新提出的,没有有效的测量,难以采用演绎方法研究相关问题,致使构念测量阻碍许多推理演绎研究的顺利开展。然而,案例研究需要深度沉浸于现象中(deep immersion in phenomena),它是从数据到理论的归纳过程,适于解构并测量新构念进而分析构念的形成及构念间的相互关系。

第五,适用于需要深入挖掘极端现象的研究问题。极端现象提供了研究的机会。因为极端现象具有独特性,样本量小且不具备代表性,传统的演绎方法难以对其进行解释。然而,极端现象就像是"会说话的猪",具有自身独特的价值,能够对已有研究提出挑战,使人们对这些案例与问题具有更广泛的认识。

总的来说,案例研究适用于探讨过程即"How"和"Why"式的研究问题,而并不适合于探讨因素作用强度、调节变量作用大小等"What"和"How Much"式的问题。

(三)案例研究的问题来源

尽管案例研究适用于"How"和"Why"式的研究问题,但案例研究的问题来源可能会有不同。有的研究问题始于理论文献,有的始于实践现象,在理论文献与实践现象的共同作用下形成了案例研究的问题。

1. 以理论驱动构建研究问题

理论驱动的研究问题是指研究者根据现有研究在现有理论框架下提出研究问题。[1] 理论驱动的研究问题受到现有理论框架的严格限定,其拓展依赖于质性数据提供的对复杂社会化过程的洞察,而定量数据很难揭示复杂的过程。例如,研究者运用质性数据,研究会计专业领域的精英企业,探讨核心人员如何推动制度变革,通过质性数据展示核心人员推动变革的复杂过程,以扩展制度理论。[2]

高质量的实证研究往往以坚实的文献作为基础,从中发现研究缺口,并提出研究问题,以弥补研究不足。研究者可以通过阅读文献,发现其中相互矛盾

---

[1] Lee, T. W. Mitchell, T. R. & Sablynski, C. Qualitative research in organizational and vocational psychology: 1979—1999[J]. Journal of Vocational Behavior, 1999, 55(2): 161—187.

[2] Greenwood, R. & Suddaby, R. Institutional entrepreneurship in mature fields: The big five accounting firms[J]. Academy of Management Journal, 2006, 49(1): 27—48.

或是研究空白之处，从而得到研究问题。例如，在关于合成染料工业进化的研究中研究者通过阅读文献发现：关于产业进化的研究，都只是在一个国家内部收集统计数据。然而，在不同的国家中，产业是否都有相同的进化模式？制度因素是否造成差异的原因？基于此，研究者提出了理论驱动的研究问题，并应用质性数据开展研究。[①] 此外，需要研究者重点注意的是，理论驱动的研究问题可能由于受到严格的限定，拥有理论意义而丧失现实意义，研究者需要重点考察以理论驱动为主的研究问题是否具有实践价值。

2. 以现象驱动构建研究问题

现象驱动的研究问题，是指研究者需要根据现象的重要性与现有理论的不足来构建研究框架。基于现象驱动的研究问题范围较宽广，这给予研究者更多的灵活性。例如，研究者通过观察发现，在国际化发展中，企业的学习是一个无处不在的过程；然而，已有文献却忽视了学习的内容，而使用案例进行理论构建研究能够更好地回答企业的学习过程与学习内容；[②]斯格考（Siggelkow）追踪调查一家大型组织 20 年的发展，之所以选择这家组织是因为它符合"会说话的猪"这样的标准[③]。当第一次观察这家组织时，斯格考就发现它关于什么要素能成为其核心的决策非常独特。尽管现象驱动的研究问题能够给研究者带来更多的灵活性，但相关的研究问题范围较为宽广，一些研究者难以从中提炼出具体明确的研究问题，这是案例研究者需要特别注意的，研究者需要不断聚焦，再聚焦，需要不断在"沙里淘金"。此外，案例研究者通常能够从现象中发现有趣且理论研究未探讨的研究问题，但需要注意这些现象或问题未必具有重要的理论研究价值，研究者还必须思考这些研究问题所具备的理论意义。

（四）识别研究机会的三种策略

文献是案例研究者识别研究机会，总结提炼研究问题的重要来源。然而，学术文献浩如烟海，研究者需要"提纲挈领"式地切入其中。本书将介绍三种从文献中识别研究机会，进而提炼研究问题的策略（见图 3—1）。需要强调的是，研究者不管采用哪种策略，都应该在此基础上开展扎实的文献综述工作，并通

[①] Murmann, J. P. The coevolution of industries and important features of their environments[J]. Organization Science, 2013, 24(1): 58—78.

[②] Bingham, C. B. & Eisenhardt, K. M. Rational heuristics: The"simple rules"that strategists learn from process experience[J]. Strategic Management Journal, 2011, 32(13): 1437—1464.

[③] Siggelkow, N. Evolution toward fit[J]. Administrative Science Quarterly, 2002, 47(1): 125—159.

过有说服力的方式写作。

```
策略一 ──→ 1.找近年的、高水平期刊上的与你的研究相关的文献综述，
          从中寻找适合案例研究方法的研究问题
       2.仔细阅读文献综述中的研究议程、未来研究方向等内容
       3.找到能够支持你研究机会的论述                       ──是──→

  │否

策略二 ──→ 1.找近年的、高水平期刊上的与你研究非常相关的实证研究    研
       2.阅读该论文的"参考文献"部分，看该论文引用前人的哪       究
          些相关研究                                          机
       3.借助Web of Science、Google Scholar等数据库，检索    ──是──→ 会
          该论文有哪些更新的研究引用
       4.在系统分析得到的文献中，将最有启发的文献(不多于10
          篇)作为自己研究的核心基础，将相关性较弱的文献作为次
          要支撑

  │否

策略三 ──→ 1.在数据库中进行关键词搜索
       2.基于搜索结果进行系统的文献综述，识别研究机会         ──是──→
       优点：可以对一个主题的文献有系统了解，有机会写独立
          成文的文献综述并发表
```

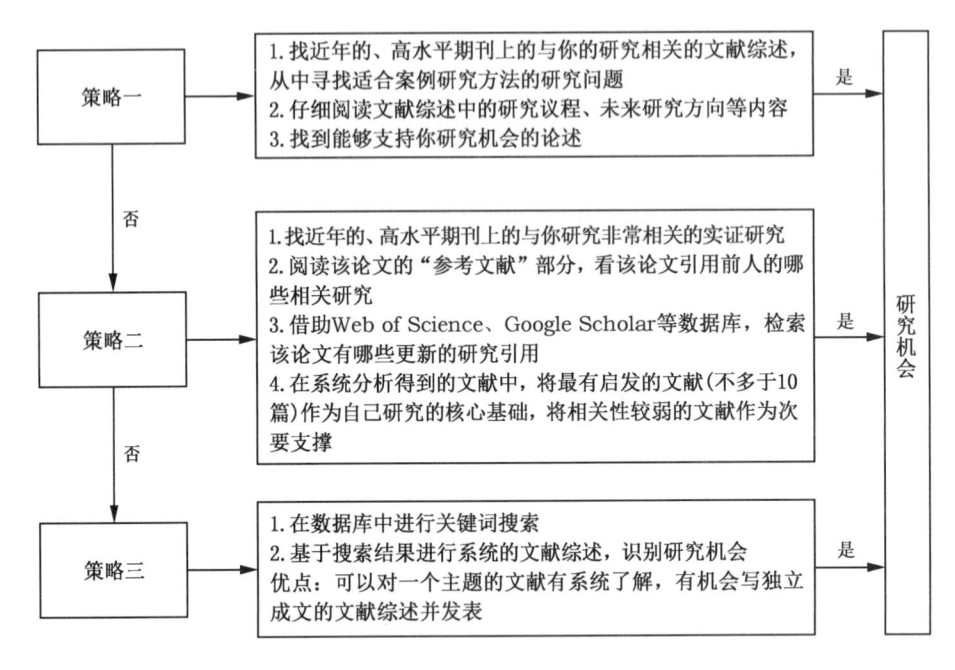

图 3—1　识别研究机会的三种策略

1. 从高水平综述性文章切入

要想快速了解一个研究主题，最好的方式之一就是阅读与其相关的综述性文章，这也可以帮助研究者快速识别研究机会。研究者可以根据自己感兴趣的研究主题，在高水平期刊上搜索近几年发表的综述性文章，并仔细阅读其中的研究议程(research agenda)、未来研究方向(future directions)等内容。如果能够找到与案例现象相契合的论述，那就可以以此为线索快速聚焦研究机会，并提出研究问题。

这种策略的优点是简单直接，工作量较小，不需要花费太多时间和精力。不过在应用这种策略时，研究者需要注意以下几点：其一，如果找到的综述性文章过于陈旧，那么其中指出的研究缺口可能已经不复存在，因此，我们建议多关注近三年发表的综述性文章，尽量不要超过五年。其二，如果综述性文章的质量不高，那么关于未来研究方向的论述就会缺乏说服力，因此，我们建议多关注发表在高水平期刊上的综述性文章。其三，研究者应该把通过这种方式识别的研究机会作为提出研究问题的"线索"，并在此基础上进行扎实的文献梳理工作，而不能拿已发表的综述性文章来代替自己的文献综述工作。

2. 从高水平的标杆文献切入

如果研究者未能找到有帮助的综述性文章,那么还可以尝试从高水平的标杆文献切入。这里的"标杆文献"是指近年发表在高水平期刊上的、与所关注的案例现象最为相关的一两篇文献(尤其是实证研究)。研究者首先可以阅读标杆文献的"参考文献"部分,看该论文引用了前人的哪些相关研究,追根溯源,找到该论文中的核心文献,并仔细阅读,了解以往学者都做了哪些研究[1];与此同时,研究者可以利用 Web of Science、Google ScholaR 等数据库,查询标杆文献被哪些最新的研究引用(goforward),并仔细阅读这些论文,从而找到该主题现有研究的前沿问题。通过这样的脉络梳理,案例研究者可以将最有启发的文献(不多于10篇)作为自己研究的核心基础,并将相关性较弱的文献作为次要支撑;研究者阅读、整理与分析这些文献,或做成叙述性文献综述,从中寻找研究机会。

这种策略的优点是需要一定的工作量,但相对于第三种策略工作量相对较小,初学者也容易掌握,可以较为迅速地梳理该主题的主要文献,进而寻找"How"或"Why"式的问题,开展案例研究。然而,这种策略也有一定的局限性,初学者有时很难找准近年来发表在高水平期刊上的标杆文献,因为相关的文章可能会有很多相互交织,一时间难以准确定位。这时候研究者可以稍微多研究2~3篇该主题的高水平论文,从而对该主题有更为全面的了解。

二、准备理论视角和研究假设

(一)理论及其分类

理论意味着逻辑相关、没有矛盾,与一个实在领域相关的陈述、思想、概念,按照能够检验的方式组合在一起的系统集合。

按照惠顿(Whetten)对理论的理解,去拆解一个完整理论应该包含的内容:[2]

(1)有关概念(what),哪些因素逻辑上应该被考虑进来当作解释这个现象的一部分。要解决"快速的战略决策是怎样制定出来的"这个问题,艾森哈特通

---

[1] Webster, J. & Watson, R. T. Analyzing the past to prepare for the future: Writing a literature review[J]. MIS Quarterly, 2002, 26(2): 13—23.

[2] Whetten, D. A. What constitutes a theoretical contribution?[J]. Academy of Management Review, 1989, 14(4): 490—495.

过演绎逻辑和归纳逻辑得出决策速度[①],以及即时信息、多个同步备选方案、双层次咨询过程、有限制条件的共识、决策整合等这些概念是关键要素。

(2)命题和假设(how),这些要素之间是怎么相关的。艾森哈特提出的这些概念间是什么关系呢？艾森哈特发现即时信息、多个同步备选方案、双层次咨询过程、有限制条件的共识、决策整合等正向影响决策速度。

(3)机制和原理(why),这些要素的选择以及之间的因果关系背后的心理、经济或社会动态性是什么。更为重要的是需要解释为什么是这种关系,艾森哈特提出加速思考过程、顺畅合作过程和行动信心是相关命题能够成立的中间过程和关键原因。

(4)边界条件(who、where、when),这是理论模型的限制条件。艾森哈特的文章的一个关键边界条件是"快速变化环境",换句话说,这个理论在相对稳定环境中的适用性可能需要进一步检验。

特别要强调的是,机制和原理至关重要,因为理论本身就是对于人类行为、组织现象或过程提供的根本性解释,而这些解释必须建立在可靠的逻辑推理基础之上。

这一定义重点强调使用一种根据理论能够解释和预测的范围分类。解释和预测范围非常广泛的理论是宏大理论(grand theory),而解释和预测范围非常小的理论则为微小理论(trivial theory),连接二者的理论称为中层理论(middle-range theory)。这种理论的分类方法有两个很有意思的点值得讨论:其一,所建立的理论能够解释和预测的范围越大越好,如果能建立宏大理论,那么研究者的影响力是巨大的,但考虑到管理学(乃至一般社会学)现象的复杂性,宏大理论的建立异常困难且越抽象越容易牺牲对现象的准确认识。[②] 其二,解释和预测范围是一个相对的概念,比如在一般企业管理领域(包括组织行为与人力资源、战略、会计、营销等具体领域),代理理论能解释和预测的范围是相对较小的(可以视为管理学领域的一个中层理论);但在公司治理这个细分领域,代理理论能解释和预测的现象就非常广泛了(可以算作公司治理领域的一个宏大理论)。

这两个有趣的点非常值得讨论,因为在案例研究过程中往往会陷入一个困境:特殊的一个或者几个案例中抽象出的理论,其能够解释和预测的范围有多

---

① Eisenhardt, K. M. Making fast strategic decisions in high-velocity environments[J]. Academy of Management Journal, 1989, 32(3): 543—576.

② 陈晓萍,樊景立. 组织与管理研究的实证方法[M]. 北京:北京大学出版社,2008:41—60.

大？这就需要研究者平衡好精确性和全面性。比如，最常用的做法是：抽象出的理论要与案例数据严格匹配，保障提出的理论是精确的；抽象出的理论要能和宏大理论对话，通过二者建立联系以确定所抽象出理论的适用边界。

(二)研究过程与理论的角色

理论在案例研究过程中主要有两个角色：目标理论和参照理论。前者是案例研究的"产品"，需要寻求"差异性"；后者是指引案例研究的"过程"，帮助案例研究获取"合法性"。

1. 参照理论

如果把参照理论定义为"理论背景"或"理论框架"，可能更好理解一些。那么，到底什么是参照理论？这里用两个隐喻形象说明。参照理论像暗夜里的一个光源，它可以照亮研究者需要观察的对象，让研究者聚焦于特定的事件或现象上，发现被文献所误解或忽略的点。参照理论像一个衣橱，数据就像衣服，衣橱的作用是分门别类地放置裤子、上衣、鞋子等，借由这个放置过程我们可能发现冬天到了却没有冬天的衣服，甚至发现衣橱不合理，需要重新再定做一个更合适的衣橱。① 基于这两个隐喻可以得出参照理论的几个特征：

(1)参照理论在案例研究过程中有利有弊。它可以帮助聚焦，也可以聚焦于特定数据而忽略了更为有趣的发现。一个光源不可能照亮所有黑暗的地方，一个衣橱不可能装下所有衣服。所以，在研究过程中研究者需要多找几个参照理论，同时更为重要的是研究者需要知道参照理论本身的局限性，知道它能照到哪里，照不到哪里。

(2)参照理论在案例研究过程中需要不停地重新审视。甚至更换新的参照理论。如果起初寻找的参照理论没有照到研究者想要关注的现象，一个办法是换个光源。也许读者会说看到最终发表的案例研究文章中只采用了特定的一个参照理论。这里需要注意的是，研究过程和写作过程是两个环节，最终呈现的是研究者通过案例分析发现对于构建新理论最有帮助而由此胜出的参照理论。

(3)参照理论的核心逻辑其实更倾向于溯因逻辑。开始于事实的集合，并推导出其最佳解释的推理过程。因此研究者多会选取可解释和预测现象范围更广的理论(如特定领域内的宏大理论)作为参照理论。例如，关注企业的竞争优势，选择资源基础观(resource-basedview)可以为你照亮更多的黑暗地方。同

---

① Maxwell,J. A. The SAGE handbook of applied social research methods[M]. Thousand Oaks, CA: Sag Publications,2008:214—253.

时要注意的是,照亮范围越广,参照理论的作用力可能就会越弱。

2. 目标理论

案例研究,或者任何一个研究最终能够发表的核心条件之一是这个研究的发现具有理论贡献。换句话说,论文所构建的目标理论是与现有文献有差异的。伯格(Bergh)借鉴资源基础观的核心逻辑,提出"战略性"思考理论贡献的思路[①]:研究是否有价值(valuable,作者这里主要是指对现有理论特别是管理实践是否有价值)、是否不可模仿(imitation,作者这里主要是指构建的理论和现有的竞争理论之间的关系)、是否稀缺(rareness,作者这里主要是指研究的新颖性)。目标理论的差异性就是寻找的研究必须做或者做好论文必须发表的核心理由:这个研究到底做了现有研究还没做的哪些事情。这个点在做研究之前就应该胸有成竹:这个研究的价值到底在哪里,与现有理论的区别在哪里,新颖在哪里。

道理似乎很简单,但如何做到呢?如何寻找目标理论的差异性呢?事实上差异性实际上是一个相对比较的概念,寻找你所构建的新理论和现有文献的差异主要包括以下两个步骤;第一,质疑现有文献的不足,这是理论贡献的前提;第二,阐述所构建的理论对现有文献的启示意义(理论贡献),即目标理论是如何填补该缺口的,比如是引入了新概念还是发现了新关系等。

三、理论抽样

案例研究中案例样本的选择采用的是理论抽样方法(theoretical sampling),也称为目的性抽样(purposive sampling)。理论抽样方法是所选案例出于理论的需要,而不是统计抽样(或概率性抽样)的需要。艾森哈特认为所选案例要能复制先前案例的发现,或者能拓展新兴的理论,或者为了填补某一个理论中提到的分类而为两种截然不同的分类提供案例。[②] 因为所选的案例数量有限,因此选择那些有极端性或典型性案例,就像放大镜甚至显微镜一样,可以清晰地发现那些更为细微、错综复杂的作用关系和过程机制。

从原理上说,理论抽样与统计抽样有较大的区别。理论抽样的目标是要选择那些可能补充、修正现有理论或者拓展新兴理论的案例,就是要有意识地选择那些能够为构建理论服务的案例。从管理学案例研究的现实来说,也并不是

[①] Bergh, D. D. From the editors: Thinking strategically about contribution[J]. Academy of Management Journal, 2003, 46(2): 135—136.

[②] Eisenhardt, K. M. Building theories from case study research[J]. Academy of Management Review, 1989, 14(4): 532—550.

等到理论确定好后再去抽样案例,而是事先通过一定的社会关系和资源开始准备进入或初步进入一些企业,形成一个初步的"案例库"。

理论抽样就是在研究者或研究团队已经掌握的这个"案例库"中有意识、有目的地选取案例,为发展理论服务。因此,可以选择国内外各行业中知名的大型企业(如海尔、格力、阿里巴巴等),或者选择聚焦在具有某些极端性、典型性的管理现象与特征的企业(如服务管理方面的海底捞、共享经济平台方面的爱彼迎等)以及选择一些较难获得进入权限访谈和调研的企业(如华为等与"国之重器"相关的大型央企等)。当然,研究者如果是较为资深的研究者,或者具有较为敏锐的学术洞察力,那么很多企业都会是理论抽样备选的样本。

何时结束理论抽样？理想情况下,当理论到达饱和时研究者应该停止增加新的案例,理论饱和就是在某个时点上新获得的知识增量变得很小,不需要再增加新的案例。这个思想颇似一篇手稿的修订,当进一步提高质量的空间达到最小时,就可以结束修订。实际中,理论饱和经常也是出于务实的考虑,例如案例数据收集时间和经费的限制。事实上研究者事先计划好要调研的案例数量也很常见；如果一个案例所蕴含的信息能够足以说明构念之间的相互关系和逻辑,就没有必要增加更多的案例重复佐证,除非增加的案例能够拓展更多的理论。

关于"理论抽样出的案例不具有代表性,理论如何能推广"以及"理论抽样的案例应该具有一定的总体代表性"这些较为普遍的质疑,艾森哈特等学者进行了较好的回应,他们认为,案例研究的目的是发展理论、构建理论,而不是检验理论,而理论抽样较为适合发展理论,选择的案例是因为非常适合说明和扩展不同构念间的关系和逻辑。正如实验室的实验有时也不是从一个实验总体中随机抽样而是抽取那些能够提供理论新意的样本一样,案例是根据理论原因来抽样的,如揭示一个不寻常的现象、重复验证其他案例的发现、对立重复、排除其他可能的解释、阐释新理论等。

四、确定分析单位

在确定好案例后,就要明确案例分析单位。案例与分析单位往往并不是完全重合一致的,如果重合一致,则认为是"整体性"设计；如果不重合,则一般认为是分析单位嵌入在案例中,即"嵌入性"设计。例如,如果要研究一个企业的组织变革与发展,那么此时所选择的案例与分析单位是重合的；如果要研究该企业的高管团队做出的战略决策,那么企业是案例,高管团队做出的战略决策就是分析单位。

在管理学研究中,案例分析单位的选择直接决定了调研过程中需要访谈的对象的角色性质(如职位)和数量,同时也与研究主题密切相关。例如要研究一个企业的组织变革问题,如果是研究企业的组织变革对企业创新绩效的影响这一问题,案例和分析单位都是"企业",则需要访谈调研该企业的最高决策者(如总经理)、直接负责该决策的负责人(如某个副总)以及若干具体负责此次组织变革工作的执行者;如果是研究该组织变革的决策过程问题,案例是"该企业",分析单位是"该企业的高管团队成员",则需要访谈主要高管团队成员(未参加该变革的高管可能也要访谈,因为很可能有其他潜在的原因需要关注到,比如他是反对者,可能提前被"边缘化"了)。案例分析单位的大小和所要研究的问题,决定了所要访谈的个体的数量和特征。

如果研究问题无法确定何种分析单位优于其他分析单位,那就表明研究的问题要么过于模糊,要么数量太多。随着资料收集过程中出现的新问题、新发现,分析单位可能会出现变化,这也是案例研究中灵活性原则的具体体现。

五、单案例与多案例设计

总体的案例设计一般分为四种类型:单案例研究设计、多案例研究设计、整体性研究设计与嵌入性研究设计(即考虑案例与分析单位的关系,或主分析单位与子分析单位的关系)。如果只是分析案例这一个单一的分析单位,那么该案例设计称为整体性研究设计;如果包括多个子分析单位,那么该案例设计称为嵌入性研究设计。在多案例研究中,无论是整体性研究设计还是嵌入性研究设计,选择案例必须遵循同一逻辑进行理论抽样,而不是统计抽样。

(一)单案例研究设计

单案例研究根据案例与分析单位的关系(即主分析单位与子分析单位的关系)可以分为整体性单案例研究与嵌入性单案例研究。

1. 整体性单案例研究设计

整体性单案例研究设计较为常见,其类型主要包括以下三种:

第一种是极端案例或不寻常的单案例。这种单案例类型较为常见,这类案例与现有的常识、规范或日常事件有较大差异。与此相类似的是临床医学中,研究者经常会研究那些不寻常的病例,这样可以进一步发现病症的特征、病因等,从而为后续大样本的调查研究起到重要的探索作用。

第二种是启发性单案例。当研究者第一次有机会观察和分析先前无法研究的现象或事件时,即有资源、有条件或机会关注、进入某个独特情境和该情境下的企业去研究,适宜采用单案例研究。

第三种是纵向单案例。纵向单案例研究是针对两个或多个不同时间点或时间段上的同一个案例进行研究,这些研究能揭示所要研究的案例是如何随着时间的变化而发生变化的。纵向单案例研究通过把时间段分成若干阶段,进而分析每个阶段案例的变化特征,对比各个阶段的特征及各个阶段之间的关系。在当前的管理学研究中,纵向单案例是单案例研究中较为普遍的类型。

2. 嵌入性单案例研究设计

嵌入性单案例研究设计则相对复杂,该方法主要是在同一案例中考察该案例(主分析单位)中的多个子分析单位,针对不同的子分析单位做进一步分析。分析这些子分析单位,可以聚焦到该案例的"内部细胞",深入分析这些"内部细胞"的异质性和互动关系。当然,子分析单位的特征和互动关系,也会反过来影响案例(主分析单位),因此需要从"局部"回到"整体",即在对子分析单位进行分析之后,还要将抽象、归纳回归到案例(主分析单位)。事实上,这与定量研究的跨层分析方法中的"跨层次的构念"问题相类似,如研究组织氛围这一构念,对组织中的每个个体进行问卷调查所得到的组织氛围并不是真正的组织氛围,因为组织氛围具有层次性。

(二)多案例研究设计

多案例研究设计的原理与多元实验的设计原理基本相同,依据的是复制逻辑(replication logic),即将每一个案例视为独立的实验。多案例则是一系列相互关联的多元实验,通过这些不连续的实验对所要产生的理论进行重复、对比和扩展。多个案例中所选择的每一个案例,或者能产生与前一案例所得出的推论相同的结果[被称为逐项复制(literal replication)],或者产生与前一案例所得出的推论不同的结果[被称为差别复制(theoretical replication)]。根据殷的建议,在一项多案例研究中,可以选择6~10个案例,其中2~4个案例可以逐项复制,另外的4~6个案例可以差别复制。如果得出的命题都与事前构想的理论假设相符合,那么认为这6~10个案例已经说明了最初提出的理论假设。如果某几个案例的结果呈现相互矛盾,就应修改最初的理论假设,然后再用另外的案例逐项复制或差别复制,对修改后的理论做进一步测试。

多案例研究设计需要关注以下三个方面的问题:

第一,所选择的多案例要具有可以复制逻辑分析的特征,尽量减少无关因素的干扰。例如,选择一个产业中的多个案例企业分析,这样"产业"这一因素被控制住,同时所选择的案例企业在成立时间、规模(如员工数)、业务等方面具有可对比性。

第二，多案例的选择并不是一次性完成的，而是一个不断调整的过程。尽管很多多案例研究文章的"案例选择"部分会一次性地展示所选择的案例，并没有报告其选择这些案例的过程。但事实上，很多研究在实际的研究过程中，会有一个调整过程。因为在复制逻辑过程中，很可能出现新的研究问题或研究假设，此时需要补充新的案例或调整原有的案例。因此，可以说多案例选择是一个非线性的过程，只是在案例论文呈现时，并不一定要把这个完整过程展示出来。

第三，多案例选择与跨案例分析往往会交织在一起，因此，不能等到多案例全部选择完再去跨案例分析。事实上，很多研究先选择 2~4 个案例进行跨案例分析，然后看是否产生新的问题或假设，再决定是否选择另外的案例补充分析。

多案例研究也包括整体性多案例研究与嵌入性多案例研究。两者在案例选择、理论抽样环节的原理基本接近，只是嵌入性多案例研究设计更为复杂。

六、数据收集设计

数据收集设计是案例研究的基础。在这一阶段，研究者需要明确收集数据的范围、来源和方法。具体来说，数据收集设计应该包括以下几个关键步骤：

(一)确定数据需求

根据案例研究的目的和问题，明确需要收集哪些类型的数据。这可能包括定量数据(如统计数字、比例等)和定性数据(如访谈记录、观察笔记、文档资料等)。

(二)选择数据来源

根据数据需求，选择适当的数据来源。这可能包括一手资料(如直接观察、访谈等)和二手资料(如公开报告、文献综述等)。

(三)设计数据收集工具

根据数据类型和来源，设计相应的数据收集工具。例如，如果需要访谈，就需要设计访谈提纲和问卷；如果需要观察，就需要制定观察计划和记录表。

(四)确定数据收集方法

选择适合的数据收集方法，如问卷调查、深度访谈、参与观察等。这些方法应该能够确保数据的准确性和可靠性。

七、数据分析设计

数据分析设计是将收集到的数据转化为有意义结论的关键环节。在这一

阶段,研究者需要运用适当的数据分析方法深入剖析数据。数据分析设计应该包括以下几个步骤:

(一)数据整理与编码

整理收集到的数据,去除重复和无用的信息,并对数据编码,以便后续分析。

(二)描述性分析

对数据进行描述性分析,如计算均值、标准差等统计量,描述数据的分布和特征。

(三)解释性分析

运用定性或定量的方法对数据进行解释性分析。这可能包括内容分析、主题分析、因果分析等,以揭示数据背后的深层含义和关系。

(四)验证与修正

与其他案例或理论对比和验证,确保分析结果的准确性和可靠性。如果发现分析结果与预期不符或存在其他问题,需要及时修正和调整分析方法和思路。

在数据分析和解释过程中,研究者还需要注意以下几点:

其一,保持客观性和中立性。在分析数据时,应尽量避免主观偏见和先入为主的观念,保持客观和中立的态度。

其二,关注异常值和边缘情况。这些情况可能提供重要的线索和启示,有助于更全面地理解案例。

其三,结合理论和实际。在分析过程中,应将理论与实际案例相结合,通过对比分析来深化对案例的理解。

第三节 案例研究的步骤

一、理论模块:聚焦研究问题、回顾相关文献、选择理论视角

与大多数常见文献中的描述不同,我们将案例研究的起点设置为"文献积累"与"理论积累",这是一个重要但有时不容易被重视的环节,但这个环节对处在博士阶段和学术生涯早期的青年学者来说格外重要。那么,应该如何积累?其实可以参照二八原则,即将80%的时间和精力放在本学科领域与研究兴趣相关的文献和理论上,20%的时间和精力放在周边学科领域或周边研究主题相关

的文献和理论上。例如,一名信息系统领域的学者,要针对传统企业的数字化转型开展案例研究,那么除要熟悉信息系统领域中该主题的文献和理论,对战略管理领域组织变革理论的积累也必不可少。

随着对文献和理论的积累,研究者可能会遇到诸如企业调研、与政府机构合作等机会,如果其中涉及了有趣的管理现象,就是开展案例研究的绝佳时机。此时,研究者首先可以进行一些初步的数据收集工作,如收集案例相关的新闻报道、背景资料等,大致了解案例中涉及的管理现象。在这个过程中,研究者会从自己感兴趣的研究领域聚焦到研究主题,并且有机会针对管理现象进一步聚焦到比较粗略的研究问题。研究问题统领整篇研究,代表了研究者所希望加入的学术对话。不过,研究问题的聚焦并不是一蹴而就的,而是需要与现有文献和理论视角持续对话,并且不断迭代。首先,为了提出重要且有趣的研究问题,研究者需要系统梳理和回顾文献,识别文献中的已知和未知信息,并重点关注其中尚未解决的问题(gap)或相互矛盾、未达成一致的结论(dilemma),从而使研究问题更加聚焦。此外,为了更好地回答研究问题并发展理论,研究者往往需要在合适的理论视角(即参照理论)引导下开展研究,这可以为研究发现提供正当性(legitimacy,也可称为合法性),并避免淹没在数据的汪洋大海之中。不过,当现有理论极度缺乏、难以找到合适的参照理论时,研究者可以更加依赖归纳式的理论发展方式。

虽然已有文献将研究问题区分为理论驱动型和现象驱动型两种不同的情况[1],但这主要是指一篇具体的论文中提出研究问题的不同方式。而在案例研究实际开展的过程中,研究问题的提出和理论视角的选择往往是一个涌现(emergent)的过程,而不是由理论或现象单方面决定的。随着数据收集的开展和深入,有趣的现象与文献和理论将持续对话,研究者在此基础上不断聚焦,直到最终提出最具理论贡献潜力的研究问题,并选择最能提供理论洞察力的视角。通过这样的方式,现象和理论在不断迭代、来回往复中逐渐由不确定走向确定。

二、研究设计模块:进行案例研究设计、撰写研究计划书

在研究问题、文献回顾和理论视角初步确定之后,研究者需要规划和设计后续如何开展具体的案例研究工作。例如,研究者需要选择合适的案例(包括案例个数),设计严谨、可行的数据收集和分析策略,并通过一定的策略确保研

---

[1] Eisenhardt, K. M. & Graebner, M. E. Theory building from cases: Opportunities and challenges[J]. Academy of Management Journal, 2007, 50(1): 25—32.

究的质量和可靠性(如效度和信度)。其中,尤其需要注意的一点是,研究者需要思考所关注的现象(案例)以怎样的方式契合理论抽样(而非统计抽样)原则。理论抽样意味着案例的选择是根据它们是否适合阐明和扩展构念之间的关系或者是否适合深化对过程的理解来决定的。[①] 基于理论抽样原则,单案例研究往往选择极端性案例、启示性案例或纵向案例;而多案例研究往往基于复制逻辑,即选择的某几个案例能产生相同的结果(逐项复制),而另外几个案例由于可理论预知的原因产生不同的结果(差别复制)。

对于初学者而言,往往有必要通过研究计划书(或开题报告)的形式将已有的想法固定下来。研究计划书是对研究问题、文献回顾、理论视角、研究设计等前序工作的系统梳理,至少需要回答四个方面的问题,即研究的问题是什么(what)? 为什么要研究这个问题(why)? 怎么研究这个问题(how)? 预期研究结果有怎样的价值和意义(so what)? 只有系统回答了以上几个问题,才能形成具有说服力的研究计划书。

三、数据收集模块:收集案例数据

在实际开展案例研究时,数据收集可以与前两个模块的工作同时进行。当然,在详细研究设计并撰写了研究计划书之后,研究者应当开展更有针对性的数据收集工作。相较于其他研究方法,案例研究的优势之一就是深入现象之中、能够对现象进行"深描",这就要求研究者开展高质量的数据收集工作。案例研究中最主要的三种数据收集策略是访谈、文档资料和观察,每种策略分别有其优势、劣势以及适用情形。此外,有几项原则有助于研究者提升数据收集的质量,这包括收集多种来源的数据、对数据进行三角验证、建立研究资料库等。

四、数据分析模块:分析案例数据

在案例研究中,数据分析与数据收集的过程往往是同时进行的。数据分析对初学者来说属于较难的环节,因此我们将在书中花费较多的篇幅对此展开讨论并分别介绍单案例研究和多案例研究的数据分析策略。总体来说,在案例研究的数据分析中,研究者需要将所关注的现象从经验层面抽象到理论层面,并在两个层面之间不断对话,这是一个"理论化"(theorizing)的过程。这个过程需要处理好数据、理论视角(如果有的话)、文献中的已有理论以及所发展的新理

[①] Eisenhardt, K. M. Graebner, M. E. & Sonenshein, S. Grand challenges and inductive methods: rigor without rigor mortis[J]. Academy of Management Journal, 2016,59(4): 1113—1123.

论之间的关系。

在单案例研究中,数据分析策略往往强调从"好的故事"到"好的理论"的升华。[①] 因此,研究者既需要从整体上把握现象的脉络,抓住故事中最核心、最有趣的部分,又需要通过一定的分析策略将访谈文本、文档资料等数据与理论(包括构念以及构念间的关系)联系在一起。此外,研究者还要通过在故事与理论之间不断迭代,寻求"有趣的故事"与"有洞见的理论"之间的契合点。

多案例研究的数据分析策略基于复制逻辑,首先进行案例内数据分析,然后通过案例之间的对比,寻找跨案例的模式。研究者通常对案例分组,寻找组内的相似点和组间的不同点;或者将案例配对,寻找每对案例之间的相似点和不同点。在这个过程中,研究者往往需要测量案例中涉及的构念,并推断构念之间的关系,从而发展理论。

五、结果展示模块:展示研究结果、撰写研究论文

随着数据分析的进行,所发展的理论结果将逐渐涌现出来。此时,合理地使用图表等可视化工具以及将理论结果提炼为命题的形式,可以帮助研究者展示构念之间的关系和过程,减轻读者和审稿人的阅读负担和理解负担。我们将介绍不同类型的理论模型以及如何设计和制作这些不同的理论模型。

相比于定量研究论文,案例研究对论文写作往往有更高的要求,这就需要研究者以更具说服力的方式展示自己的研究结果。在本书中,我们将按照案例研究论文的一般结构,逐一介绍引言、理论背景、研究方法、研究发现、讨论与结论等部分的写作要点。此外,论文写作并不是一蹴而就的,需要不断迭代和修改,因此关于案例研究写作的原则和要点还可以应用到针对审稿意见修改和润色论文的过程中。

第四节 案例型专业学位论文的写作体例

一、案例研究型学位论文的概念

案例研究是指采用个案分析方法,运用管理理论就真实企业管理实践中的某一案例存在的典型管理问题进行深入研究,并提出基于理论依据的指导方

---

① 黄江明,李亮,王伟. 案例研究:从好的故事到好的理论——中国企业管理案例与理论构建研究论坛(2010)综述[J]. 管理世界,2011(2):118-126.

案。以该种方法撰写的学位论文即为案例研究性学位论文。

二、案例研究型学位论文的总体要求

案例研究型论文应是单案例研究,所研究案例必须具有真实性,即是真实发生的案例,所引用的资料、数据必须真实可信。

案例研究应具有原创性,提倡所研究的案例为亲身经历的实践案例。

研究案例应属于问题导向型案例,要清晰地提出论文将要研究的管理问题,明确研究目标,运用正确的理论和方法分析。

研究过程中应注意如何从个体推论到总体,即研究结论必须具有规律性和可推广性,可以是对理论的验证、修正和补充,也可以是对其他企业管理实践的借鉴和指导。

描述案例时,要采用纪实性文体进行描述。

三、案例研究型学位论文撰写过程中需要注意的问题

要采用正确的理论方法客观和深入地分析问题,避免仅基于自身的管理实践经验进行主观评价。

描述案例时不要加入自己的想象、观点和评论,要避免空洞或泛泛而谈,不要拼凑字数。

要避免出现如下两个方面的问题:

(1)理论的堆积。即没有理清如何运用理论解决问题的思路,直接把所选择的理论内容粘贴到论文中,或者把所有相关理论都堆积到论文中。

(2)分析过于浅显。即理论和工具虽然正确,也形成了一定的思路,但分析不到位,过于浅显,没有真正深入阐明问题的根源和解决的思路。

第四章 案例型专业学位论文的写作流程

第一节 论文选题与开题报告

一、论文选题

学位论文写作建议采用的类型包括：管理案例型、专题研究型、企业调研与诊断报告型、创业计划书（商业计划书）型。

(一)管理案例型

管理案例是围绕某一特殊的管理现象(管理实践)或独特的管理问题(管理决策)，对企业或其他组织进行的特定管理情境的真实、客观的描述。管理案例型论文需要综合运用各种方式搜集相关案例信息，并整理与规范案例信息，以提升案例分析数据的信度和效度，完成对所研究的案例对象、管理现象、管理问题的状态和情况的描述，并按照专业学位论文的规范要求撰写形成的管理案例。根据研究主题和研究关注点，管理案例型论文主要分为描述型(平台型)和问题型(决策型)两类。

1. 描述型管理案例论文选题

选择撰写描述型管理案例论文，需要学员观察和思考其研究对象是否具有独特的管理现象(管理实践)，是否具有获取分析这一独特现象或实践的充足可靠的案例信息的条件，是否对研究对象本身和其所处的行业环境具有一定的理解和从业经验，以及是否掌握分析案例可能涉及的管理理论与工具方法。研究所涉及的管理现象或管理实践可以是企业赢得成功的发展经历，也可以是企业遭遇挫败的探索过程。

2. 问题型管理案例论文选题

选择撰写问题型管理案例论文，需要学员观察和准确把握其研究对象独特的管理问题(管理决策)过程，是否具有获取管理决策的充足可靠的案例信息的条件,是否对研究对象本身和其所处的行业环境具有一定的理解和从业经验,以及是否掌握管理决策可能涉及的管理理论与工具方法。研究所涉及的管理问题或管理决策必须是企业正在面临的、亟待解决的现实问题或潜在问题。

(二)专题研究型

专题研究型论文聚焦"专题",需要对所要研究的实际管理问题有清晰的阐述,论证解决此问题的理论意义和实践价值,对国内外本领域研究动态有较好的了解和评价,了解同行业先进企业的状况,然后分析自身问题、提出解决方案。专题研究型论文主要定位于考察学员对企业实际管理中共性问题的发现和分析能力,要能够运用管理理论与方法,发现问题、分析问题,并提出管理解决方案的能力。

选择撰写专题研究型论文,需要学员具有一定的行业从业经验,能够准确把握企业管理实践过程中出现的共性管理问题,并能够基于企业自身资源能力状况与所处的环境,引入成熟管理模式的应用或提出新的管理解决方案。因此,一方面,需要考虑是否能够获取研究所需的企业和行业信息;另一方面,需要具有对行业内其他企业或其他行业类似企业成功管理模式及其应用的理解。

(三)企业调研与诊断报告型

针对企业组织的管理实践或管理变革,按照学位论文的规范要求,运用科学的调查研究方法,通过对企业组织内外部进行全方位、系统化的调查研究,全面深入地了解对象企业的现状、性质和特点,在充分分析和计算的基础上,识别企业运营和发展中存在的现实和潜在问题,分析成因,据此提出改进建议和行动方案,最终整理形成企业调研与诊断分析报告。企业调研与诊断报告型论文主要定位于考察学员对特定企业管理实践和管理变革的系统化内外部环境分析、问题识别与成因分析的能力。要求能够根据研究对象和研究情境合理地选择调研方法、规范调研过程,并能够应用科学的数据处理方法。

选择撰写企业调研与诊断报告型论文,需要学员就自己所在的企业,调研诊断企业在管理实践和管理变革中的内外部环境,系统描述显现和潜在的管理问题,并分析其成因,进而提出解决方案与对策。在选题中,需要把握以下原则:其一,是否能够获取调研与诊断所需的充足的企业、行业及其他相关组织的信息;其二,调研方案的规范设计,定量与定性调研方法与工具的应用,调研数据的规范化展示;其三,需要围绕某一具体的管理职能领域调研与诊断,聚焦问题、系统诊断。

(四)创业计划书(商业计划书)型

创业计划书(商业计划书)型论文的撰写,主要定位于考察学员通过规范的经济管理理论的应用,对创业项目和商业项目的调研、分析、策划以及形成商业策划文案的能力。对于创业计划书型论文而言,主要涵盖内容有创业的种类、项目概况、市场分析、SWOT 分析、发展规划、行销策略、资金规划、可能风险评估、投资人结构、内部管理规划、销售、财务预估报表等。对于商业计划书型论文而言,主要涵盖内容有经营者的理念、市场、客户、比较优势、管理团队、财务预测、风险因素等。

选择撰写创业计划书(商业计划书)型论文,一方面要鼓励学员结合自身的行业经验和所在企业实际发展的项目需求,提出创新性的商业计划推动企业发展;另一方面,要鼓励学员对创新型的商业模式、新技术成果、新出现或潜在细分市场等的商业化应用,提出创新型的创业计划项目。学员在选题时应做到以下几点:其一,尽量结合所在企业的管理需求选题或创新型的创业机会,达到学以致用的目的;其二,商业计划书型论文需要选择创新型的企业发展项目,而非对日常业务流畅的一般性改进项目;其三,创业计划书型论文应选择强创新导向的创业项目,一般性常规创业项目不在论文撰写范围之内。

二、开题报告

开题报告主要内容一般应包括:论文题目、选题背景与研究意义、国内外相关研究进展概况、拟解决的关键问题、主要研究内容、拟采用的研究方法与技术路线,研究的重点和难点、研究工作总体安排与计划进度、主要参考文献目录等。

(1)题目。案例研究的题目除具有新颖、有趣、重点突出等一般研究题目的特征,还要凸显案例研究的特征:一是要突出"How"和"Why"等问题的特征,二是可以体现案例的特征(如单案例企业具有极端性,经过企业许可,可以将企业名称放入案例研究题目中)。

(2)研究背景与研究目的。此部分与一般性研究计划书的内容较为类似,即围绕所要研究的问题,介绍相应的实践背景、理论背景、研究目的。需要注意的是由于案例研究更加贴近实践,因此在研究背景部分需要结合案例所在的行业、案例所对应的情境,包括社会、经济、政治、文化等与选题相关且具有突出现实意义的方面论述,从而凸显该案例选择的重要现实意义和实践价值。

(3)研究问题。关于研究问题部分的论述,可参考本书第二章的内容。再次强调,无论是单案例研究还是多案例研究,其"研究问题"必须凸显案例研究的特征,一是要突出"How"和"Why"等问题的特征,二是要充分体现案例的情境性。

(4)理论基础与文献综述。关于理论基础与文献回顾的论述,可参考本书第二章和第三章的内容。再次强调,由于案例研究的目标是归纳逻辑下的理论构建,因此这里"理论基础与文献综述"有其独特性,如只给出"粗线条"的理论基础或理论框架,而不是直接给出具体的命题或假设。这是因为案例研究是构建理论"亮点"时所提出的理论命题(假设)以及提出的过程。因此在理论基础部分,先要"埋下伏笔",后面才是逐步展开理论构建与命题提出的过程。

(5)研究设计(研究方法)。本章详细论述了研究设计(研究方法),可参照本章介绍的主要内容来完成此步骤。这里主要强调以下三个方面:

第一,为什么选择案例研究方法。研究计划书要回答清楚为什么这个选题适合案例研究方法,而不是其他研究方法(如定量统计分析方法)。特别是,最好引用或给出与该文主题相关同时也采用案例研究方法的前人研究,以增加说服力。

第二,为什么选择单案例或多案例的研究方法。研究计划书要回答为什么选择单案例研究或者多案例研究,可以围绕与研究选题内容的关系、单案例和多案例研究各自的优劣势来分析。特别是,最好引用或给出与文章主题相关同时也采用案例研究方法的前人研究,以增加说服力。

第三,为什么选择这个(或这些)案例。研究计划书要回答文章采用理论抽样的标准和依据,尤其是充分论述所选择的单案例在典型性、极端性、启发性等方面的特征,或者说明多案例之间所具有的可对比性和可复制性等。此处需要注意不过度大量陈述案例(尤其是企业)的无关信息,围绕选择案例的充分性和必要性介绍即可,尤其注意要使用中性、客观性的语气论述,避免出现含有褒扬或批判等态度的语句。

(6)预期的数据收集与分析方法。此部分主要包括数据收集与分析的方法和可行性,数据收集包括介绍数据来源和渠道、准备访谈几家企业、如何进入企业或如何获取资料、确定访谈对象(被访者的职位)、初步的访谈问题、访谈人数、其他来源资料的获取等,并说明这些方法的可行性,如可以获取到哪几个来源的数据、如何来获取、获取的时效性等。同时,需要考虑采用何种数据分析策略,是否需要计算机软件辅助等。

(7)前期基础。它主要包括:对文献的掌握情况介绍;对方法的掌握情况介绍；对数据收集的来源和方式、数据分析的具体策略等情况介绍；取得的相关成果情况介绍。

（8）参考文献。需要给出主要的参考文献，包括核心文献（该领域的经典文献、代表性学者的文献等）、前沿文献（近5年文献不低于1/3）、有关质性与案例研究方法的相关文献等。

第二节　研究方案设计

研究方案是连接要收集的资料（及待得出的结论）与准备研究的问题之间的逻辑纽带。每个实证研究即使没有明确的研究方案，也一定暗含有某种设计。就案例研究方法来说，研究设计时要特别注意五个要素：要研究的问题、理论假设、分析单位、连接资料与假设的逻辑以及解释研究结果的标准。

一、分析要研究的问题

案例研究最适合回答"怎么样"和"为什么"的问题，所以，研究设计的第一步就是准确分析要研究的问题的性质。

其次，确定研究问题的基本内容。许多学生一开始就受挫了，当他们发现前人已大量研究同一问题时，他们顿时气馁。还有一些不尽如人意的选择，也尽是琐碎的问题或某一问题的次要方面。我们可以用三步法来选择研究问题。第一步，检索文献，缩小研究兴趣，聚焦到一个或两个关键话题，不要过多考虑具体的研究问题。第二步，仔细查看，剖析自己感兴趣话题的已有重要研究。找出这些研究的问题，看看它们的结论是否带出了新的问题，是否留下尚未了结的空白问题。这可能会激发自己的思考和想象，也可能因而找到自己的研究问题。第三步，阅读相同主题的相关研究成果，为研究问题提供支持，使研究问题清晰、成形。

二、提出理论假设

作为案例研究设计的第二个要素，每个研究假设可以引导我们关注研究范围之内的问题。例如，假设我们要研究组织之间的合伙关系，那么首先要提出问题：为什么几个组织会共同合作提供某种服务？它们是怎么联合起来共同提供某种服务的？（例如，为什么电脑制造商和电脑经销商会联合起来，共同销售某种电脑产品？）这些"为什么"和"怎么样"的问题，揭示了我们真正想要解答的问题,并引导我们选择案例研究作为恰当的研究方法。但是,仅此还不足以指导如何研究。

只有明确提出某种具体的假设后,研究才会有正确的方向。例如,几个组织、企业之所以会合作,可能是因为它们可以达到互惠互利的目的。这一假设除了反映出重要的理论问题(例如,导致合作、联合的其他动机并不存在,或者并不重要)之外,还能告诉我们到哪里寻找相关的证据(去界定和证明各个组织所获得的特定利益)。

然而,有些研究可能无法提出假设,这也是合乎情理的。这种情形——存在于实验法、调查法或者其他类似方法中——所研究的问题属于"探索"的主题。但是,每种探索性研究也是有某种目的的。探索性研究中,研究设计需要阐明研究目的,并提出判定研究是否成功的标准,而不是在研究假设中完成这些任务。

三、界定分析单位——"案例"

第三个要素与什么是"个案"(case)这一根本问题有关,这是一个在研究开始就困扰许多研究者的问题。为此,至少需要考虑两个步骤:界定案例,限定案例的范围。

比如,在界定案例时,典型案例研究中的"个案"可能是一个单独的人。詹尼弗·普拉特(Jennifer Platt,1992)曾经分析过,为什么芝加哥大学社会学院早期的案例研究所分析的对象都是问题少年或无家可归者——也可以想象案例研究的对象都是临床病人、模范学生或者某类领袖。在上述情况下,案例研究的对象是个人,个人就是分析的最基本单位。如果把相关的多个个人的资料都收集起来,就形成了多案例研究。

在分析一个人或多个人的资料时,仍需要提出问题和相关假设,以帮助辨别收集到的有关单个人或多个人的信息。如果事前没有提出理论假设,研究者就会像无头苍蝇一样,试图把研究对象的所有资料都纳入研究范围,这当然是不现实、不可行的。例如,某些人之所以会如此,可能是受到了儿童时期的经历或者同伴的影响。这就大大缩小了研究的范围。但这种看似普通的议题意味着需要大量压缩相关材料。提出的假设和问题越具体,研究的范围就越小,也就越具有可行性。

当然,"案例"分析单位也可以是某一事件(event)或实体(entity)。已有案例研究涵盖了广泛的话题,包括小团体、社区、决策、方案、组织变化和一些具体事件。

请注意,就"案例"的起点或终点来说,这几类案例中没有一个是很容易就能分清楚的。例如,某一特定项目的案例研究可能表现为:其一,项目界定的变式,由于研究者的视角不同而产生的结果;其二,项目的要素,它在正式对项目进行定义之前就已经存在了。因此,这种对项目进行任何形式的个案分析,都会遇到界定分析单位的问题。相似的,可以首先将一个区域,比如一个"城市",作为案例。但是,实际上研究问题和资料收集可能仅限于这个城市的旅游业、城市政策或城市政府。如果将地理范畴上的城市和城市人口界定为分析单位,研究的问题和资料收集方法也会不同。

一般的指导原则为对分析单位(或者个案)的尝试性界定是与对所要研究问题的界定联系在一起的。例如,假设要研究美国在世界经济中的角色。彼得·朱可尔(Peter Drucker,1986)曾写过一篇极具煽动性的关于世界经济基本态势演变的论文(但不是案例研究),声称在货物与服务的流动之外,还存在着独立的、重要的"资本运动"。如果对这一主题的案例研究感兴趣,朱可尔的作品只是一个开端。还需要确定感兴趣的研究问题,每个问题都指向一个不同的分析单元(个案)。根据问题,恰当的个案可以是一个国家的经济,也可以是世界经济市场中的某一产业,可以是某一产业政策,也可以是某两国之间的货物或资本流动。每个分析单位及其相关问题、假设,都要求采取不同的案例研究方法,有其单独的设计和资料收集方法。

如果研究问题无法确定何种分析单位优于其他分析单位,那就表明研究的问题要么太过模糊,要么数量太多。这必然会为研究增添麻烦。但是,如果已经决定采取某种分析单位,那也不能从此一成不变。随着资料收集过程中出现的新问题、新发现,分析单位应该接受不间断的修订。

有时会出现这种情况:分析单位已经被前人明确界定,但当前的研究却需要对之重新界定。最常见的情况是,研究者常把研究社区的案例研究与研究小群体的案例研究混淆。为减少在界定分析单位或"个案"时可能出现的混淆和模糊不清,研究者可以与研究团队讨论相关案例,通过尽力解释想回答什么问题、为什么要选择这一特定个案或这一组个案来回答这些问题。这可以帮助研究者避免错误地界定案例研究的分析单位。一旦完成了对将要研究的个案的总体界定,对分析单位进行更细致、更明确的界定——有时称作"划定案例边界"(bounding the case)——就显得非常必要。例如,假定分析单位是一个小群体,就一定要明确区分小群体之内的人员(案例研究的直接主题)与小群体之外的人员(案例研究的背景)。同样,假如要研究的对象是某一特定地理区域的服务,那就要决定要研究的是哪些服务。还有,无论研究哪方面的问题,都需要明确界定研究对象的时间界限,确定研究始于什么时间点,结束于什么时间点(例如,作为案例的对象,研究涵盖其全部的生活周期,还是部分周期)。所有关于分析单位的问题,都需要提前考虑并做出回答,这样有助于确定资料收集的范围,特别是能将与研究主题有关的资料("现象")与案例之外的资料("背景")区分开来。

接下来要注意的一点是,在界定案例时,重要的细微问题也需要确定其空间、时间上或其他具体方面的界限。理想的案例应当是现实生活中的某一现象,有其具体表现形式,而不是诸如话题、论点或假设之类的抽象概念。这些抽象概念在运用其他研究方法的研究中(不只案例研究),可以作为起点。为了采用案例研究法而不引起争议,需要做进一步的努力:需要界定一个具体的、真实的"案例"表现这个抽象概念。

四、连接资料与假设的逻辑

第四个要素在案例研究中把握得越来越好,这也意味着马上进入案例研究的资料分析阶段。在案例研究的设计阶段,需要注意选择主要资料,并确定所选择的资料是否适合案例研究。只有这样,研究设计才能为后面的材料分析打下坚实的基础。

模式匹配、形成解释、时序分析、逻辑模型和跨案例综合——都是连接资料与假设(linking data to proposition)的方法。真正的分析需要合并、计算案例研究资料,将其作为初始研究假设的直接反映。例如,如果知道研究假设全部或部分地涵盖了一个时间序列,这意味着可能最终要运用某种时序分析。在研究设计阶段,如果已强烈地感觉到这种可能性,就要确保编制的资料收集计划中有适当的时间标记。

注意,如果在实证研究方面并无太多经验,可能很难找到最有效的分析技巧,或很难预测所需资料并将分析工具用到极致。即使有经验的研究者也常会记录以下两种情况的发生频率:其一,收集了太多资料,却在后期分析中毫无用途;其二,收集资料太少,以至于无法运用理想的分析工具。有时候,后一种情况甚至会使研究者退回到资料收集阶段(如果可以的话),补充原始资料。如果能够克服这两个问题,案例研究就会做得很好。

五、解释研究案例研究的标准

许多研究中,当分析材料是否相关时,常会对第五个要素展开讨论。统计分析为研究结果的这种阐释提供了明确的标准。例如,按照惯例,量化研究认为 p 值小于 0.05 表明可观测的差别在"统计学意义上为显著水平",并据此推论出更重要的结果。然而,许多案例研究的分析并不依赖于数据的使用,因此需要确定其他的解释标准。

案例研究的另一种重要的策略是找到与研究发现相对立的竞争性解释。对竞争性解释的阐述是解释你的研究发现的一个标准:解决、拒绝的竞争性解释越多,研究发现就越重要。研究设计阶段遇到的一个挑战是,要预测并列举出重要的竞争性解释,这样才能在收集资料时把竞争性解释的相关信息也收集起来。如果收集完资料才想到竞争性解释,那它只能用作将来的研究,而不能完成当前的研究。因此,详细说明重要的竞争性解释是案例研究设计阶段的任务之一。

第三节 资料收集与实地调研

一、常见的数据收集策略

在完成案例研究设计后即进入数据的收集阶段。在数据收集阶段中,案例研究者需要围绕研究主题开展相关数据的收集。通常情况下,可供案例研究者选择的数据来源(data resources)不限于一种,往往同时存在多种数据来源。数据来源为案例研究提供了证据来源。一方面,同时使用多种证据来源使案例研究者可以从多角度描述案例,从而有助于研究者本身以及读者加深对研究案例的理解;另一方面,使用多种证据来源可以帮助案例研究者判断所获取数据的质量,即使用数据三角验证排除错误的数据,从而提高数据质量;除此之外,使用多种证据来源还可以有效提高案例研究的构建有效性,即提高研究构念与其测量维度之间的一致程度。

回顾顶级期刊的案例研究论文,清晰描述和界定数据是每个案例研究的基础。常见的案例研究的数据来源包括访谈、直接观察、档案、文件、问卷、实物证据、电影和照片、民族志等。总体而言,每一种来源都有对应的一系列数据或资源,没有哪种来源完全优于其他来源,所有来源各有优缺点,将各类来源互补应用可能是较为理想的做法。

在众多来源中,案例研究中最常用到的数据来源主要包括访谈、文档与观察这三大类。访谈数据针对性较强,可以根据案例研究的课题直截了当提问且能获得较为深刻的见解,呈现因果推断的过程,但是在访谈过程中会因为提问方式、回答者理解偏差等造成数据的误差。而文档数据相对更为稳定、确切且更容易量化,但同时存在可检索性低、存在潜在记录误差等缺点。观察非常耗时耗力,但是却能让研究者置身其中,获得更好的真实性与前后连贯性。表4—1总结了案例研究中常见的三种数据来源的优缺点。

表4—1　　　　　　　案例研究中常见的三种数据来源的优缺点

数据来源	优点	缺点
访谈	有针对性,见解深刻	设计不当的提问会造成回答误差;记录不当会影响精确度;受访者可能会有意识地按照研究者的意图回答
文档	稳定(可反复阅读)、非干涉性、确切、覆盖面广、精确且更容易量化	可检索性低(难找到);如果资料不完整,就会产生误差;报道本身的误差;隐私性和保密性影响某些资料的使用
观察	真实性、涵盖事件发生的情境、能深入理解个人行为与动机	费时耗力;选择时易出现偏差;被观察者察觉到在被人观察时,会调整、掩饰自己的行为;成本较高;参与性观察可能由于研究者的控制而造成误差

如前所述,实际案例研究的数据收集策略往往是多种数据来源的混合。研究 ASQ、AMJ 等管理学顶级期刊上发表的案例研究论文,发现研究者在数据收集方面一般会采取"主要策略+次要策略"的组合方式,主要分为以下两类:

(1)访谈作为主要策略,文档和观察作为次要策略,具体体现为访谈+文档、访谈+观察、访谈+文档+观察三种。

(2)以文档作为主要策略,辅以访谈、观察,甚至没有其他辅助策略。随着互联网时代的到来,网站、论坛、自媒体等新媒体兴起,关于组织或事件的报道越来越丰富,因而不少学者认为根据二手资料进行加工、整理作为案例数据来源有一定的可行性和科学性。值得一提的是,尽管现在电子媒体和电子档案为研究者提供了更多的可能性,但研究者需要格外小心。其一,面对电子材料的丰富性和无边界性,研究者需要设置限制条件,尽量将投入和花费的精力控制在一定范围之内。其二,尽量交叉检查所用资料的来源以及所获得的资料,以避免不完整观点、偏见等陷阱。

以上介绍了常用的数据收集策略,接下来将详细介绍通过访谈收集数据、通过参与性观察收集数据、收集文件和档案资料这三种常见数据收集的具体步骤和关键问题。

二、通过访谈收集数据

(一)访谈的概念及基本类型

访谈,简而言之,就是提问与回答,就是对话,对研究者而言,访谈是一种提问和倾听的艺术。访谈是人们理解他人最普遍、最有效的方法之一。在当今社会中运用访谈获取信息的现象越来越普遍,无论是定性研究者还是定量研究者都倾向于将访谈视作资料收集的基本方法之一。在开始阐述访谈的基本流程之前,首先确定一个前提:访谈不是中立的资料收集工具,而是两个人或多个人在具体情境中的商谈。这个前提暗指两个问题:第一,访谈当然可以获取"是什么"这类问题的答案,但要注意获得的答案会受到提问方式和具体情境的影响。第二,访谈也可以获得"怎么样"这类问题的答案,这个答案是访谈对象基于具体情境的一个建构。

在理解什么是访谈之后,接下来看具体访谈的形式。在顶级管理学期刊上发表的案例研究论文中,涉及的访谈方法包括一对一面对面访谈、面对面群体访谈、电话访谈等。这些访谈形式可以是结构化访谈,也可以是非结构化访谈。结构化访谈是指无弹性的、标准化的、预先设计好了的访谈。

在结构化访谈中访谈者对被访谈者都询问同样的、事先设计好的问题,除了极少数开放式问题,答案里的类别十分有限,在回答时一般没什么变动的余地。在访谈开展的过程中,访谈者会根据设计好的问题控制访谈的节奏,以标准化、直线性的方式一步步处理,不要对问题做过多的解释,不要让别人打断访谈,不要临场发挥,并且以设计好的编码方案记录被访谈者的答案。访谈者需要对每一次的访谈情境一视同仁,以同样的顺序、问题甚至语态询问所有的被访谈者。总之,在结构化访谈中,提问与回答均无灵活性可言。

非结构化访谈与结构化访谈的区别在于,结构化访谈的目的是获得精准的定量资料以便在预设的范畴中解释行为,而非结构化访谈的目的是理解社会成员复杂的行为,并不将这些行为纳入有限的预先分类之中。非结构化访谈的主要形式包括开放式的、民族志的访谈等。虽然以往的一些学者将民族志访谈与参与性观察做了区分,然而,参与性观察中收集的很多资料都来自非结构化访谈,因而两者是密不可分的。

AMJ 和 *ASQ* 等管理学顶级期刊上的许多案例研究论文声称自己是半结

构化访谈,即介于结构化访谈和非结构化访谈之间的访谈——按照一定的大纲和事先准备好的问题提问,但在访谈进行中会即兴表达,进而深入讨论具体的点。

(二)访谈的一般执行步骤

在厘清访谈的基本概念和初步分类后,接下来将介绍访谈的一般执行步骤。访谈的一般执行步骤大概分为确定被访谈对象、初始收集调研对象的背景信息、调研提纲的准备与事先发放、调研团队的默契建立与内容熟知、进入现场与启动访谈、多个访谈者策略及角色分配、多个被访谈者策略及相互验证、记录和收集完整的数据八个方面(见图4—1)。① 需要说明的是,在实际执行过程中研究者需要根据自己的实际情况适当调整。

```
1.确定被访谈对象              8.记录和收集完整的数据
        ↓                              ↑
2.初始收集调研对象的背景信息    7.多个被访谈者策略及相互验证
        ↓                              ↑
3.调研提纲的准备与事先发放      6.多个访谈者策略与角色分配
        ↓                              ↑
4.调研团队的默契建立与内容熟知 → 5.进入现场与启动访谈
```

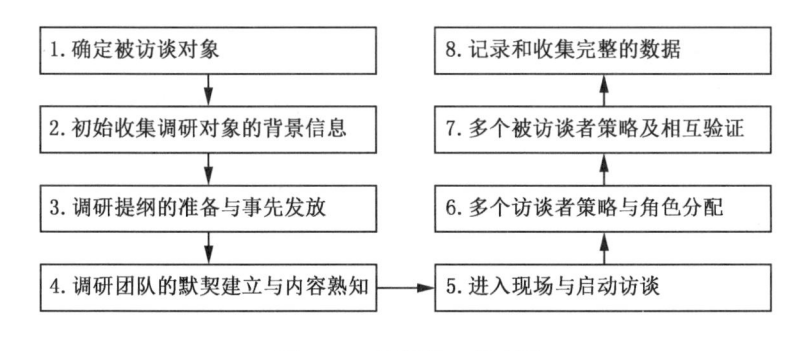

图4—1 访谈的一般步骤

1.确定被访谈对象

找到"知情人",确定要访谈的对象是进行访谈的第一步。这一步往往被忽略,但是却非常重要,若未访谈到最掌握真实情况的对象,则不仅会浪费时间,还有可能误导整个研究过程。确定访谈对象常见的做法是通过二手资料和基本管理学理论及知识确定被访谈对象的名单。

2.初始收集调研对象的背景信息

在确定了访谈对象之后,进入现场展开访谈之前,需要做一系列的准备,尤其是在访谈资源较难获得的情况下,更是要准备充分,以高效率、高质量地完成访谈数据的收集工作。在开展访谈之前的一段时间,调研者可以事先从调研对象的官方网站、书籍专著、新闻报道、年报披露等二手资料渠道了解企业所在行

---

① 李亮,刘洋,冯永春. 管理案例研究:方法与应用[M]. 北京:北京大学出版社,2020:121—123.

业的背景信息、竞争格局及主要竞争对手与主营业务,这既是对调研对象的尊重,又是提高调研效率、提升数据收集精准度的前提要求。因为在具体展开访谈的过程中,被访谈者可能会因为职业的关系提到一些行业术语或该行业的独特缩写表达,而访谈者若没有提前做好功课,在访谈现场将无法充分意会被访谈者所表达的观点,也无法与其深入交谈。虽然访谈者可以打断访谈就某些不理解的信息进行咨询,但这会非常影响访谈效率,且打乱访谈的连贯性。

3. 调研提纲的准备与事先发放

在进入现场前至少两天的时间,调研者需要将调研目的及调研提纲递交给调研对象,调研对象需要根据调研提纲所列内容提前安排访谈人员,如果访谈人员无法参与访谈或者只能参与很短时间的访谈,调研团队就要根据实际情况做出及时的调整。

4. 调研团队的默契建立与内容熟知

在正式访谈的前一两天,调研团队的每一个成员都需要将所需要访谈的内容牢记于心,并且事先构思好合理的访谈顺序,这样更有利于沟通的良好展开,最好能做到不看访谈提纲心里便知悉访谈的内容及访谈的顺序。另外,调研团队的成员之间需要有良好的默契,这可能需要前期的磨合。

5. 进入现场与启动访谈

首先,决定如何出场是一个重要的问题。访谈者应该以谦虚的"学习者"的身份出场吗?访谈者的穿着是否应该与被访谈者相像?因为访谈者呈现的自我形象在进入现场时就会被被访谈者捕捉,给被访谈者留下印象,并且对访谈的成功与否产生巨大的影响。在管理学领域的一般访谈中,一般会建议访谈者着装相对正式,可以携带名片,在开始正式访谈之前与被访谈者交换名片,这一方面是尊重被访谈者,另一方面可以借此收集被访谈者的名片,名片上所记录的被访谈者的工作职位可以帮助访谈者更清晰地了解被访谈者熟悉的领域,从而进行更有针对性的提问,同时名片上所记录的联系方式可以帮助访谈者事后进行补充调研。

此外,在开始访谈前建议简单介绍访谈主题和目的,特别强调以学术研究为目的,如果需要的话所有资料将匿名处理,如果有不方便回答的问题可以说明等。最后,理解被访谈者的语言与文化。尽管我们在访谈前的准备阶段中,建议访谈者对调研对象的背景知识做初始的了解,以方便顺利交流,但是在实际操作过程中,我们会遇到各种各样的访谈对象,他们可能来自不同的文化背景、语言体系。比如,很多地方企业的被访谈者尤其是年龄较长的被访谈者只能用方言沟通,在这种情况下一般的研究者会倾向于依赖翻译,但是这容易使得原有的意思、偏见、解释受到影响进而带来误解。还有一种策略就是寻找知情人,知情人是被研究群体中的一员,他愿意提供信息,愿意充当向导和翻译,愿意解释当地的习俗、术语和语言,知情人能帮助访谈者节省大量的时间和避免错误。再有一种策略是在组建调研团队时事先考虑到这个因素,将一名懂得本地方言与文化的研究者纳入团队。

6. 多个访谈者策略及角色分配

多个访谈者策略是指由多个成员组成团队进入案例现场。艾森哈特的建议是对每个成员进行角色分配[1],例如访谈可以由三人小组进行,一个成员负责主要提问,一个成员负责辅助提问,一个成员负责主要记录和观察。我们知道"边访谈、边记录"是一件非常消耗脑力和体力的事情,因为访谈者需要一边理解被访谈者所讲述的故事,一边去基于收悉的数据不断思考和反问:"我从中学到了什么?这个故事与前一个故事有什么相同或者不同的地方?",进而决定是否对该故事进行详细的追问。

多个访谈者策略以及对访谈成员进行角色分配为访谈者和被访谈者提供了不同远近距离互动的视角。我们可以从两方面提高数据收集的质量:一方面,不同的访谈者从不同角度收集数据,通过相互补充增加了从数据中捕捉到新观点的概率,提高了所收集数据的丰富性;另一方面,多个访谈者站在不同角度得出不同观点的可能性较高,可以避免研究团队过早结束调查,而且从众多访谈者中得到的收敛趋同的观察结果增强了结论的可信度。这种策略的一种极端做法是在团队内部设立一个专门"唱反调"的角色。

7. 多个被访谈者策略及相互验证

对多个针对"焦点现场"有不同立场的被访谈者进行访谈尤为重要,这种策略可以避免单个被访谈者的个人原因而带来数据不准确的同源偏差,因此,在数据收集时,应尽可能放大被访谈者的背景差异,挑选来自不同组织层面、工作岗位、团队、地理位置,甚至是组织外部的人员,比如市场分析员(单独约谈)。

8. 记录和收集完整的数据

记录访谈所得数据的一个关键点在于记录现场收集的完整的数据,而不是只记录那些访谈者当下认为似乎是重要的数据,因为当下认为不重要的数据在之后研究的推进过程中并不一定真的不重要。在记录时研究者应该做到:定期

---

[1] Eisenhardt, K. M. Building theories from case study research[J]. Academy of Management Review, 1989, 14(4): 532—550.

和及时做笔记；记录所有的事情，不管它当时多么不重要；做笔记的时候尽量不惹人注意；经常思考、分析笔记的内容。在记录访谈资料时，笔者所在的研究团队有一个经验模板，如图4－2所示，模板内容包括时间、地点、访谈人员、被访谈人员、访谈内容等基本信息，其中还用"(【反思】)"写出当下从访谈中涌现出的反思评注。这些记录有助于数据分析的溯源，完善数据收集过程的证据链。另外，现在科技的进步使得录音或录像变得非常容易，在征得被访谈对象的同意之后，录音或录像可以让记录过程变得更为轻松。

```
         ××企业第×次访谈记录
时间：
地点：
访谈人员：
被访谈人员（注明职务）：
问题1：
回答：
问题2：
回答：
……
(【反思】)
```

图4－2　访谈记录模板

(三)焦点小组访谈

在具体访谈过程中，经常会采取焦点小组(focus group)访谈的形式。焦点小组是指由一个经过训练的主持人以一种半结构化访谈的形式同时与多个被访谈者交谈。焦点小组这种访谈形式获取资料相对丰富、详尽，能刺激被访谈者回忆，同时还具有进行三角验证(不同被访谈者之间对不确定的消息直接反馈)等优势，在案例研究过程中经常被使用。总体而言，焦点小组访谈的基本步骤包含以下三个环节：

第一步，招募焦点小组成员。小组成员的招募是一项困难的工作，下面几条建议可以确保焦点小组访谈数据的质量：焦点小组成员的选择应该基于理论抽样原则，而不是统计上的随机抽样；尽可能缩小焦点小组的组内差异，如选择相仿年龄、管理层次的人员,从而增加组内人员认知趋同的可能性;尽可能放大焦点小组的组间差异,以帮助获得更丰富、深入的数据;避免招募成员之间交往特别密切的关系,因为熟人之间某些想法心照不宣,使得研究者很难理解与评估小组成员的讨论内容。

第二步,确定焦点小组的规模与数量。小组规模的大小会在很大程度上影响成员的参与度,一般情况下,相较于规模较大的小组而言,小规模小组中的成员会有更高的参与度。而在规模较大的小组中,容易因观点不一致而形成小团体,这会使得讨论质量下降。焦点小组的数量根据"理论是否达到饱和"的标准来决定,当增加一个新的小组不再有新的洞见出现时,即可以停止增加焦点小组。一般情况下,针对一个研究主题,需要建立至少三个焦点小组,数量过少的焦点小组会让研究结果的可信度受到质疑。

第三步,进行焦点小组讨论。在小组讨论开始之前,参与小组讨论的成员需要对讨论的目的有一个良好的理解,此时,访谈者(主持人)需要就研究目的与主题做一个基本的介绍。与此同时,为了讨论顺利地展开,访谈者需要制定讨论的一般规则,确定一个有助于后续讨论的基调。例如,指定每个成员都要参与讨论,但是不能主导他人讨论;一段时间内只能一个成员发言;等等。在真正进入小组讨论之际,访谈者需要引导性地让小组成员做一个基本介绍来打破冷场,这些基本介绍可以是自己的姓名、职位、工作经历等,也可以是说明参加此次主题讨论的原因等。如果介绍能添加趣味性更好,因为这有助于小组成员快速进入与他人交流的状态,从而逐渐过渡到后续的主题问题。在进入实质性主题讨论之后,访谈者需要时刻关注讨论的走势,维持与促进小组的讨论围绕主题展开;当遇到讨论在某个重点上停留过久时,访谈者可以及时总结观点并将讨论从该重点转移至下个重点;当某个重点讨论不够深入时,访谈者可以要求某个成员就某个特殊观点展开解释,吸引成员注意力,从而深入探讨这些问题。

讨论质量的提升可以通过多方面努力而实现:其一,有经验的访谈者(主持人)起到问题进行深入探讨的关键作用,当小组讨论中出现小群体现象,或者小组成员的参与度受到极个别成员的影响时,访谈者需要及时采取措施进行干预,并刻意引导。对于在焦点小组讨论方面缺少经验的访谈者,最好先通过观察与参与讨论小组来学习掌握技巧。其二,规划访谈结构。访谈结构的良好设计有助于收集到高质量的访谈数据。没有经过预先设计的、松散的结构会使得探讨问题没有被很好地理解,而过于规范的结构又会阻碍成员参与的活跃度。故而,介于松散设计与规范设计之间的半结构化访谈结构可能更为合适,即在讨论开始时内容相对松散，随着时间的推移，访谈者将讨论引入特定的主题。

三、通过参与性观察收集数据

如果要研究的案例的某种现象仍在进行中，研究者就可以置身于与之相关的环境条件下观察，作为另一种数据收集的来源。参与性观察在社会科学中是应用非常广泛的一种数据收集方式，在管理学的案例研究中应用得越来越多。参与性观察可以作为主要的数据来源，也可以作为辅助的数据来源。

以参与性观察为主要数据来源的一个前提假设是，局内人（insider）和局外人（outsider）之间存在差异，研究问题需要从局内人的角度去看。基于此，参与性观察主要适用于以下研究现象：涉及人际关系的相互作用与相互诠释；具有争议；远离公众视野；不能被很好地理论化。

基于这个定义，参与性观察要求一个或多个学者进行角色扮演，建立和维持与"局内人"之间的关系。同时，整个参与性观察过程中要保持开放、灵活、随机应变，并根据具体场景获取资料，不断重新定义研究问题——这往往要求研究者除进行参与性观察，还要不断使用其他手段辅助收集资料。

观察法根据研究人员参与到观察中角色的不同可以分为四类：其一，完全参与者，即不公开身份参与到组织中的研究者。这种情况下，研究者需要在日常中注重培养与他人的关系，并且需要小心隐藏研究目的与身份。其二，作为观察者的参与者，即表明身份参与到组织的研究之中。这种情况下，研究者也需要在日常中注重培养与组织中他人的关系，但是不需要隐藏其研究目的与身份。其三，作为参与者的观察者，即研究者把自己当作组织中的一员，无须隐藏其研究目的、身份与观察行为。其四，完全观察者，即研究者在幕后观察组织成员的行动对话、举动等。

参与性观察法的一般步骤是从无焦点式（unfocused）观察过渡到焦点较集中（focusing）的观察。无焦点式观察是指在刚刚进入一个新的环境或现场时，保持开放的态度，全面考察这个环境的主要特征。例如，这是一个什么类型的空间？这个空间有特别之处吗？这个空间里有哪些类型的事物？这个空间是如何被利用的？这个空间里有多少人？他们的年龄、性别、样貌、社会地位？这个空间里的人们是如何被安排和组织起来的？你在这个现场有怎样的感受？这些一般性的提问模式帮助研究者初步熟悉了研究现场，学者们的建议是在研究者对现场发生的事情形成初步印象之前，应该限制研究者的直接参与。在熟悉研究现场之后，研究者可以对感兴趣的具体事物进行聚焦式观察。聚焦的策略是从范围最大的现象开始,逐渐将注意力集中到一个特定的现象上。也就是说,你从先前观察到的现象中获得了什么知识?这个知识可以用来指导你对感兴趣的事物进行更加具体的下一步系统探索。在这个阶段,研究者可以在现场更多地参与其中,开展非结构化访谈与交流。总之,在探索与提炼研究问题的过程中"观察、分析、聚焦、再观察"的过程被多次重复。

观察尤其是参与性观察为收集案例研究资料提供了难得的机会,可以让研究者深入某些事情和群体的内部,以局内人而不是局外人的视角观察,甚至可以为研究者提供机会控制和调动某一些群体行为,虽然这种控制不可能像实验研究方法一样精准,但是比采用其他质性数据收集方式中处于被动地位的研究者提供了更多的灵活空间。然而,对于观察这种方法而言,研究者很容易因群体普遍接受的现象而趋同,以及以外来观察者的身份参与其中通常是不方便的,会带来研究结论的偏见[1],因此,在资源允许的情况下,安排几个而不是一个研究者观察,可以提高观察所得数据的信度。

四、收集文件和档案资料

文件和档案资料(以下简称"文档资料")首先属于二手资料(即不是为了研究目的而准备的材料),一定程度上能保证真实。对比其他来源的数据,文档资料会非常确切,对事件确切的名称和细节会有很准确的描述,特别是与回溯性访谈相比。除此以外,文档资料还能覆盖更长时间、更广范围的内容等。基于以上优势,收集文档资料在案例研究过程中被广泛采用。大部分发表在 *ASQ* 和 *AMJ* 等管理学顶级期刊的案例研究论文都会或多或少地把文档资料作为数据来源的一种,甚至有研究以文档资料作为主要的数据来源进行案例研究。

从具体执行来看,文档资料的收集在时间上比其他数据来源更为灵活。对于案例研究而言,文档资料可能是每一次研究开始收集数据的第一个来源。正如前文所述,在研究者开始实地访谈之前,就会利用一些网络渠道搜索可能获得的关于案例的重要初始资料;在实地访谈期间或者访谈之后,文档资料可以帮助验证访谈中提到的某些组织、名称书写是否正确,以及可以提供一些具体的细节检验其他资料的准确性,当文档资料与其他资料来源的数据存在抵牾而无法相互印证时,研究者需要进一步深入研究。总体而言,对于任何一次案例研究的展开,文档资料都是非常重要的。

---

[1] Becker, H. S. Problems of inference and proof in participant observation[J]. American Sociological Review, 1958, 23(6): 652—660.

在使用文档资料的过程中,有几个问题一定要注意:

第一,文档资料必须被置于其产生的背景中去理解。例如,研究者需要关心一个文本是一手资料的结果还是来自二手资料,它是否经过编辑、匿名与否等。文档资料都是为某些特定的事情而写的,为特定读者群(非案例研究者)而服务的,因此,为了更精准地诠释资料传递的信息,需要充分考虑且细致核实文本产生的背景与准确性。

第二,文档资料的可靠性值得怀疑,特别是现阶段信息技术的快速发展,使得在互联网上可以找到许多文档资料的原始版本,但里面可能充斥着大量的虚假信息。这就要求研究者们需要认真审视文档资料的可靠性,一个常见的策略是与其他类型的数据来源(如访谈)相结合使用、相互印证来提高数据的可靠性。

第四节　案例型专业学位论文的结构设计与正文写作

一、案例研究型学位论文主体的基本结构

以下论文基本结构仅为参考,具体论文结构可根据案例特点和研究内容适当改动。

第一章　绪论

绪论应包括论文的研究背景及意义、研究方法(含资料与数据的搜集方法和过程)、研究内容及思路(可包含案例内容结构与安排、技术路线图)等内容。

第二章　案例正文(约占总篇幅的25%)

2.1　案例背景

可以撰写行业背景、企业背景。

2.2　案例情况

……

$2.n$　存在的问题(需解决的问题)

本部分为案例主体内容,可按照时间顺序撰写,即分析案例的过去、现在与未来;也可按照所要分析问题的构成要素来撰写。

第三章　案例分析(本部分为论文的重点,约占总篇幅的40%)

3.1　理论介绍

解决上述问题所需相关理论的文献综述,说明本案例分析所采用的理论及方法。

3.2 题目自拟

根据案例分析需要，自拟题目。

……

3.n 原因总结/分析总结

第四章 解决方案(约占总篇幅的 30%)

根据第三章所分析问题的成因，提出解决方案。

第五章 结论及展望

总结全文，在此基础上根据方案的规律性，提出具有普遍意义的管理实践建议。分析案例并判断其后续发展，给出对未来的展望等。

在符合基本结构要求的基础上，上述安排可由作者根据实际撰写内容自行拟定标题。

二、正文写作

(一)引言

1. 写作思路

(1)从文献中引出研究问题。阿尔斯特伦(Ahlstrom，2015，2017)提出了实证研究中的引言结构。首先，开篇点出研究问题或研究主题，直接与研究主题进行对话。[①②] 阿尔斯特伦建议研究者在第一句话或者在引言第一段附近提出研究主题，达到开门见山的效果。然后，将该主题置于相关的理论中，简单概括与主题相关的主要文献，指出针对该主题已有研究做了哪些尝试，获得了哪些已知的知识(这部分内容通常会在文献回顾中进一步阐述)。接着，以"然而"或"但是"作为转折，讨论这些研究的未知领域，以突出本研究的必要性。此外，还可以通过引用其他文献指出的研究缺口来进一步加强研究动机。引言最后简要介绍文章的研究方法和潜在研究贡献。

(2)从研究现象中引出研究问题。开篇首先介绍新的现象，或者是某个组织发生的事情，或者是社会发生的现象；然后，回到文献中，介绍针对该现象介绍文献中的已知；紧接着，作者提出已有研究难以有效地解释该现象，并提出研究问题；最后，简要介绍研究方法和潜在贡献。

---

① Ahlstrom，D. From the editors: Publishing in the Journal of World Business[J]. Journal of World Business，2015，50(2):251—255.

② Ahlstrom，D. How to publish in academic journals: Writing a strong and organized introduction section[J]. Journal of Eastern European and Central Asian Research，2017，4(2):1—9.

2. 写作要点

引言一般占 1~2 页篇幅,通过回答以下四组问题,向审稿人和读者传递研究的重要意义:

(1)"谁关心这个话题?"(Who care?)点出对话的文献领域。

(2)"针对这个问题,我们知道了什么,还不知道什么?"(What do we know? What don't we know?)简单梳理文献中的已知和未知,点出研究缺口。

(3)"了解了已知和未知,又怎样?"(So what?)突出研究的重要性。

(4)"我们能学到什么?"(What will we learn?)通过描述如何解决研究缺口为读者提供清晰的理论贡献预览(preview)。

研究者可以通过下述实践,解决上述 1 个"who"和 4 个"what"的问题。

第一,与某个具体的研究领域有精准的文献对话。精准的文献对话体现在对某个具体问题的深入论述,毛基业和苏芳(2016)指出:"每篇论文都在与一个具体的研究领域对话:从该领域中存在的某个缺口或矛盾中导出研究问题,通过研究给出明确答案。这个研究领域必须明确、具体,拟填补的具体缺口或解决的矛盾也必须深度精准地刻画到位。这样给出的研究动机或意义最有说服力,也是基于波普尔的科学研究的证伪逻辑。"[①]对话的研究领域往往是论文做贡献的领域,因此对话的研究领域不能太多,否则就会造成研究不够聚焦的问题。

第二,明确阐释填补这个研究缺口是重要的。在引言中只是提出有研究缺口是不够的,重要的是清楚地解释为什么填补该缺口是重要的且有意义的。引言中常常出现的研究缺口是"鲜有研究探讨……",如果真的是一个值得研究的空白,研究者就需要在引言中指出填补这个缺口对理解该现象有重要意义,或者如果不研究该问题,会有什么不良后果等。

此外,如果研究缺口是"以往研究没有考虑中国情境"或"以往研究没有考虑新技术特征",那么研究者需要在引言中明确,中国情境(或新技术情境)与以往研究情境的本质区别是什么,特别之处是什么,特别的地方如何影响对该现象的理解等。

第三,以疑问句"How"和/或"Why"的形式提出具体的研究问题。如果没有提出具体的研究问题,而只是停留在某个研究主题上,那么在审稿人初读论文时,很难快速地抓住文章要研究的问题,也难以快速了解文章如何对该领域做贡献。

---

① 毛基业,苏芳. 案例研究的理论贡献[J]. 管理世界,2016,32(2):128—132.

第四,简要阐述本文的研究贡献。研究者可以首先介绍论文的研究方法,然后介绍主要的理论贡献。近期不少研究将引言的最后一段用来介绍理论贡献,而不是文章结构。

第五,研究者可以通过一个故事或者引用某些重要人员的话语开头,引起审稿人或读者继续阅读的兴趣。

(二)文献综述写作要点

一般而言,文献综述章节可以分为两部分,一部分是研究领域的最新进展,与研究问题息息相关,另一部分是文章选用的参照理论。两部分的写作思路不一样,前者往往介绍与研究问题有关的研究进展,此时的写作逻辑与引言中提出研究缺口的逻辑一致;后者则主要介绍参照理论的重要概念和核心思想,并介绍这些概念和关系在本文关注的研究主题中的具体表现。

1. 根据研究问题的提出逻辑,组织文献综述的内容

在前面已经提到,引言部分要通过一个小型的文献综述点明研究缺口,继而引出研究问题。文献综述部分则应该在引言的基础上进一步充分地展示以往研究成果、现有研究的局限与不足,更详细地指出本研究的研究问题。换言之,文献部分的写作可以按照研究缺口的提出思路来详细阐述相关研究的进展。

2. 参照理论和研究主题的连接

参照理论为研究提供了数据分析的放大镜。作者需要给出充足的理由说明为什么要采用这个参照理论以及为什么这个参照理论是适合的。在回答为什么要采用这个参照理论而不是其他参照理论时,研究者需要解释以往理论不能很好地解读研究现象。

3. 运用图表展示研究机会

文献综述部分可以尝试用图表的方式呈现研究缺口。研究者可以通过展示文献图表,让研究缺口自然浮现出来,帮助审稿人(研究者)快速定位研究缺口和研究问题,以及潜在的研究贡献。

(三)研究方法

一般来说,案例研究的研究方法部分要依次介绍研究方法的适用性、案例对象的选取(即理论抽样)、样本企业介绍、数据收集过程和数据分析过程。

1. 展示样本企业的相关信息

介绍样本企业的相关信息有助于审稿人和读者了解企业的基本情况,为后续研究发现的部分数据展示做铺垫。构建过程模型研究(一般是单案例)可以在这

部分介绍企业的发展历程,用图表的形式展示企业发展过程中的重要事件。

需要注意的是,本部分需要重点呈现与论文的研究主题相关的企业背景信息。举例来说,如果研究创业,那么创始人的背景信息可能要提及,而不用提供公司国际化或专利等方面的信息;如果研究国际化进程,那么公司的文化可能无须提及,而需要提及在哪些国家或者地区开展国际化活动、国际化活动的形式有哪些(合资建厂或产品销售等)。

2. 展示数据收集过程的细节

数据收集有多种途径,这部分需要介绍数据收集的整个过程。对于访谈数据,需要介绍访谈了哪些人(职位是什么),主要的访谈问题是什么,访谈时间是多久,并将汇总的访谈情况以表格的形式展示出来。如果收集了文档等二手数据,例如新闻报道、内部资料、书籍等,也需要在文章中介绍数据量,例如多少篇报道、分别来自哪些渠道等,让审稿人和读者能够清楚地了解数据资料的情况。

3. 分步骤展示数据分析过程

数据分析过程要清晰地阐述每个步骤主要做了哪些工作、分析了哪些主题、有哪些关键概念涌现出来。实际上,数据分析迭代进行,研究者很难清晰地刻画具体过程。我们查阅了一些发表在顶级期刊的案例研究,总结了三种数据分析过程的写作方式,但是由于案例研究数据分析方法很多,这里列出的三种方式并不能涵盖所有的数据分析步骤,仅供读者参考。

(1)案例内分析——跨案例比较的分析步骤。这是多案例研究特有的分析步骤,本部分主要介绍怎样描述数据分析过程。艾森哈特(1984)将多案例研究的数据分析分为两步,第一步介绍案例内分析。即逐个分析所有案例,每个案例形成一份单独的案例描述文档。包括企业的发展情况,以及该案例如何回答研究问题。[①] 在这个过程中会涌现一些概念。第二步介绍跨案例比较,寻找相似概念以及案例之间的联系,筛选出感兴趣的变量,构建初步的解释框架。

(2)归纳式数据降维的分析步骤。归纳式数据分析方法是自下而上的分析过程,如一阶编码和二阶编码。如果研究采用归纳式数据分析方法,那么研究者应该在数据分析部分介绍每一个步骤得出了哪些重要的概念(主题),并且需要提供数据结构表(data structure),展示一阶概念、二阶主题和汇总概念,以及最能体现这些概念的典型引语(可以放在附录中)。

(3)逐次分析不同主题的数据分析步骤。不同于自下而上的归纳式过程,

---

① Eisenhardt, K. M. Building theories from case study research[J]. Academy of Management Review, 1989, 14(4): 532—550.

逐次分析不同主题的数据分析步骤是指每一次数据分析聚焦某个明确的主题或任务,经过多次全文分析得出一些概念,以及概念之间的关系。运用这种数据分析方法,研究者需要在数据分析部分介绍分析的细节,例如,第一个阶段重点关注什么,有哪些发现;第二个阶段重点关注什么,有哪些发现等。

(四)研究发现写作要点

让构建的理论自然而然地浮现出来,需要搭建数据和理论之间的桥梁。此时,将理论叙事(theory narrative)和数据叙事(data narrative)融合起来是一种有效的方式,换言之,就是用理论框架来讲述故事。

1. 根据最终的模型图,分主题、有逻辑地呈现数据

模型图是提炼研究发现的有效方式,常见的四类模型为因果类模型、机制类模型、阶段类模型和图表类模型。为了实现研究结论的自然浮现,最有效的方式是根据最终模型来呈现数据。具体来说,研究发现部分要与模型图紧密联系,将模型图中各模块之间的关系通过相应的章节结构体现出来。由于图表类模型、机制类模型和阶段类模型是案例研究中的常见模型,本部分重点介绍这三种模型的呈现形式。

第一,因果类模型的呈现结构。在这类文章中,作者通过处理质性数据,揭示概念间近似因果的关系。由于讨论的是概念与概念之间的因果关系,在研究发现部分,主要呈现概念与概念之间的共变关系。

第二,机制类模型的呈现结构。机制类模型中的机制没有明显的时间先后顺序,它们可能同时发生、相互作用。针对机制类模型的呈现结构,研究者可以先分别论述各个机制是什么,然后论述机制之间的关系。

第三,阶段类模型的呈现结构。阶段类模型有明显的先后顺序,揭示的是某一现象随时间逐渐展开的过程。在研究发现部分,需要根据先后经历的阶段展示。

2. 有说服力地展示证据链

展示证据链有助于审稿人评估从数据中构建的理论是否合理,有说服力的展示数据能够帮助审稿人或读者连接数据和理论。

第一,讲述一个吸引人的故事。这要求研究者既能够清楚地介绍每个主题(theme)的情况,又能将这些主题匹配起来,形成一个完整的故事。[①] 有学者建

[①] Pratt, M. G. Fitting oval pegs into round holes: Tensions in evaluating and publishing qualitative research in top-tier North American journals[J]. Organizational Research Methods, 2008, 11(3): 481−509.

议可以参照小说的写作方式,在每个主题的叙述中把每一个主题看成是故事中的角色。[1]谁是主角?主角面临什么问题?主角希望完成什么?研究者可以借鉴小说故事中的焦点人物,在叙述定性故事时也确定一个被其他内容围绕的焦点内容,但要避免一篇论文中出现多个焦点内容。

第二,理论叙事和数据叙事相结合。案例研究论文要传达的既不是记录下来的事件、动作和对话,也不是精心制作的分析表,而是组织生活中的细节对于更广泛的现象、过程和理论的重要性。因此案例研究既不能脱离理论和概念洋洋洒洒地描述故事或引用被访者的话回答研究问题,也不能只介绍概念和理论而忽略了故事。将理论和数据结合起来,是一种有效的方式,数据为理论提供情境,理论则解读数据中的深刻含义。[2]在分析多篇案例研究后,可得出一个简单的结论。研究者可以在每个主题开始的第一、二段给关键概念下定义(如果概念来自文献,则需要引用文献给出定义或者讨论该概念,如果概念是研究者自行归纳的,也可以不引用文献)。然后,用自己的语言介绍该概念在案例中表现为哪些现象,随后引用原始数据给出证据。如果该概念与其他概念存在某些关系,研究者需要在文章中表述概念之间的关系(如事件之间的先后联系、因果关系等),同时展示证据支撑这些关系。

第三,聪明地展示原始数据。普拉特(2018)建议研究者在正文中挑选那些"如此富有诗意的、简洁的、有见地的,以至于研究者无法提出更好观点"的权威数据(power quotes)进行展示;[3]在表格中展示相关的数据(proof quotes),这些数据作为三角验证的材料支持正文中的结论。实际上,表格是一种有效的压缩和展示原始数据的手段。这种方式能够直观地看到原因概念和结果概念之间的关系。但需要注意的是有程度测量的图表很少在机制类模型和阶段类模型的文献中出现,这两类文献中出现的表格更可能是引用关键数据。无论是否有程度测量,需要再次强调的是图表只是正文数据的支撑,重要的内容不能只出现在图表中。

第四,学术写作尽量规避使用"我(们)得出了……"的表述,而是尽量采用

---

[1] Pratt, M. G. For the lack of a boilerplate: Tips on writing up (and reviewing) qualitative research[J]. Academy of Management Journal, 2009, 52(5): 856—862.

[2] Baker, T. & Nelson, R. E. Creating something from nothing: Resource construction through entrepreneurial bricolage[J]. Administrative Science Quarterly, 2005, 50(3): 329—366.

[3] Pratt, M. G. Fitting oval pegs into round holes: Tensions in evaluating and publishing qualitative research in top-tier North American journals[J]. Organizational Research Methods, 2008, 11(3): 481—509.

"本案例呈现……""本文数据显示……"的形式,让研究发现自己说话。

案例研究的数据呈现没有统一的标准,不同的研究者可能呈现出不同的风格。这里提及的一些建议不会也不可能覆盖所有有效的呈现方式,读者可以借鉴顶级期刊的案例研究,分析并借鉴他们的写作特点和风格。

此外,案例研究的研究过程和写作过程紧密交织在一起,研究者时常在写作的过程中发现了新的机制或者提炼了新的概念,这就导致研究者需要重新修改文献和引言,重新定位研究贡献。一旦研究发现部分写完了,新的理论洞见也就涌现出来了,因此发现理论贡献往往和写作同时进行。

(五)讨论和结论

首先,讨论要阐述文章结论的重要性、解释文章的研究结论如何从理论上解决了引言和文献回顾部分提到的研究问题。有研究者建议在撰写讨论部分时,重新审视文章的研究动机,并带着研究结论回到文献中(在这部分可以出现新的文献),揭示文章研究的新发现对文献中已知的扩展。[1] 在阐述理论贡献时,要以引言和文献综述部分提到的研究缺口为基础,不仅要介绍本研究填补了该研究缺口,更要讨论本研究是如何填补该缺口的。

其次,与远的文献比较相似点,与近的文献比较相异点。在讨论部分,研究者在解读模型的时候可以引入新文献来解释模型中各概念/主题之间的关系,而在介绍理论贡献的时候,需要强调论文与文献回顾中部分文献不同的地方,突出论文的研究贡献。

再次,分析实践意义与本研究相关结论。理论具有启示性和预测性,根据论文构建理论预测的内容给管理者提供具体的建议。

最后,用一段话高度概括论文的研究问题、研究方法以及研究结论和贡献,帮助审稿人或读者回忆论文的主要内容。

第五节 案例型专业学位论文的研究方法

在案例型专业学位论文中,质性研究方法的应用尤为广泛。一般而言,质性研究是指使用质性数据开展的研究。质性研究更像是一把"大伞"[2],包含了多种具体的研究方法,如扎根理论、民族志、行动研究等。由于案例研究主要依

---

[1] Geletkanycz, M. A. & Tepper, B. J. Publishing in AMJ-Part 6: Discussing the implications [J]. Academy of Management Journal, 2012, 55(2):256—260.

[2] 陈向明. 质的研究方法与社会科学研究[M]. 北京:教育科学出版社,2000:3—12.

赖于多种来源(如访谈、文档资料、观察等)的质性数据,此发表在学术期刊上的绝大多数案例研究论文都属于质性研究的范畴。不过,需要指出的是,案例研究也可以使用定量数据作为数据来源。

一、扎根理论

扎根理论是一种归纳式的、以建立理论为目标的质性研究方法。其最显著的特点是将理论的建立"扎根于"(grounded in)系统的数据收集和数据分析基础之上。[1] 在管理学质性研究中,可能没有哪种方法像扎根理论这样,在充满分歧、富有争议的情况下得到了广泛的应用。

扎根理论的分歧和争议始于两位创立者。格拉泽(Berner Glaser)和斯特劳斯(Laude Levi-Strauss)于1967年出版的《扎根理论的发现:质性研究策略》,标志着扎根理论的创立。但随着时间的推移,格拉泽和斯特劳斯两位创立者针对扎根理论的看法出现了分歧。格拉泽更强调研究中的创造性和开放性。而斯特劳斯更强调以结构化的方式进行数据分析。此后,斯特劳斯在原有版本的基础上,对扎根理论进行了演化和发展,其标志性事件是斯特劳斯等人于1990年出版《质性研究的基础》,这引起了格拉泽的强烈反对。自此,扎根理论方法分为了两个流派,分别被称为格拉泽(Glaserian)流派(或称为经典扎根理论)和斯特劳斯流派(或称为程序化扎根理论)。[2][3][4]

在以上两个流派中,扎根理论被作为一种完整的、贯穿于研究始终的方法论。不过,有一些学者在开展其他质性研究(如案例研究、民族志研究)时,仅仅使用扎根理论(尤其是斯特劳斯流派)中的编码技术来作为数据分析的策略,这些技术包括开放式编码(open coding)、主轴编码(axial coding)、选择式编码(selective coding)等。这样的应用方式加剧了扎根理论的争议和分歧。

此外,扎根理论还为质性研究方法的发展提供了丰富的"养分",有学者将

---

[1] Urquhart, C., Lehmann, H. & Myers, M. D. Putting the 'theory' back into grounded theory: guidelines for grounded theory studies in information systems[J]. Information Systems Journal, 2010, 20 (4):357—381.

[2] Matavire, R. & Brown, L. Profiling grounded theory approaches in information systems research[J]. European Journal of Information Systems, 2013, 22(1):119—129.

[3] O'Reilly, K. & Paper, D., Marx, S. Demystifying grounded theory for business research[J]. Organizational Research Methods, 2012, 15(2):247—262.

[4] Urquhart, C. & Lehmann, H., Myers, M. D. Putting the "theory" back into grounded theory: guidelines for grounded theory studies in information systems[J]. Information Systems Journal, 2010, 20 (4):357—381.

扎根理论与其他质性研究方法结合,提出了新的研究策略。例如,艾森哈特倡导的"通过案例构建理论"的方法①,其基础之一就是格拉泽与斯特劳斯的扎根理论。② 再如,巴斯克维尔(Baskerville)等将扎根理论与行动研究相结合,提出了扎根式行动研究(grounded action research)的策略。③

本小节的主要目标是简要介绍扎根理论的概况,更细节的内容则需要读者深入学习诸如格拉泽与斯特劳斯(1967)、斯特劳斯与科尔宾(1990)等经典文献。在此简要介绍扎根理论的几项重要原则,这些原则使得扎根理论在质性研究方法中格外引人注目。

第一,涌现(emergence)原则。利用扎根理论所建立的理论和研究过程都应该是涌现的。一方面。扎根理论强调从数据中建立理论。认为只有对数据的深入分析。才能逐步建立一定的理论;这是一个归纳的过程,自下而上将数据不断地浓缩。另一方面,在开展实地调研的过程中,研究者不应该提前设定研究步骤和研究对象,并尽量避免受到已有理论的影响,而要在理论抽样和不断比较的过程中使得理论涌现出来。

第二,不断比较(constant comparison)原则。不断比较是扎根理论用于建立理论的主要策略。在这个过程中,数据的收集、编码和分析同时进行,并且来回往复、不断迭代。也就是说,研究者要在上一轮数据收集与下一轮数据收集之间、数据收集和所涌现的理论之间、所涌现的理论和下一轮数据分析之间不断对比。这种对比贯穿于扎根理论研究的全过程。

第三,理论抽样(theoretical sampling)原则。理论抽样是指在所涌现的理论的引导下抽样。也就是说,研究者在收集数据时,应该以上一轮数据分析中初步生成的理论来指导下一轮数据收集标准,如应在什么时间、什么地方、向什么人、以什么方式、收集什么样的数据。这一过程应该贯穿于研究过程的始终,直到理论饱和为止。

此外,扎根理论的数据分析通常采用归纳式编码(inductive coding)的方式。扎根理论在收集数据之前并不预设任何代码,代码是在研究者分析数据时

---

① Eisenhardt, K. M. Building theories from case study research[J]. Academy of Management Review,1989,14(4): 532—550.

② Gehman,J., Glaser, V., Eisenhardt, K. M., Gioia, D. A., Langley, A. & Corley, K. G. Finding theory-method fit: A comparison of three qualitative approaches to theory buildingJ. Journal of Management Inquiry,2018,27(3): 284—300.

③ Baskerville, R. & Pries-Heje, J. Grounded action research: a method for understanding IT in practice[J]. Accounting,Management and Information Technologies,1999,9(1): 1—23.

逐渐涌现的,研究者让所搜集到的数据去"塑造"出代码系统。不管是格拉泽流派还是斯特劳斯流派,都提出了包含多个步骤的归纳式编码来压缩和精炼数据,并以建立理论为编码的目标。格拉泽流派方面,主要的编码步骤包括开放式编码、选择式编码和理论编码(theo-retical coding);而斯特劳斯流派方面,主要编码步骤则包括开放式编码、主轴编码、选择式编码以及针对流程的编码(coding for process)。不管是哪种编码方式,其主要思路都是通过对数据中的相似实例分类和分组来理解研究数据。在这个过程中,研究者对代码命名,并通过不断比较的迭代过程揭示所关注现象的理论基础,直到数据中的一致性和稳定性被识别出来。

二、民族志

民族志是人类学中一种重要的研究方法,它通过详细、动态、情境化的描绘探究特定文化中人们所共有的生活方式、价值观念和行为模式。在民族志的发展历史上,奠基之作是马林诺夫斯基(Malinowski)于1922年出版的《西太平洋上的航海者》(*Argonauts of the Western Pacific*)。为了开展这项研究,他在特罗布里恩岛(Trobriand Islands)上进行了长期艰苦的田野调查。他在当地土著人的村子里安营扎寨,参与他们的日常活动、了解他们的所思所想。他的许多做法成为后来的民族志学者所遵从的准则。

通常来说,民族志研究有以下几个特点。①

第一,民族志通常针对某个具有共同文化的群体进行细致、全面的描述,这样的群体可以是一个村庄、一个社区或者一家企业。不过,需要注意的是,民族志的研究对象并非文化,而是具有共同文化的群体中成员的社会行为。

第二,在民族志中,研究者通常聚焦于群体成员心智行为所体现出来的模式(如仪式、习俗、信念等),这些模式通过语言、行为等方式表达出来并可以被研究者观察到。

第三,民族志研究者通过开展深入的、长时间的田野调查来收集数据,主要包括访谈、观察、人工制品、象征物(symbols)等多种来源的数据。

第四,在数据分析中,研究者往往需要首先深入理解当事人对现象的认识和描述,这代表着"局内人"眼中的"事实",可以被称为"一阶概念";然后,研究者需要以自身作为研究人员的"局外人"视角来对数据进一步分析、综合和解

---

① Creswell, J. W. Qualitative Inquiry and Research Design: Choosing Among Five Approaches [M]. SAGE Publications, 2012.

读,这代表着用以诠释一阶数据的"理论",可以被称为"二阶概念"。[①]

案例研究和民族志在对研究者开展实地调研的时间长短和沉浸程度方面要求不同。[②] 民族志通常要求研究者开展较长时间(如六个月以上)的实地调研,与研究对象工作或生活在一起,理解他们工作或生活的方式。而对于案例研究来说,通常不需要研究者花费几个月的时间来进行沉浸式的实地调研(但这并不意味着案例研究不需要深入管理实践)。此外,虽然两种方法都倡导研究者收集多种来源的数据,但主要的数据收集策略并不相同。对于民族志来说,参与式观察(以及访谈)往往是主要的数据收集策略。而对于案例研究来说,最主要的数据收集策略往往首先是访谈,其次是文档资料;观察通常作为补充性的数据收集策略,来对访谈和文档资料进行三角验证。

第六节 案例型专业学位论文的研究工具

案例型专业学位论文的研究中,SPSS 和 AMOS 是两款常用的统计分析软件,它们在数据处理和分析方面发挥着重要作用。

一、SPSS 统计分析

随着数据时代的到来,数据分析在各个领域中发挥着越来越重要的作用。作为一款功能强大的统计分析软件,SPSS(Statistical Package for the Social Sciences)广泛应用于学术研究、市场调查、医学研究等领域。在论文写作中,SPSS 数据分析能够为研究提供客观、量化的证据,增强研究的科学性和说服力。

(一)SPSS 在论文写作中的主要作用

1. 数据管理

SPSS 提供了高效的数据录入、清洗和管理的功能,帮助研究者整理和准备用于分析的数据集。

2. 描述性统计分析

SPSS 可以快速计算出各种描述性统计量,如均值、中位数、标准差等,为论

[①] Van Maanen, J. The fact of fiction in organizational ethnography[J]. Administrative Science Quarterly,1979,24(4):539—550.

[②] Myers, M. D. Qualitative Research in Business & Management[M]. Thousand Oaks, CA: Sage Publications Ltd,2009.

文的文献综述和讨论部分提供数据支持。

3.推断性统计分析

SPSS支持多种统计检验方法,如t检验、方差分析(ANOVA)、卡方检验、相关分析和回归分析等,帮助研究者进行假设检验和结果解释。

4.图表制作

SPSS可以生成各种统计图表,如表格、散点图、箱线图等,这些图表可以直观地展示分析结果,丰富论文的内容。

5.结果报告

SPSS提供详细的统计输出,包括表格和图表,这些输出可以直接用于论文的撰写,节省了大量的时间和精力。

6.复杂分析

对于更高级的统计方法,如多变量分析、结构方程模型、聚类分析等,SPSS也提供了相应的工具和模块,帮助研究者进行复杂的数据分析。

7.论文质量提升

SPSS的统计分析可以增强论文的科学性和可信度,使研究结论更加有说服力。

8.学术交流

SPSS是学术界广泛认可的统计软件,使用SPSS分析可以使论文更容易被同行理解和接受。

(二)SPSS分析数据的过程

1.导入数据

打开SPSS软件,点击"文件"菜单,选择"打开"→"数据",找到要导入的数据文件,点击"打开"按钮,然后设置导入选项并导入数据。

2.清理数据

检查数据是否有缺失或异常值,删除无效数据,对变量进行变换,处理缺失值等操作,使得数据能够用于分析。

3.描述性统计分析

对数据进行描述性统计分析,如算术平均数、标准差、百分比、频数等,以了解数据的整体特征。

4.选择分析方法

根据研究目的和数据类型,选择适当的统计分析方法,如t检验、方差分析、回归分析等。

5. 统计分析

在 SPSS 中选择相应的统计分析模块，输入必要的参数和选项，执行统计分析。

6. 解读结果

查看 SPSS 输出的统计结果，包括表格、图表等，解读分析结果，得出研究结论。

7. 撰写论文

将 SPSS 的统计结果和分析结论直接用于论文的撰写，丰富论文的内容和论据。

SPSS 不仅可以帮助研究者高效地进行数据管理和统计分析，还可以提高论文的科学性和可信度。同时，研究者在使用 SPSS 时也需要具备一定的统计知识和理解，以确保正确选择分析方法和正确解释分析结果。

二、AMOS 统计分析

在论文写作中，AMOS(Analysis of Moment Structures)的作用至关重要，尤其是在需要处理结构方程模型(SEM)的复杂数据时。AMOS 作为 SPSS 的姊妹软件，为研究人员提供了一个强大的工具，用于验证理论模型、评估测量工具的有效性以及探究变量之间的关系。

(一)AMOS 在论文写作中的作用

1. 验证理论模型

AMOS 允许研究人员通过 SEM 方法测试他们的理论模型是否拟合实际数据，这有助于验证或修正理论，并为进一步的研究提供指导。

2. 评估测量工具

在心理学、社会学等领域，研究人员经常需要使用量表等测量工具来收集数据。AMOS 可以帮助研究人员评估这些工具的有效性，确保其能够准确地测量研究人员感兴趣的变量。

3. 探究变量关系

SEM 允许同时考虑多个变量之间的关系，包括直接效应、间接效应和潜在变量。AMOS 提供了强大的分析功能，使研究人员能够深入理解这些复杂关系。

(二)AMOS 分析数据的过程

1. 模型构建

在 AMOS 中,研究人员首先需要根据他们的理论或假设构建结构方程模型,这包括定义潜变量、观测变量以及它们之间的关系。模型可以通过图形界面直观构建和编辑,方便研究人员快速修改和调整。

2. 数据准备

将收集到的数据导入 AMOS,并进行必要的预处理,如缺失值处理、异常值处理等;另外,还要确保数据的格式和类型与模型中的变量和参数相匹配。

3. 模型估计

在 AMOS 中选择适当的估计方法(如最大似然估计、偏最小二乘估计等)估计模型;软件将自动计算模型的参数估计值、标准误、显著性水平等统计量。

4. 模型评估

使用一系列拟合指标(如 χ^2、RMSEA、CFI、TLI 等)来评估模型的拟合度;如果模型的拟合度不佳,研究人员需要根据评估结果修正和调整模型。

5. 结果解释

根据模型的参数估计值和显著性水平,解释变量之间的关系和效应大小;结合理论知识和实际背景,深入分析和讨论结果。

6. 报告撰写

将 AMOS 的分析结果以表格、图形等形式呈现,并整合到论文中;在论文中详细解释模型构建、数据准备、模型估计、模型评估和结果解释等过程,确保读者能够充分理解研究的思路和方法。

通过 AMOS 的分析过程,研究人员可以获得客观、量化的证据来支持他们的研究假设和理论模型,从而增强论文的科学性和说服力。

第五章 案例教学与应用实例(一):桂林南药——从诺奖技术到非洲疟疾克星

第一节 案例正文

桂林南药:从诺奖技术到非洲疟疾克星[①]

"坚持做对的事,做难的事,做需要时间积累的事。"

——复星国际董事长 郭广昌

0. 引言

4月25日是"世界防治疟疾日"(World Malaria Day),2022年的主题是"利用创新减少疟疾疾病负担,拯救生命"(Harness innovation to reduce the malaria disease burden and save lives),"创新"已成为全球抗击疟疾的主题词。在中国国际发展合作署、卫生健康委和中医药管理局联合主办的"青蒿素问世50周年暨助力共建人类卫生健康共同体国际论坛"上,桂林南药股份有限公司(以下简称"桂林南药")向与会的多位驻华使节、国际组织驻华机构负责人展示了自主研发的青蒿素类创新药系列产品,以及多年以来的援非抗疟成果。

桂林南药自主研发生产的抗疟药注射用青蒿琥酯,是世界卫生组织推荐的重症疟疾一线治疗药物,被称为"疟疾克星"。目前,桂林南药抗疟药制剂产品在全球近40个国家和地区注册销售,在全球重症疟疾治疗药物的市场占有率约为90%,为本世纪全球疟疾注射用青蒿琥酯主要是为死亡率的下降做出重要贡献。从2005年至2021年年底,桂林南药累计已有26个抗疟药制剂通过世界卫生组织药品预认证(WHO Prequalification,WHO PQ),共向国际市场供应了超过2.4亿支注射用青蒿琥酯Artesun®(按60mg计),救治了超过4 800万

[①] 本案例由桂林航天工业学院管理学院陈国民,大连理工大学经济管理学院马晓蕾,大连海事大学航运经济与管理学院程露(通讯作者),桂林航天工业学院管理学院张一纯、黄文霞撰写。

名重症疟疾患者,其中大部分是5岁以下非洲儿童(数据截至2021年12月31日)。

"按照世卫组织目标,到2030年,全球疟疾发病率和死亡率要在2015年的基础上降低90%。公司致力于让青蒿琥酯系列产品走向更多国家,救治更多患者。"桂林南药联席董事长王文学表示,公司正积极响应国际社会"非洲制造,用于非洲"(Made in Africa, Use in Africa)的倡议,加大对非洲国家的投资力度,通过在非洲本地化建设项目生产产品,让当地人民用上更可及、可负担的优质药品。

1. 公司发展及现状

桂林南药位于"山水甲天下"的国际旅游胜地广西桂林市,是一家专门从事化学药物研发、生产和销售的综合性医药企业。公司产品有片剂、胶囊剂、注射剂、原料药四大种类200多个品种,是中国领先的医药外贸出口企业。2020年中国化学制药行业工业企业综合实力百强第89位,连续5年位列中国西药制剂出口全国10强。2021年公司实现产值11.2亿元,主营业务收入10.45亿元,海外销售收入7.9亿元,纳税1.67亿元。

公司的前身为始建于1958年的桂林市制药厂,1960年与内迁的著名上海唐拾义制药厂合并,成立广西壮族自治区桂林制药厂,2003年企业改制后成为上海复星医药(集团)股份有限公司(股票代码:600196-SH,02196-HK)控股企业。桂林南药的发展历程详见图1。

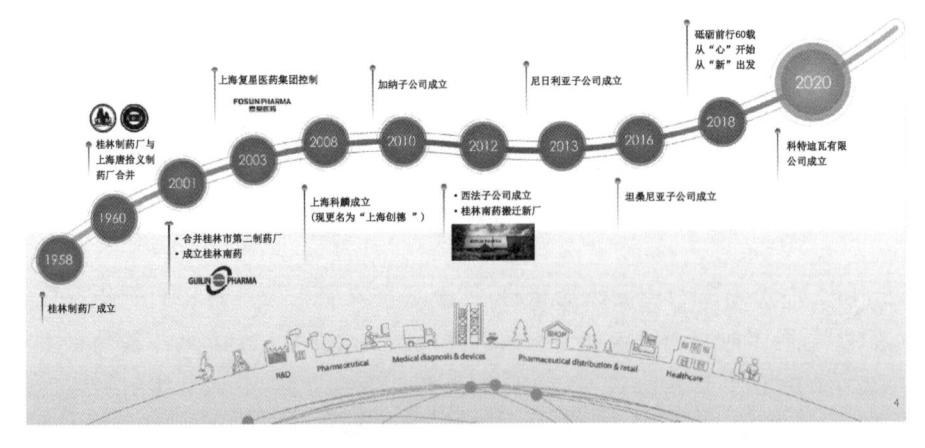

图 1　桂林南药的企业发展历程(1958—2022年)①

---

① 图表来源:企业提供。

桂林南药是目前中国最大的青蒿素类抗疟药生产企业,现有有效专利38项,员工1 147人,致力于青蒿素类药物和抗疟药系列产品的研发、生产与销售,并覆盖疟疾预防、一般疟疾治疗和重症疟疾救治的全领域,同时拥有原料药、口服制剂、注射剂的生产能力,治疗人群覆盖成人、儿童以及孕妇等特殊用药人群。生产的具有中国自主知识产权的青蒿素类抗疟药,已在全球80多个国家和地区销售,占中国抗疟成品药出口总量的70%~80%。

2014年至今,桂林南药通过多个国际性疟疾援助项目向非洲地区供应了超7亿人份产品。其中,自主研发生产的抗疟药青蒿琥酯Artesun®及其系列产品,是世界卫生组织推荐的重症疟疾一线治疗药物,也是目前国际上救治重症疟疾患者的"金标准"药物;自主研发的用于儿童疟疾预防的药物SPAQ-CO®分散片,是自2012年世界卫生组织推出季节性疟疾化学药物预防疗法(Seasonal Malaria Chemoprevention,SMC)以来,全球首个获准用于SMC的儿童剂型疟疾预防药物。

桂林南药是世界卫生组织(WHO)、全球基金(TGF)、疟疾风险基金(MMV)、联合国儿童基金会、无国界医生组织等世界性公益组织的直接供应商,其原料药、片剂与注射剂的生产管理均符合国际GMP①标准,是全球拥有最多世卫组织预认证的疟疾预防和治疗药物的制药企业。

目前,桂林南药共有9条生产线、180余个产品通过中国NMPA(国家药品管理监督局)药品GMP认证,100%达到国家新版GMP标准。积极参与实施美国、欧盟、WHO等国际GMP等质量体系认证,30个产品(26个制剂、4个原料药)通过世界卫生组织WHO-PQ认证,1条原料药生产线通过美国FDA(美国食品药物管理局)药品GMP认证,6条生产线通过世界卫生组织WHO-PQ认证。

2. 接力屠呦呦,成功发明青蒿琥酯

疟疾,是一种由蚊虫叮咬而感染疟原虫的虫媒传染病,与肺结核、艾滋病并称为亟需世界卫生组织援助的全球三大传染病。20世纪60年代,中国经历了大范围的疟疾暴发流行期,年报告病例数超过3 000万,30万人因此丧生。当时,用于治疗疟疾的是奎宁类药物,因已使用多年,引发疟疾的疟原虫产生抗药性。

---

① GMP是一套适用于制药、食品等行业的强制性标准,要求企业从原料、人员、设施设备、生产过程、包装运输、质量控制等方面按有关法规达到卫生质量要求。

2.1 "523 计划",青蒿素的成功提取

1967 年 5 月 23 日,周恩来总理亲自部署了一项紧急军事任务——"523 计划"。解放军总后勤部、化工部、卫生部、国家科技委员会等 37 个单位在北京召开"疟疾防治药物研究工作协作会议",成立了全国疟疾防治领导小组,启动全国范围内的抗疟新药研发。先后有 10 个省市及部队,60 多家科研单位和 500 多位科研人员参与研发,历时 5 年时间筛选了 4 万多种化合物和草药。

1972 年,屠呦呦和她的同事们在黄花蒿中成功提取出了一种分子式为 $C_{15}H_{22}O_5$ 的无色结晶体,这种活性成分能够迅速杀死疟原虫,将其命名为"青蒿素",被国际社会誉为"抗疟疾药研究历史上的里程碑"。2015 年 10 月 5 日,瑞典卡罗琳医学院宣布将 2015 年诺贝尔生理学或医学奖授予中国女药学家屠呦呦,以及爱尔兰科学家威廉·坎贝尔和日本科学家大村智,以表彰他们在寄生虫疾病治疗研究方面所取得的成就。

2.2 "804 号",青蒿琥酯的研发接力

由于青蒿素水溶性差且稳定性不佳,最初制成的药物是口服型片剂,患者感染疟疾后必须大量服用。口服药的见效速度比较慢,只适用于治疗症状较轻的患者,无法做成针剂用于抢救昏迷的重症患者。1977 年,国家抗疟研究计划会议在广西南宁召开。会议的主要议题就是对青蒿素结构的改造,开发青蒿素衍生物,解决水溶性问题。

1977 年 5 月 21 日,桂林制药厂接到任务后立即组建了以时任总工程师刘旭牵头的研发小组,正式参与"523 计划"(见图 2)。在艰苦的研发环境下,凭借勇于探索的精神和敢为人先的勇气,刘旭团队在历经上千次失败后,在青蒿素的基础上研发出 13 种衍生物,其中编号为"804 号"的衍生物不仅解决了青蒿素的稳定性问题,还将治疟疾疗效提高了 5~7 倍,并且解决了青蒿素水溶性的问题,可制成注射剂用于抢救重症疟疾患者。

1980 年,"804 号"更名为一个为全世界疟疾疫区所熟悉的名字"青蒿琥酯"。这一自主研发的产品,1985 年申请中国发明专利,1988 年获批,1987 年获得了原国家卫生部颁发的 X-01 号一类新药证书,注射用青蒿琥酯同时获得 X-02 号新药证书,桂林南药正式取得商业化生产和销售青蒿琥酯类药品的资格(新药证书详见图 3、图 4)。[②]

2001 年,玛希隆—牛津热带病研究所将桂林南药研发的青蒿琥酯与当时

---

① 图表来源:企业提供。

图 2　桂林南药总工程师、青蒿琥酯发明人刘旭①

图 3　1987 年青蒿琥酯获颁中国卫生部 X-01 号新药证书

图 4　1987 年注射青蒿琥酯获颁中国卫生部 X-02 号新药证书

用于重症疟疾治疗的传统药物进行对比实验。第一期在东南亚的实验结果发现,青蒿琥酯注射剂相对传统药物用于重症疟疾的治疗在死亡率上可以降低 34.7%。在非洲的第二期临床试验结果显示,青蒿琥酯注射剂相比传统药物在用于非洲儿童重症疟疾治疗上可降低 22.5% 的死亡率。这一实验结果在世界范围内引发了对注射用青蒿琥酯的高度关注。2003 年,世界卫生组织将青蒿琥酯载入国际药典,并在《疟疾用药指南》中将青蒿琥酯列为抢救疟疾的第一选择。

---

① 图表来源:企业提供。

3. 受阻公立市场，国际化初探索

1979年9月，中国郑重宣告抗疟新药青蒿素诞生。在很长的一段时间里，青蒿素都被称作"中国唯一真正意义上自主研发的药物"。由于我国企业早期没有知识产权保护意识，青蒿素刚刚研制成功，核心技术便被公诸国内外。国外各大制药公司纷纷投巨资进行后续研究，在青蒿素人工全合成、青蒿素复合物、提纯和制备工艺等方面开展广泛研究，申请了一大批改进和周边技术专利，并迅速占领了国际抗疟药品市场。

3.1 抗疟药的公立市场

全球每年有近2亿人感染疟疾，32亿人面临罹患疟疾的风险，对于青蒿素的需求巨大。由于疟疾流行地区经济欠发达，人群购买力有限，因此，通常由WHO、全球基金等一些公益基金通过国际招投标购买质量有保证、价格可负担的抗疟药，并援助给非洲疟疾流行国家，这部分销量占抗疟药市场80%以上的份额，在业内称为公立市场。

每年世界上的青蒿素公立市场的销售份额约为15亿美元（主要由盖茨基金会、全球基金等国际机构与组织计划采购）。公立市场长期由瑞士诺华、法国赛诺菲以及来自印度的仿制药企业占据（全球青蒿素公立市场配额分布见图5）。除公立市场外，剩下约20%的市场则是药企通过自己的渠道销售，也称为私立市场。

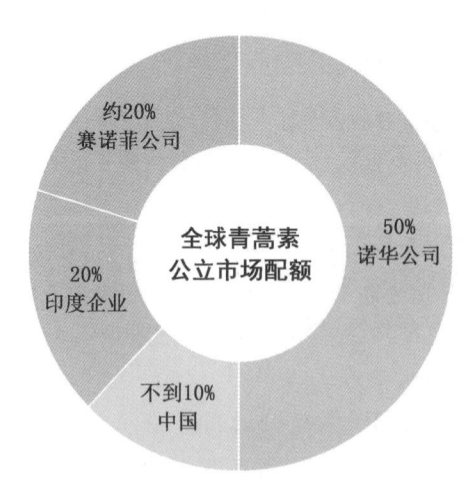

图5 全球青蒿素公立市场配额[1]

---

[1] 图表来源：https://www.sohu.com/a/324590598_100207077。

青蒿素原料生产近90%在中国,大多数中国本土企业仅是抗疟药物原材料青蒿的供应商,处于全球青蒿素产业链的底端。公立市场的供货商在拿到WHO的订单后,再向中国采购"蒿甲醚"或"青蒿琥酯"等青蒿素下游原料产品,经加工成复方制剂后再供应到非洲市场。以2012年数据为例,我国青蒿素出口总量为200～220吨,瑞士诺华的订单数量约为50吨,印度仿制药的订单量约为120吨,余下原料被供应非洲私立市场的制剂商所采购。

3.2 竞争公立市场,预认证难通过

绝大部分国产青蒿素产品都被阻隔在国际市场之外,其根源于世卫组织于2001年3月启动的药品预认证项目。供应"公立市场"的抗疟药必须通过世卫组织药品预认证且被世卫组织的《疟疾治疗指南》推荐。世卫组织不仅在药品质量和生产工艺上会严格把控,并且有15%以内的利润控制要求。质量保障、价格可负担是抗疟药产品进入国际公立市场的先决条件。

世界卫生组织建立药品预认证项目的初衷是确保按国际规范提供质量得到保证的医药产品,且产品的质量标准也在实施过程中不断提升。目前世卫组织药品预认证的水平已基本达到欧盟标准,对GMP(生产制造)和GCP(生物等效性试验)的要求也较中国现行标准更高。这个预认证门槛将不少中国抗疟药生产企业挡在了公立市场之外,中国生产的青蒿素成药只占世界青蒿素供应市场的不到10%。

早在20世纪80年代,桂林南药就曾尝试对青蒿素抗疟药产品进行全球推广。1982年9月,根据WHO的提议并经我国政府批准,美国食品药物管理局(FDA)检查员在WHO人员陪同下,到桂林第一、二制药厂进行GMP检查。FDA要求非常严格,要求标准化与规范化,包括细节方面。对桂林制药二厂的检查结论是:生产青蒿琥酯静脉注射针剂车间不符合GMP要求,其生产的制剂不能用于中国以外地区的临床试验。由于中国当时很少参与国际事务,对于国际的相关规则并不了解,而且当时桂林南药的生产技术,如萃取等方面都达不到相关标准。无奈之下,进入国际市场的行动只能暂时搁置。

3.3 借船出海,最初的国际化尝试

2005年以前,由于中国青蒿素企业都未能获得WHO PQ认证,无法进入公立市场,只能沦为青蒿素原料商,赚取生产原料药环节的微薄利润,或是进入私立市场求分得一杯羹。即便如此,青蒿素价格仍旧"断崖式"暴跌,由2004年的8 000元/千克,跌至1 200元/千克。仅是1 600元/千克的青蒿素提取成本,就让国内的青蒿素企业不堪重负。为争夺公立市场的份额,国内企业开始了各

种尝试。

1994年，桂林南药与法国制药公司赛诺菲开展合作，为其供应青蒿琥酯单片剂和青蒿琥酯原料。在非洲市场被熟知的赛诺菲青蒿琥酯片就是桂林南药为其贴牌生产的。桂林南药向赛诺菲供应大包装的青蒿琥酯片成品，运往赛诺菲的摩洛哥工厂分装和外包装，随后以赛诺菲的品牌 Asumax 销往非洲市场，只有外包装生产商一栏标注"Manufacturer：桂林南药 Pharmaceutical Co，Ltd"。截至2001年，桂林南药作为供应商向赛诺菲提供了超过15万人份的单方青蒿琥酯。

同一时期，1988年，昆药集团在国家科委组织的青蒿素类药物国际市场推广工作中，同军事医学科学院、中国国际信托投资公司共同与瑞士汽巴—嘉基公司（瑞士诺华制药）展开合作，制造销往海外的中国原创药物复方蒿甲醚。1994年，原始专利持有人中国军事医学科学院将青蒿素类复方药物的国际销售权出售给了瑞士诺华，诺华支付给军事医学科学院相当于该药海外销售收入4%的使用费，昆药集团则成为瑞士诺华的抗疟原料药供应商。

4. 坚持不懈，28年认证路终成正果

自20世纪80年代以来，中国的疟疾病患人数急剧下降，抗疟药物在国内的市场价值锐减。90年代，一些青蒿素类药物的专利被持有方共享给了慕名而来的外资药企，导致中国青蒿素类药物的市场话语权逐渐丧失。进入21世纪，随着中国加入世界贸易组织，国内医药市场竞争日益白热化，桂林南药的经营持续走低，2003年桂林南药有1 400余名员工，年销售收入仅1.7亿元。在企业发展的关键时刻，桂林南药改制成为复星医药集团旗下的控股成员企业。

青蒿琥酯具有毒性低、起效快、疗效高、复染率小的特点，世界卫生组织于2000年将其列为抗疟药基本药物。桂林南药拥有独立知识产权的青蒿琥酯因不符合世界卫生组织药品生产质量管理规范，迟迟未能打入国际市场。桂林南药的管理层认为，相较于私立市场，市场份额80%的公立市场仍是国际抗疟药市场的主阵地。2004年，桂林南药决定开启国际认证的道路，突破公立市场。历时2年多时间对青蒿素类产品进行改造，启动了青蒿琥酯系列产品的预认证项目，进入了艰难而严格的世界卫生组织认证过程。

时任桂林南药董事长严啸华回忆："从2004年12月1日向世卫组织递交预认证申报材料开始，到2005年12月21日第一次WHO PQ正式通过，前前后后根据WHO的问题提交了4次补充资料，共回答了146个问题。为了预认证的通过，前后共5次同WHO有关官员汇报和沟通。"此前，中国还未有创新

药物能够通过这一认证。

青蒿琥酯从 1977 年诞生到 2005 年获得 PQ 认证,桂林南药持续努力了 28 年,终于获得世界卫生组织预供应商的资格认证,并在次年列入 WHO 首版《疟疾治疗指南》,青蒿素类抗疟药物正式获得公立市场的"国际通行证"(详见图 6)。[①] 此后,桂林南药自主研发、具有自主知识产权和独立品牌的青蒿素类注射剂 Artesun®,也于 2010 年通过 PQ 认证,成为世卫组织推荐的治疗重症疟疾的首选用药,是国际公认的重症疟疾治疗的金标准(详见图 7)。[②]

图 6　2005 年 12 月 19 日,桂林南药抗疟药青蒿琥酯片搭乘阿联酋航空专机出口

图 7　注射用青蒿琥酯 Artesun®

---

① 图表来源:企业提供。
② 图表来源:企业提供。

彼时，在抗疟药片剂市场，除桂林南药外，瑞士诺华、法国赛诺菲2家跨国公司，以及Ajanta、Cipla、Ipca Laboratories、Calyx Chemicals、Mangalam 5家印度公司的口服复方青蒿素抗疟药（ACT）通过世卫组织药品预认证。而在抗疟药注射剂市场，桂林南药是拥有注射剂和口服剂双PQ认证的药企。在青蒿素类药品WHO PQ认证和国际注册取得突破后，桂林南药开始向非洲市场发力，扩大市场份额和建立抗疟药品牌。

5. 关注重症患者，属地化营销建奇功

虽然我国在20世纪末已基本消除疟疾，但在很多第三世界国家，因医疗条件不足以及饮用水污染，疟疾仍然肆虐。据世界卫生组织《世界疟疾报告》数据显示，2020年，全世界每年仍有32亿人处在疟疾风险之中，85个国家估计发生2.41亿新增疟疾病例和62.7万例疟疾相关死亡，96%发生在非洲，其中约80%是5岁以下儿童，平均每55秒就会有一名非洲儿童死于疟疾。

5.1 片剂市场持续走低，价格竞争激烈

多年来，全球基金和世界卫生组织主导的公立市场一直倡导提高青蒿素类复方药物的质量标准，降低青蒿素类药品采购价格。2007年3月，法国赛诺菲宣布售价1美元/人份的青蒿琥酯与阿莫地喹固定比例复方制剂ASAQ在非洲投放市场，希望以价格优势吸引世界卫生组织的注意。2008年4月，瑞士诺华宣布将复方蒿甲醚的价格下调20%，平均价格从1美元/人份降到0.80美元/人份。

2008年7月，克林顿基金会以提高可购买力为主旨进入抗疟药领域，对青蒿素公立市场采购进行限价。主要的联合用药——青蒿琥酯与阿莫地喹复方制剂ASAQ降价30%以上，新的平均价格为48美分（三种规格可选）；印度的Ipca Laboratories公司和Cipla公司同意按最优价格提供四种规格的蒿甲醚—本芴醇，平均价格为91美分；中国供应商的青蒿素最高价格不超过136美元/磅。

2010年7月，世卫组织开始采用新的"可负担抗疟药采购机制（AMFm）"后，覆盖全球90%的抗疟药市场。凭借高超的仿制工艺和低廉的价格，印度的Ajanta、Cipla、Ipca Laboratories等公司成为青蒿素药品采购的主流中标企业，瑞士诺华的市场份额从80%下降到30%以下。

5.2 聚焦非洲市场，关注重症患者

2011年开始，桂林南药开始在非洲等疟疾流行地区全面推广青蒿素类重症疟疾特效药。复星医药董事长陈启宇回忆："确切地说，是在2010年以后，青蒿

琥酯才真正得以在全球的抗疟舞台上大展身手,尤其是抢救重症疟疾患者生命的注射用青蒿琥酯。"

复星医药副总裁苏莉说:"当时抗疟药市场基本被诺华、赛诺菲等跨国企业占领,印度企业也通过仿制药加入竞争序列,他们的产品主要针对非并发症疟疾的口服制剂,桂林南药针对重症疟疾治疗的注射用青蒿琥酯Artesun®,让我们在非洲市场初战告捷。"

最初,由于非洲市场对中国产品接受度很低,而且没有可靠的非洲临床数据做支持,当地的医生对这个产品并不信任。2008年,苏莉和她的团队偶然获悉知名国际疟疾科研团队SEQUAMAT的实验团队MORU正在非洲开展一项新的大规模临床试验AQUAMAT,考察注射用青蒿琥酯对非洲儿童重症疟疾的治疗效果,并向桂林南药购买试验用药。苏莉紧急沟通管理层,向AQUA-MAT免费赠送试验药品。

2010年9月,苏莉等到MORU通报试验结果的邮件:"青蒿琥酯的试验结果令人振奋,将会是对重症疟疾治疗方案的彻底变革。"2010年11月6日,著名医学杂志《柳叶刀》刊发第376期封面文章,发表非洲多中心重症疟疾临床试验(AQUAMAT)的试验结果,证实了注射用青蒿琥酯对重症疟疾的疗效。

2010年11月5日,桂林南药收到世卫组织的正式信函,注射用青蒿琥酯通过药品资格预认证,成为首个WHO批准的抗疟药注射剂。2011年4月,世界卫生组织修订《疟疾治疗指南》,注射用青蒿琥酯取代奎宁成为全球范围内儿童和成人的重症疟疾治疗一线治疗药物。

注射用青蒿琥酯,市场需求量很大。"许多疟疾患者严重贫血,需要紧急输血,同时必须迅速进行针对性的抗疟药物治疗。采用传统的奎宁治疗时,需要静脉滴注,很难同时实现以上两个目标。青蒿琥酯可以通过静脉注射给药,随后再慢慢给患者输血。"来自喀麦隆的儿科教授、小儿心脏病学专家大卫·谢洛(David Chelo)表示,Artesun®彻底改变了疟疾治疗方式。

通过专家推荐及加强与当地国家疟疾防治中心的合作,经过年复一年的努力,一些非洲国家开始慢慢把注射用青蒿琥酯列为重症疟疾的治疗用药,开始进入公立市场采购。

2011年底,桂林南药接到公立市场的第一笔采购订单,来自著名人道主义组织无国界医生(MSF),且声明:鉴于注射用青蒿琥酯的临床疗效,MSF今后只采购该药用于重症疟疾患者救治。2012年,WHO向全球疟疾国家强烈推荐注射用青蒿琥酯作为重症疟疾治疗的首选用药,现在90%以上的疟疾流行国家都将注射用青蒿琥酯列为重症疟疾治疗的首选用药。2015年,注射用青蒿琥酯荣登法国独立医学杂志《处方》年度"荣誉榜",成为首个进入该榜单的中国原创药。

现在Artesun®已在全球38个国家注册销售,从2013年开始每年销售都实现双位数增长。2017年,Artesun®销量突破3 000万支,约500万人获得救治。苏莉指出,"在整个青蒿素药品市场中,虽然中国企业的市场份额不到10%,但在5%的重症疟疾注射剂市场,桂林南药是完全独占的,完全打破了由外企垄断的历史。更为重要的是,临床研究表明,注射用青蒿琥酯是安全的,耐受性良好,可用于婴儿和儿童,以及妊娠中期和晚期以及哺乳期的孕妇。"

凭借Artesun®的疗效和口碑,桂林南药目前在全球重症疟疾治疗药物的市场占有率约为90%。Artesun®在非洲地区的广泛推广和使用,帮助非洲疟疾死亡率在2000—2020年间下降了约37.3%。截至2021年年末,桂林南药已累计向国际市场供应超过2.4亿支注射用青蒿琥酯Artesun®,救治了全球超4 800万名重症疟疾患者,成为青蒿素类抗疟药的全球领导品牌。

5.3 属地化营销,携手当地共同抗疟

属地化营销是桂林南药打开非洲市场的关键。① 国内药企传统上多采用代理制,操作简单,缺点是接触不到终端客户,容易受制于代理。但在非洲市场开拓上,由于文化的巨大差异,国内直接派出的销售人员很难打破本地屏障,拿到终端客户。2008年,桂林南药启动青蒿琥酯注射剂的非洲销售,成立科麟医药,开展青蒿琥酯在东南亚和非洲市场的海外销售。进入非洲市场之初,安排国内员工入驻指导,选拔当地员工作为总经理,培养当地团队。

在非洲销售药品,首先必须要在每个国家注册药证。桂林南药当时进入非洲首要做的事就是寻找当地的合作伙伴,通过他们向各国药监机构申请药品注册。通过制定严格标准来筛选合作伙伴,再逐一拜访考察,最终和当地美誉度很高且有合作诚意的专业医药公司签订代理协议,并率先在肯尼亚取得突破。

"2008年,我进入非洲市场的时候,当时的销售额几乎是零,科麟医药国际业务部陈润财表示,"尽管代理商们对注射类重症抗疟产品在非洲市场持乐观态度,但没有人愿意冒险尝试,一开始就遇到了前所未有的困难。"科麟医药加纳分公司总经理王亚锋说:"刚开始,没有捷径可走,我们一个一个地拜访当地医务工作者、介绍我们的产品,可他们还是宁愿选择已经在用的,也不尝试我们

---

① 非洲主要分为英语区(东非和西非部分)、葡语区(莫桑比克、安哥拉等)和法语区(西非部分)。

的。"

长期的接触中,科麟医药团队对非洲当地卫生系统有了更明确的认识:医疗系统不健全,医生不够,物资不足……于是,在推销药品的同时,打通了一条龙服务——诊疗配套、医生培训、产品分发全国的物流、赞助政府培训……同时,在非洲各国建立起专家网络,依靠专家举行专业学术推广会,向政府和医生传递 Artesun® 的安全高效和强有力的临床试验数据,逐渐打开了市场接受度。陆陆续续有国家接受、采购。到现在,非洲几乎所有国家都将 Artesun® 选作重症疟疾第一用药。

科麟医药建立属地化药品注册团队和营销团队,在非洲不断开拓新的市场,通过本地医药代表一对一的医生拜访跟进,最终实现销售。科麟医药在当地招聘了大量具有欧美留学背景、思想开放、学习能力强的非洲精英人才,共同拓展非洲市场。截至 2021 年年末,非洲营销团队有 800 多名一线员工,绝大部分是当地人,均有医学、药学的教育背景,承担着集注册、流通、学术推广及上市后安全警戒等一站式服务支持体系。

在西非,2010 年,公司在加纳成立子公司,负责加纳及周边国家市场的业务;2012 年,在科特迪瓦成立西非子公司,负责西非法语区 17 个国家的业务。在东非,2013 年成立尼日利亚子公司,负责尼日利亚市场的销售;2016 年,公司在坦桑尼亚成立子公司,负责东非英语区国家市场的业务。此外,公司在非洲设有多个办事处,与多个国家药品采购中心及多个国际药品采购代理机构达成长期业务合作。

2017 年,复星医药收购了西非法语区第三大药品分销公司法国 Tridem Pharma,借助其覆盖法语区 21 个国家和地区的各个批发商、经销商和药店的销售网络,导入深度分销模式、完善营销平台,实现了继 2014—2016 年的高速增长之后,在非洲市场的又一次加速扩张。

6. 持续创新引领,从治病到治未病

世界卫生组织在《2020 年世界疟疾报告》中指出,2000—2019 年间,全球疟疾死亡人数稳步下降,从 2000 年的 73.6 万人降至 2019 年的 40.9 万人。2000 年和 2019 年,5 岁以下儿童疟疾死亡总数的百分比分别为 84% 和 67%,反映出青蒿素抗疟药在国际社会推广和使用的重要作用。

6.1　适应非洲市场需求,不断研发升级

非洲整体的医疗条件相对落后,医疗设备和药物严重匮乏,零售药店、药剂师和医生的数量和质量都远远无法满足需求。科麟医药加纳公司市场专员 Cyrus A. Baidoo 回忆:"我始终记得第一次在社区医院拿到包装好的止咳糖浆,医生跟我说,'以后不用再自己拿着空药瓶来取药了'的时候,我有多兴奋!再也不用每次去医院之前先清洗药瓶了!"

汲取了青蒿素早期在国际市场上被专利围堵的教训,桂林南药通过持续创新,不断适应市场需求,强化产品力。桂林南药在提取出青蒿琥酯之后,首先研发和生产片剂。考虑到病人发病期间可能发生抽搐、昏迷等病状,片剂难以服用,于是开始研发注射剂。研发出注射剂之后,考虑到药物的综合性治疗,通过加入新的成分,减少青蒿琥酯的耐受性,同时保持原有治疗效果。在此基础上,进一步研发复方产品。进入非洲市场之后,桂林南药根据客户需求和非洲市场特点,研发出客户可以及时获得、便捷的使用方式,即通过混合氯化钠和碳酸氢钠,与青蒿琥酯粉针形成三联包,方便医生使用。

围绕着疟疾患者特别是儿童患者的需求,在注射用青蒿琥酯系列产品的整个生命周期中,桂林南药始终关注其适用性和安全性的提升。适用性方面,由于世界上 90% 的疟疾患者在经济欠发达的非洲地区,其中 80% 是儿童,公司为此开发了小规格的注射用青蒿琥酯产品。在安全性方面,由于儿童生理结构和成人的差异,桂林南药 2015 年和国际上最好的疟疾临床药理学家合作,对体重 36 千克以下儿童的注射用青蒿琥酯用药剂量做了修订。桂林南药是中国第一个在全球范围内开展上市后药品药物安全性监测的本土制药企业,从 2013 年开始为 Artesun® 等具有自主知识产权的原研药产品建立了完整的药物安全警戒系统。

除了在产品系列上的持续创新,在原料提纯和成本控制上,桂林南药也不断增强竞争力。早期桂林南药一直在内部提取青蒿素,20 世纪 90 年代后期,通过市场化机制将青蒿素的提取交由上游企业完成。早期是采用野生的黄花青蒿提取,后来采用人工种植的黄花青蒿提取。[①] 收回干草提取青蒿素,再合成青蒿琥酯,进行一系列的研制。青蒿素售价较低,每千克合 2 000 多元,种植黄花青蒿每季每亩收益仅有 600 多元,严重挫伤了农民种植黄花青蒿的积极性。一方面,为降低提取成本、提高提取效率,桂林南药开始考虑重新内部提取青蒿素,让利于农民;另一方面,为防止黄花青蒿出现无人种植的风险,公司致力于研发生物合成青蒿素,维持同当前相当的成本。

---

① 青蒿素从植物黄花青蒿中提取,青蒿素含量存在明显的地域差别。北方含量低,大概为 0.5%,南方含量能达到 1%~1.5%。由于成分确定,人工种植的黄花青蒿更有利于青蒿素的提取。

6.2 从治病到治未病,创新研发儿童疟疾用药

疟疾是非洲地区儿童死亡的主要原因之一,非洲撒哈拉及其以南地区生活着约 3 900 万 5 岁以下儿童,每年他们中有 15.2 万人死于疟疾相关疾病,尤其多见于雨季。除疟疾治疗药品,儿童疟疾预防药品也是公立市场采购的重点。

"季节性疟疾化学药物预防"(Seasonal Malaria Chemoprevention,SMC)项目是世界卫生组织自 2012 年开始推行的针对这些儿童开展的疟疾预防方案,该方案通过在疟疾高发季节有计划地安排萨赫勒(Sahel)地区的 2 500 万名 5 岁以下儿童定期服用磺胺多辛乙胺嘧啶和阿莫地喹联合用药,使儿童体内长期维持治疗浓度的有效抗疟药物以预防疟疾。

桂林南药 2012 年即启动了 SMC 药物开发,2013 年推出第一代联合包装的磺胺多辛乙胺嘧啶片和阿莫地喹片(SPAQ-CO),并于 2014 年 10 月通过 WHO PQ。2015 年上市,2017 年就向全球提供了近 7 000 万板,约 1 700 万儿童受益于该药品而免除被疟疾感染的风险。

桂林南药发现在第一代 SPAQ-CO 的市场推广和使用中,低龄儿童,特别是 3~12 个月的幼儿,吞咽整片成人剂型的药片非常困难,父母只能将药片碾碎后喂食患儿,这种服药过程可能引起患儿呛咳、呕吐甚至窒息。

为进一步提升对儿童的适用性,桂林南药开发了稳定性好、包装体积小且适宜儿童服用的疟疾预防药物第二代儿童剂型 SPAQ-CO® Disp(磺胺多辛乙胺嘧啶分散片/阿莫地喹分散片组合包装)。该系列产品 2018 年通过世卫组织药品预认证,并在 11 个实施 SMC 项目的非洲国家全部获得注册。而 SPAQ-CO® Disp 易于儿童服用的分散片剂型提升了儿童的服药依从性和耐受性,为全面推行儿童季节性疟疾化学预防疗法(SMC)提供了可靠的药品供应保证(详见图 8)。

桂林南药通过疟疾伙伴组织(Malaria Consortium)、无国界医生组织(MSF)、联合援助组织(UNITAID)等多个国际性疟疾援助项目向非洲地区供应了 2.5 亿人份的 SPAQ-CO® 系列产品,极大地降低了该地区低龄儿童在疟疾高发的雨季罹患疟疾的可能性,更可将 5 岁以下儿童的疟疾发病率和死亡率有效降低 75%,为近年来该地区儿童疟疾发病率的降低做出了贡献。

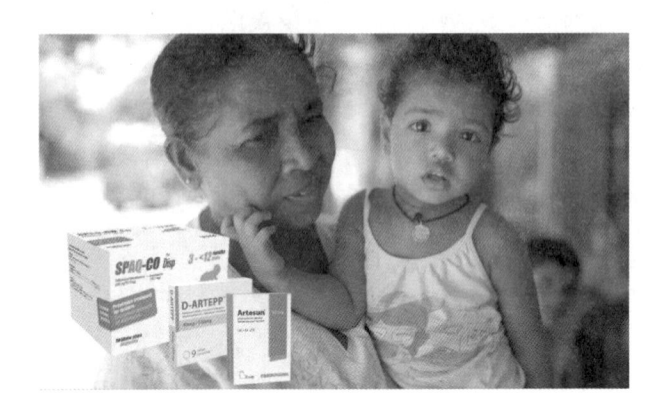

图 8　桂林南药研发生产的儿童疟疾预防用药 SPAQ-CO® Disp[①]

7. 履行社会责任，助力全球加速消除疟疾

抗击疟疾始终是中国对非洲医疗卫生援助的重点项目之一。2006 年以来，桂林南药积极配合中国政府的援非抗疟行动，持续开展各类公益活动和国际科研合作，帮助提升非洲本地的疟疾防治能力，并已连续多年作为全球基金、联合国儿童基金会、世界卫生组织及非洲各国国家药品采购中心的主要抗疟药供应商。

7.1　承办援非培训项目，助力加速全球疟疾控制和消除

自 2006 年首届中非合作论坛以来，桂林南药配合复星医药，共同积极配合中国政府对非医疗卫生援助项目的实施，于 2006 年开始承办国家商务部援外培训项目。截至目前共承办了 11 届发展中国家疟疾防治研修班、6 届发展中国家质量管理研修班以及 4 届发展中国家药品监管领域部长级研讨班，涉及 50 多个国家，过去 15 年完成 167 个援外物资项目（见图 9）[②]。与各国 NMCP（国家疟疾控制组织）建立良好互动，推动注射用青蒿琥酯列入采购预算以及了解资金来源，并且与各国 CMS（药品采购中心）合作推动采购。

桂林南药自 2014 年开始在非洲 14 个疟疾高发国家开展针对社区的"儿童疟疾预防知识科普项目"，和坦桑尼亚国家疟疾防治中心、英国牛津大学合作，拍摄疟疾防治的儿童卡通片和画册，在当地小学发放材料，教育小朋友们如何保护自己，避免感染疟疾（见图 10）。[③] 同时，还积极和当地政府合作开展疟疾义诊、疟疾防治宣传等公益项目。

[①] 图表来源：企业提供。
[②] 图表来源：企业提供。
[③] 图表来源：企业提供。

图 9　2018 年承办"发展中国家药品监管领域部长级研讨班"

图 10　桂林南药在非洲社区推广疟疾预防卡通宣传片

7.2　授人以渔,开展援非抗疟学术活动

"授人以鱼,不如授人以渔",桂林南药创新性地开展援非抗疟学术活动。自 2014 年开始,桂林南药携手疟疾防治领域全球顶级专家,建立专家资源库,开展"eCME 多媒体在线医学培训"项目,通过视频会议等基于互联网的多媒体互动形式为非洲地区医务人员提供一个在线学术平台,帮助其了解前沿医学进展,提升业务水平的同时有机会与国际顶级专家面对面交流,促进非洲当地医疗进步。自 2014 年以来,已成功举办 12 场 eCME 活动,覆盖肯尼亚、坦桑尼

亚、乌干达、马拉维、赞比亚、加纳、科特迪瓦和布基纳法索等近 10 个非洲国家或地区(见图 11)。[①]

图 11　eCME 多媒体在线医学培训

图 12　作为主要赞助商参与第 7 届非洲疟疾大会

7.3　中坦疟疾防控合作项目试点取得丰硕成果

自 2015 年以来,在中英全球卫生项目的支持下,桂林南药参与了中国和坦

[①] 图表来源:企业提供。

桑尼亚联合开展了疟疾防控试点项目(见图12)①。2019年7月25日,桂林南药作为中国医药企业代表随中国卫生代表团前往中坦疟疾示范项目Rufiji现场考察,探讨中坦卫生合作交流,并向"中坦疟疾防控合作项目"捐赠价值50万元的口服青蒿素制剂D-ARTEPP®(双氢青蒿素磷酸哌喹片)。未来,桂林南药将继续支持中国科研机构在非洲开展的疟疾防控合作项目,并携手全球更多专业和创新力量助力非洲早日消灭疟疾。

8.尾声:为共建无疟疾世界持续贡献力量

截至2022年1月,桂林南药通过WHO-PQ的抗疟系列产品总数已增至30个,其中包括26个制剂产品和4个原料药产品,抗疟药产品覆盖疟疾预防、治疗和危重患者救治,是全球通过该认证抗疟药品数量最多的抗疟药生产企业,也是注射用青蒿琥酯国际采购项目全球唯一的供应商。在公立市场中,桂林南药的青蒿琥酯系列药品在重症疟疾中市场占有率全球第一,超过90%的市场占有率。

桂林南药始终坚持创新研发,并将助力全球抗击和消灭疟疾视为企业重要的社会责任,为实现世界卫生组织2016—2030年全球控制和消除疟疾的战略目标贡献力量。当前,正在积极响应国际社会"Made in Africa, Use in Africa"(非洲制造,用于非洲)的倡议,于2020年正式启动非洲建厂项目,希望通过药品在非洲的本地化生产,在保障药品供应、确保药品质量的同时尽可能降低药品价格,让当地人民用上可负担的优质药品,为共建无疟疾世界贡献力量。未来,桂林南药还会建立医药物流配送中心,通过高效的物流配送把运输成本降下来,不仅使患者获得了质优价廉的药品,还使药品获得的过程变得更加便捷。

当前一个困扰桂林南药的问题是,公司两大主营产品都是针对疟疾。与疟疾相关的产品占90%,其中,青蒿系列产品占利润总额的50%,预防性的非青蒿素类产品有18个,占利润总额的30%~40%。随着世界范围内疟疾防治的不断努力,市场在不断缩小。另一个困扰是来自印度仿制药的威胁。虽然目前在疟疾这一细分市场,桂林南药仍保持着在全球市场的绝对优势。但由于印度仿制药的产业化和规模化,在成本和技术上已经对桂林南药造成了相当的威胁。

正如复星国际董事长郭广昌所言:"坚持做对的事,做难的事,做需要时间积累的事。"桂林南药的非洲之旅未来应如何继续,是每一位南药人所挂怀的。

---

① 图表来源:企业提供。

第二节 案例教学定位

一、适用课程

本案例适用于《跨国公司经营与管理》或《国际商务管理》课程中的"跨国公司经营战略"相关的章节内容。

二、适用对象

本案例适用于工商管理硕士(MBA)学员、高级工商管理硕士(EMBA)学员、全日制研究生以及高管人员培训,也可用于工商管理专业高年级本科生。

三、教学目的

通过对案例正文的阅读,学员了解桂林南药如何从无到有、持续创新,自主研发出适应疟疾重症的青蒿琥酯产品,通过世卫组织药品预认证进入公立市场,打入非洲市场,为全球控制和消除疟疾的战略目标持续贡献力量的国际化发展历程;同时让学员了解青蒿素类抗疟药品的行业格局与市场特征、世界卫生组织药品预认证机制以及药品公立市场。在此基础上,通过桂林南药国际化发展历程的分析,引导学员应用 Uppsala 模型、差异化战略、文化距离、企业社会责任等理论与方法分析桂林南药的国际化经营战略。在此过程中,训练学生的信息归纳与分析能力、理论应用于实践能力和创造性解决实际问题能力。具体而言,本案例的教学目标包括以下三个层次(如表 5-1 所示)。

表 5-1 案例教学目的

教学目标	具体内容
学习的理论知识点	1. Uppsala 国际化模型
	2. 差异化战略
	3. 本土化战略
	4. 市场知识和心理距离
掌握的工具与方法	1. 国际化的渐进模型
	2. 海外市场进入模式
	3. 新建和并购的选择

续表

教学目标	具体内容
学生能力提升点	1. 信息归纳与分析能力：快速完整地捕捉案例中关于青蒿琥酯类抗疟药产品国际化的案例信息，并根据启发思考题对信息进行筛选、提炼、归纳与分析的能力
	2. 理论应用于实践能力：结合跨国公司经营战略的相关知识和方法，将理论运用于实践来分析桂林南药国际化发展的能力
	3. 创造性解决实际问题能力：针对桂林南药未来发展面临的问题，提出创造性的解决方案的能力

第三节 案例教学框架设计

一、启发思考题设计

(1)根据案例信息，请描述一下桂林南药国际化经营的阶段及特征。
(2)你认为推动桂林南药不断深化在非洲国际化经营的因素是什么。
(3)为什么桂林南药以治疗重症的注射剂产品为进入非洲市场的主打产品？
(4)为什么说属地化营销是桂林南药突破非洲市场的关键？
(5)你认为桂林南药在非洲市场未来的国际化经营之路应如何发展？

二、案例教学思路设计

教师可以根据自己的教学目的全部或有侧重的使用本案例。本部分给出案例的指导性分析思路(如图5-1所示)，供教学时参考。

整体上本着由表及里、由浅入深、循序渐进的分析原则展开。首先，教师可以引导学生了解疟疾、屠呦呦获得诺贝尔奖、青蒿素与青蒿琥酯的关系、公立市场、中国的援非抗疟等，熟悉案例材料，提高学习兴趣，帮助其了解行业、地区和企业特征，并迅速进入案例分析情境。然后在此基础上，引导学生对企业国际化经营的阶段、企业海外市场的进入模式、市场知识、心理距离、差异化战略、本土化战略等理论知识点进行学习和探讨。在每个知识点学习过程中，老师可以沿着学生发言、知识点引入、深入分析的步骤，循序渐进地导入知识点，保持学生的参与热情和学习兴趣。在此过程中，培养学生对于企业国际化经营的阶段性特征、市场知识学习与心理距离缩短、差异化战略、本土化战略等理论方法的实践应用能力。最后，引导学生以案例信息为基础，应用企业国际化经营的阶段理论、海外市场进入模式选择、本土化战略等理论与方法,针对当前桂林南药非洲市场国际化发展所面临的问题与未来发展方向展开开放式讨论,可以采用分组的形式,从自建企业、海外并购两个发展方向展开分组讨论,并提出具体的实施方案。在此过程中,培养学生创造性解决实际问题的能力。

案例章节	启发思考题	理论知识点	掌握要点
3.3 借船出海,最初的国际化 4 坚持不懈,认证路终成正果 5 关注重症,属地化营销建功 6 持续创新,从治病到治未病	1. 根据案例信息,请描述一下桂林南药国际化经营的阶段及特征	企业国际化经营的阶段模型 企业海外市场进入模式	Uppsala企业国际化阶段模型 贸易型、契约型、投资型海外市场进入模式
4 坚持不懈,认证路终成正果 5 关注重症,属地化营销建功 6 持续创新,从治病到治未病 7 履行社会责任	2. 你认为深化桂林南药不断深化在非洲国际化经营的因素是什么	企业国际化经营的学习模型	市场知识的企业国际化经营学习模型、心理距离的缩短、企业海外市场进入模式的影响因素
4 坚持不懈,认证路终成正果 5 关注重症,属地化营销建功	3. 为什么桂林南药以治疗疟疾重症的注射剂产品为进入非洲市场的主打产品	差异化战略	差异化战略的途径、适用条件、企业资源能力支持、收益与风险
5 关注重症,属地化营销建功 6 持续创新,从治病到治未病 7 履行社会责任	4. 为什么说属地化营销是桂林南药突破非洲市场的关键	本土化战略	本土化的核心、本土化的实质,营销本土化、产品本土化、人员本土化、研发与制造本土化
8 尾声:为共建无疟疾世界持续贡献力量	5. 桂林南药未来在非洲市场的国际化经营之路应如何发展	企业国际化经营的阶段模型 跨国直接投资模式	绿地投资、跨国并购、独资公司、合资公司各自的优缺点与适用条件

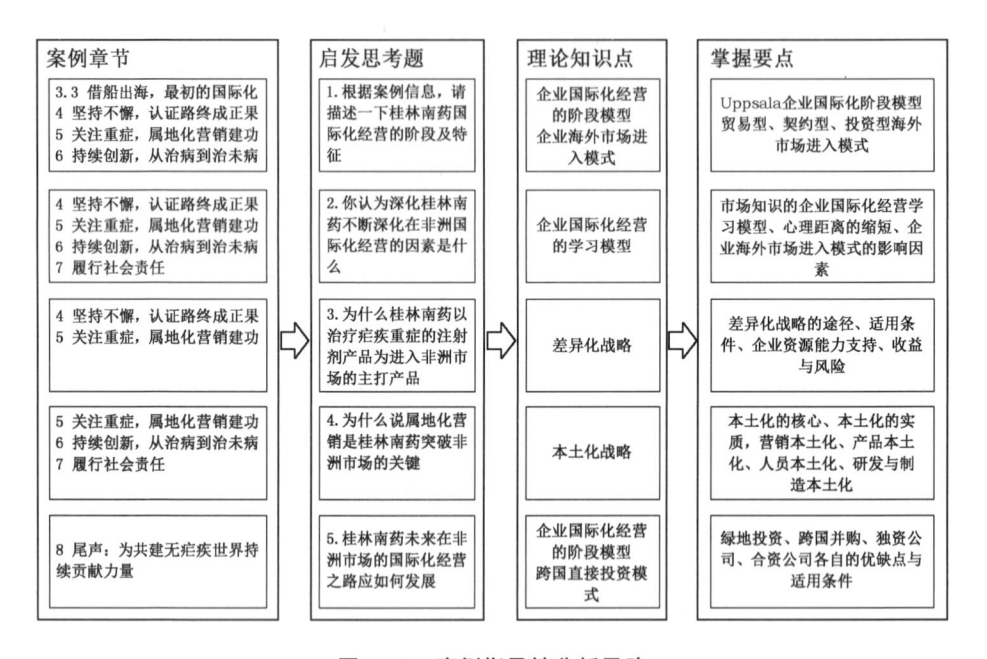

图 5—1 案例指导性分析思路

步骤1:案例分析导入。老师可以首先向学生提问:你知道屠呦呦因为什么获得诺贝尔奖的吗?你觉得为什么目前医药行业我国还没有一家世界级的医药企业呢?如果你有机会去海外工作,你会做何考虑?学生可以通过结合案例资料、自己查阅的资料以及自身的感受来回答这些问题。这几个问题是课堂讨论的"导入"问题,目的是让学生初步了解医药行业的特点、桂林南药青蒿琥酯系列产品开发的不易、国际抗疟药市场格局与特征、我国医药企业进入国际市场面临的困难和挑战、非洲的市场特点等,增加学生参与讨论的兴趣,激发民族自豪感,快速建立案例分析情境。

步骤2:引导讨论桂林南药国际化经营的阶段及特征。该步骤主要引导学员,在整体阅读案例材料的基础上,应用Uppsala企业国际化经营的阶段理论以及企业海外市场进入模式进行分析。根据案例信息,应用Uppsala企业国际化经营阶段理论,可以发现桂林南药的国际化经营目前经历了零星的出口、代理出口和建立海外销售机构三个主要阶段。

步骤3:追加讨论推动桂林南药国际化经营不断深化的因素是什么。该步骤主要介绍北欧学派,将企业国际化经营看作一个学习的过程,讲解企业国际化经营中的市场知识、心理距离,以及企业海外市场进入模式选择的影响因素。引导学员讨论发现推动桂林南药国际化经营不断深化发展的因素包括:市场知识的不断积累、心理距离的不断缩小以及环境和企业自身国际化经验的不断丰富。

步骤4:引导学员关注青蒿琥酯注射剂产品,抛出为什么桂林南药以治疗重症的注射剂产品为进入非洲市场的主打产品这一问题。通过案例中决策者的回忆引出对竞争战略的差异化战略的探讨。桂林南药在进入非洲市场时,以治疗重症疟疾的注射类产品为重点,反映了桂林南药的差异化战略。主要是从竞争环境、企业自身资源优势与在非洲市场采取差异化战略的优势三方面考虑。

步骤5:通过复星医药副总裁苏莉的观点,引导学员讨论为什么说属地化营销是桂林南药突破非洲市场的关键。主要用本土化战略说明桂林南药采取了哪些本土化措施突破非洲市场。桂林南药成功实现在非洲市场的国际化经营,除了属地化营销,其在产品、人力资源等方面的本土化也是其成功的关键,同时未来也应当继续实施本土化战略,在研发、生产等方面进一步深化本土化战略。

步骤6:随着全世界范围内消除疟疾工作的进展,非洲疟疾药品市场在缩小,同时印度仿制药在质量上的提升和价格上的优势也给桂林南药带来了经营压力。引导学员讨论桂林南药在非洲市场未来的国际化经营之路应如何发展。教师需要引导学员的讨论方向,是跨国公司对外直接投资的形式选择,综合应用企业国际化经营的阶段、跨国公司市场进入模式以及对外直接投资理论。可以采用分组的形式,从自建企业、海外并购两个发展方向展开分组讨论,并提出具体的实施方案。

三、案例教学的关键要点

在案例研讨中,教师需注意学生的知识储备情况,部分基础知识和必要信息应先行讲授。案例的关键点包括:

(1)案例阅读的关键点。青蒿素的发现与青蒿琥酯的发明;抗疟药的公立市场,市场结构与主要竞争者;桂林南药通过世卫组织的药品预认证历程;桂林南药青蒿琥酯系列产品的研发;桂林南药进入非洲市场的属地化营销;桂林南药适应非洲市场的产品创新;桂林南药参与的公益活动;疟疾市场的缩小与印度仿制药企的竞争压力。

(2)案例分析的关键知识点。企业国际化经营的阶段模型、企业海外市场进入的模式及影响因素、企业国际化经营发展的学习模型、差异化战略、本土化战略、对外直接投资。

(3)实践能力训练的关键点。信息归纳与分析能力、理论应用于实践能力、创造性解决实际问题能力。

第四节 案例教学的理论讲授与分析应用

一、启发思考题1：根据案例信息，请描述一下桂林南药国际化经营的阶段及特征。

(一)理论依据

1. 企业国际化经营的阶段理论——乌普萨拉模型(The Uppsala Model)

乌普萨拉模型是瑞典乌普拉萨(Uppsala University)大学的约翰森(Johanson)等人在分析瑞典企业国际化过程的基础上提出的渐进式企业国际化理论，其理论基础是企业行为理论，认为企业的国际化经营是一个学习和发展过程，是一个企业系列递进决策的结果，表现为企业对国际市场逐渐提高承诺的连续不断的形式。

Uppsala模型认为随着市场知识的积累，企业会逐步加深在国外市场的参与程度。一般而言，企业国际化经营活动会经历如下几个阶段：偶然的出口、代理出口、建立海外销售机构、海外直接生产。在此基础上，模型认为具备充分知识资源的企业可以采取更大的国际化步骤；同时，当市场稳定和均衡时，相关市场知识可从其他路径获得而不是完全依靠经验；此外，一个公司从相似市场上获得的经验能够推广到任何特定市场上。

2. 企业海外市场进入模式

一般而言，企业海外市场进入模式包括贸易型市场进入模式、契约型市场进入模式、投资型市场进入模式。

(1)贸易型市场进入模式。也称出口市场进入模式(Export Entry Modes)，是指将产品在目标国境外制造完成，然后再销往目标国境内。在企业缺乏必要的商业经验、克服市场风险和政治风险的经验时适用，是最简单、最传统和最直接的国外市场进入方式。又可以分为间接出口与直接出口。直接出口与间接出口的根本区别是生产厂商不同程度地直接参与出口产品的国际营销活动。

(2)契约型市场进入模式。也称合同进入模式(Contractual Entry Modes)，是指企业通过与目标国的法人实体签订长期的非权益性合同，通过无形资产转让合作合同而进入目标国。可转让的无形资产包括各种工业产权(如专利、商标、秘诀、管理技能等)和版权。契约型市场进入可分为授权经营模式,服务合同模式,建设与生产合同模式。

(3)投资型市场进入模式。投资型市场进入模式(Investment Entry Modes)是指通过直接投资进入目标国,企业将资本连同管理技术、销售、财务以及其他技术转移到目标国,建立受本企业控制的分公司或子公司的市场进入模式。投资型市场进入一般有新建和并购两种方式。新建是指在目标国建立新企业或新工厂,形成新的经营单位或新的生产能力;收购则是对目标国现有企业进行收购或参股来进入。从股权结构上,又可分为独资企业和和合资企业。

(二)案例分析

该启发思考题主要应用 Uppsala 企业国际化经营的阶段理论以及企业海外市场进入模式进行分析。根据案例信息,应用 Uppsala 企业国际化经营阶段理论,可以发现桂林南药的国际化经营目前经历了零星的出口、代理出口和建立海外销售机构三个主要阶段。

在最初,是在缺乏市场信息和渠道的情况下,开展的偶然的出口活动。1988年,桂林南药与法国制药公司赛诺菲开展合作,为其供应青蒿琥酯单片剂和青蒿琥酯原料。桂林南药向赛诺菲供应大包装的青蒿琥酯片成品,运往赛诺菲的摩洛哥工厂分装和外包装,以赛诺菲的品牌 Asumax 销往非洲市场。这属于国际化早期阶段,是在对市场信息和渠道信息了解较少的情况下采取的国际化经营方式,在这一阶段桂林南药并没有直接接触非洲市场,属于间接出口的贸易型市场进入模式。

随后,在取得世卫组织药品预认证后,桂林南药进入公立市场,采用寻找本地代理商的方式开展国际化影响。2005年桂林南药获得 PQ 认证,具备了进入公立市场的资格,并在次年列入 WHO 首版《疟疾治疗指南》,自主研发、具有自主知识产权和独立品牌的青蒿素类注射剂 Artesun®,也于 2010 年通过了 PQ 认证。在非洲销售药品,首先必须在每个国家进行药证注册。桂林南药进入非洲首要做的事就是寻找当地的合作伙伴,通过他们向各国药监机构申请药品注册。即通过制定严格标准来筛选合作伙伴,再逐一拜访考察,最终和当地美誉度很高且有合作诚意的专业医药公司签订代理协议。公司在非洲设有多个办事处,与多个国家药品采购中心及多个国际药品采购代理机构达成长期业务合作。在这一阶段,桂林南药具有了海外经营的资格,开始直接进入非洲市场,市场信息逐渐丰富、联系渠道逐渐建立,这种方式属于契约型市场进入模式。

随着对于非洲市场的熟悉、了解的不断加深、渠道的不断建立,桂林南药开始采用建立销售子公司的形式在非洲开展国际化经营。2008年,桂林南药启动青蒿琥酯注射剂的非洲销售,成立了科麟医药,开展青蒿琥酯在东南亚和非洲市场的海外销售。在西非,2010年,公司在加纳成立子公司,负责加纳及周边国家市场的业务;2012年,在科特迪瓦成立西非子公司,负责西非法语区17个国家的业务。在东非,2013年成立尼日利亚子公司,负责尼日利亚市场的销售;2016年,在坦桑尼亚成立子公司,负责东非英语区国家市场的业务。在这一阶段,非洲市场需求不断增加、业务不断扩大,桂林南药根据非洲市场的特征不断设立产品销售子公司,实现了对于区域市场的覆盖加深,这属于建立海外销售公司的投资型市场进入模式。

二、启发思考题2:你认为推动桂林南药不断深化在非洲国际化经营的因素是什么。

(一)理论依据

1. 企业国际化经营发展的驱动因素

"心理距离"和"市场知识"是推动企业国际化经营发展的主要因素。心理距离是指阻碍市场信息流动的因素的总和,如在语言、教育、商业惯例、文化和工业发展上的差异,会影响企业国际化经营决策和对外直接投资模式的选择。

企业掌握的市场知识会直接影响其对海外市场机会和风险的识别与评估,影响其国际化经营决策。市场知识分为客观知识和经验知识两部分,其中,客观知识是可通过外部知识源学习到的一般性或通用性知识;经验知识是指只能通过自身实践积累的具体或专有的市场知识和经验。

2. 企业海外市场进入模式选择的影响因素

企业海外市场进入模式的选择主要受以下三方面因素的影响:环境因素、企业内部因素、进入方式特征因素。企业选择不同的海外市场进入模式主要受目标国环境、母国环境、企业自身资源、技术、能力等不同因素的影响。

(1)环境因素。第一,是目标国家或地区的市场因素,包括目标国家或地区现在的和潜在的市场容量、目标国家或地区的市场竞争结构、目标市场营销基础机构的质量与可利用状况;第二,是目标国家或地区的生产因素;第三,是目标国家或地区的间接环境因素;第四,是东道国环境,主要指国内市场容量与竞争态势、生产要素与成本状况,以及政府外向经济政策导向、其他管制等;第五,是母国与东道国的社会文化差异等。

(2)企业内部因素。包括产品因素和资源投入因素。其中,产品因素对企业海外市场进入方式的影响主要表现在：产品要素密集度、产品的差别性、产品技术含量与产品年龄、产品地位、产品的服务性、产品的适应性、企业的国际化经验等方面。而资源投入因素是指企业在管理、资本、技术、工艺和营销等方面的资源越充裕，企业在进入方式选择上的余地就越大。反之，资源有限的企业只能采取需要较小投入的进入方式。

（3）进入方式特征因素。进入方式的基本特征包括进入深度、海外投入规模、灵活性、风险性、可控程度、市场份额等。一般着重考察以下四个特征：进入深度、海外投入、灵活性、风险性。

（二）案例分析

该启发思考题主要应用北欧学派的理论观点，将企业国际化经营看作一个学习的过程，并应用企业国际化经营中的市场知识、心理距离以及企业海外市场进入模式选择的影响因素等理论分析。根据案例信息，可以发现推动桂林南药国际化经营不断深化发展的因素包括市场知识的不断积累、心理距离的不断缩小以及环境和企业自身国际化经验的不断丰富。

桂林南药进入非洲市场的国际化经营过程是一个学习的过程。首先，桂林南药在决定进入非洲公立市场时，首先集中力量取得了世卫组织的预认证，通过专家推荐及加强与当地国家疟疾防治中心的合作，逐渐吸引一些非洲国家把注射用青蒿琥酯列为重症疟疾的治疗用药，进入公立市场采购，这些举措都是在做初始的资源投资，通过这种投资来获取当地的市场知识——关于顾客、竞争者和政府管制。

其次，在获得以上市场知识的基础上，桂林南药能够评估在非洲市场的经营活动、市场投资的范围以及增加投资可以带来的机会。比如，进入非洲市场之后，桂林南药根据客户需求和非洲市场特点，研发出客户可以及时获得、便捷的使用方式，即通过混合氯化钠和碳酸氢钠，与青蒿琥酯形成三联方，方便医生、病人的使用。围绕着疟疾患者特别是儿童患者的需求，桂林南药开发了小规格的注射用青蒿琥酯产品。桂林南药是中国第一个在全球范围内开展上市后药品药物安全性监测的本土制药企业，从2013年开始为Artesun®等具有自主知识产权的原研药产品建立了完整的药物安全警戒系统。这些都是桂林南药通过积累市场知识进行投资决策和经营活动的结果。

在此基础上，桂林南药开展了一系列的资源投资，包括建立本地化的营销团队、并购当地分销商，进一步开发非洲的市场知识。比如科麟医药建立属地化药品注册团队和营销团队，在非洲不断开拓新的市场，通过本地医药代表一对一的医生拜访跟进，最终实现销售。2017年，桂林南药收购了西非法语区第三大药品分销公司(法国的 Tridem Pharma),借助其覆盖法语区 21 个国家和地区的各个批发商、经销商和药店的销售网络,导入深度分销模式、完善营销平台。

此外,桂林南药通过积极参与中国政府和世界卫生组织的援非抗疟活动,以及属地化经营活动,不断缩小与非洲市场的心理距离。如自 2006 年首届中非合作论坛以来,桂林南药始终积极配合中国政府对非医疗卫生援助项目的实施,于 2006 年开始承办国家商务部援外培训项目。自 2014 年开始在非洲 14 个疟疾高发国家开展针对社区的"儿童疟疾预防知识科普项目"。自 2014 年开始,桂林南药携手疟疾防治领域全球顶级专家,建立专家资源库,开展"eCME 多媒体在线医学培训"项目。

通过上述步骤,在经历了多次投资的循环后,桂林南药逐渐形成了适合非洲市场的能力和知识,在非洲市场的国际化经营活动不断加深桂林南药的市场知识,使之成为认识和理解非洲市场机会的新基础,从而推动自身国际化经营不断深化,资源投入不断加强,市场进入模式不断发展。

三、启发思考题 3：为什么桂林南药以治疗重症的注射剂产品为进入非洲市场的主打产品？

(一)理论依据

差异化战略是由美国哈佛商学院著名的战略管理学家迈克尔·波特提出的,该战略是三种基本竞争战略之一(其余两个为成本领先战略和集中化战略)。差异化战略是指为使企业产品与竞争对手产品有明显的区别,形成与众不同的特点而采取的一种战略。这种战略的核心是取得某种对顾客有价值的独特性。企业要突出自己产品与竞争对手之间的差异性。差异化战略的实施主要包括产品差异化、服务差异化、人员差异化、形象差异化四种基本途径。

1.差异化战略适用的市场条件
(1)能够创造与竞争对手产品间的差异,且这种差异被顾客认为是有价值的。
(2)顾客需求是有差异的。
(3)能够采用类似差异化途径的竞争对手很少。
(4)市场竞争主要集中在不断推出新的产品特色。
2. 差异化战略适用的内部条件
(1)具有很强的研究开发能力。
(2)企业具有以其产品质量或技术领先的声望。
(3)企业在行业内有悠久的历史或吸取其他企业的技能并自成一体。

(4)很强的市场营销能力。

(5)研发、产品以及市场营销等职能部门间具有很强的协调性。

(6)企业具备能吸引高级研究人员、创造性人才和高技能职员的物质设施。

(7)各种销售渠道强有力的合作。

(二)案例分析

该启发思考题主要考察差异化战略的实施条件与优势。桂林南药在进入非洲市场时,以治疗重症疟疾的注射类产品为重点,反映了桂林南药的差异化战略。主要是从竞争环境、企业自身资源优势与在非洲市场采取差异化战略的优势三方面考虑。

从竞争环境上看,治疗一般性非并发症疟疾的片剂产品市场竞争激烈,瑞士诺华,法国赛诺菲,以及印度的 Ajanta、Cipla、Ipca Laboratories 等公司占据了 90% 以上的公立市场,他们的产品主要是针对非并发症疟疾的口服制剂。世卫组织采用新的可负担抗疟药采购机制(AMFm)后,对青蒿素类抗疟药品进行了限价,使得片剂市场不仅竞争激烈,价格和利润也非常受限。

从企业自身资源优势来看,桂林南药生产的治疗重症疟疾的注射剂产品,是首个也是目前唯一一个获 WHO 批准的抗疟药注射剂。2012 年,WHO 向全球疟疾国家强烈推荐注射用青蒿琥酯作为重症疟疾治疗的首选用药。这些都是桂林南药在治疗重症疟疾的注射剂产品市场上独特的技术能力与竞争优势。选择注射类产品市场,可以避开在片剂市场的激烈竞争,建立起差异化的品牌与产品优势。

从桂林南药在非洲采取差异化战略的优势来看,桂林南药通过注射用青蒿琥酯产品在非洲重症疟疾救治市场建立起差异化的竞争优势。首先,建立起非洲市场对桂林南药品牌的忠诚度,通过一系列的世卫背书、专家推荐以及医生推介,使得注射剂产品处于蓝海市场,暂时不会出现替代品的竞争;其次,通过技术优势形成了强有力的进入障碍,在重症疟疾市场占据领先地位,避免了同诺华、赛诺菲以及印度仿制药企的红海竞争;再次,由于在市场上具有一定的议价能力,这提高了注射剂产品的利润水平,能够补贴给青蒿素生产环节,促进了整个产业链的良性发展。

四、启发思考题 4:为什么说属地化营销是桂林南药突破非洲市场的关键?

(一)理论依据

本土化战略是指公司的海外子公司在东道国从事生产和经营活动中,为迅速适应东道国的经济、文化、政治环境,淡化企业的母国色彩,在人员、资金、产品零部件的来源、技术开发等方面都实施当地化策略,使其成为地道的当地公司。

本土化的核心在于其是一个过程而不是一个目的,企业一切经营活动以消费者为核心,而不是以商家的喜好、习惯为准绳,企业规范必须随地区性变化引起的顾客变化而改变。

本土化的过程是跨国公司将生产、营销、管理、人事等全方位融入东道国经济中的过程,企业一般通过全面的调查,在了解本土的实际经济、文化、生活习俗等情况后再进行一系列的融入性调整。这样一方面有利于外来跨国公司生产出来的产品能更好地满足本土消费者的需要,另一方面节省了国外企业海外派遣人员和跨国经营的高昂费用,能与当地社会文化充分融合,减少当地社会对外来资本的敌对情绪,有利于东道国经济安全、增加就业机会、管理变革、加速与国际接轨。

实施本土化的最根本影响因素是国家之间的差异性,主要包括购买行为特征差异、社会经济差异、营销基础设施差异、竞争环境差异四个方面。

(二)案例分析

该启发思考题主要说明本土化战略是桂林南药突破非洲市场的关键。桂林南药成功实现在非洲市场的国际化经营,除了属地化营销,其在产品、人力资源等方面的本土化也是其成功的关键。未来也应当继续本土化战略,在研发、生产等方面进一步深化本土化战略。

首先,是营销本土化。一般而言,企业跨国经营最大的困扰是没有自己的营销渠道。国内药企传统上多采用代理制,操作简单,缺点是接触不到终端客户,容易受制于代理商。但在非洲市场开拓上,文化的巨大差异使得国内直接派出的销售人员很难打破本地屏障,拿到终端客户。2008年,桂林南药启动青蒿琥酯注射剂的非洲销售,成立科麟医药,开展青蒿琥酯在东南亚和非洲市场的海外销售。

其次,是产品的本土化。桂林南药根据客户需求和非洲市场特点,研发出客户可以及时获得、便捷的使用方式,即通过混合氯化钠和碳酸氢钠,与青蒿琥酯形成三联方,方便医生、病人使用。疟疾是非洲地区儿童死亡的主要原因之一,为进一步提升对儿童的适用性,桂林南药开发了稳定性好、包装体积小且适宜儿童服用的疟疾预防药物第二代儿童剂型 SPAQ-CO® Disp,易于儿童服用的分散片剂型提升了儿童的服药依从性和耐受性,为全面推行儿童季节性疟疾化学预防疗法(SMC)提供了可靠的药品供应保证。

再次,是人力资源的本土化。桂林南药在非洲市场的本土化,必然需要一批熟悉当地政治、经济、文化、法律、风土人情的人才,使公司的各种行为符合所在国国情,加强公众的认同感,提高企业影响力和产品的竞争力,更好地"入乡随俗",以保证公司运行平稳。科麟医药建立属地化药品注册团队和营销团队,在非洲不断开拓新的市场,通过本地医药代表一对一的医生拜访跟进,最终实现销售。科麟医药在当地招聘了大量具有欧美留学背景、思想开放、学习能力强的非洲精英人才,共同拓展非洲市场。截至2021年年末,非洲营销团队有800多名一线员工,绝大部分是当地人,均有医学、药学的教育背景,承担着集注册、流通、学术推广及上市后安全警戒等一站式服务支持工作。

此外,未来桂林南药应当继续坚持本土化战略,开展研发和生产方面的本土化。除了分散在非洲各地的销售公司,还应当建立研发中心,吸纳非洲优秀人才和技术,进一步建立生产基地,创造本地就业,减低产品成本、增强认同感。

五、启发思考题 5:你认为桂林南药在非洲市场未来的国际化经营之路应如何发展。

(一)理论依据

绿地投资(Greenfield Investment)是指跨国公司等投资主体在东道国境内依照东道国的法律设立的部分或全部资产所有权归投资者所有的企业。

跨国并购(Cross-border M&As)包括跨国兼并和跨国收购两种。其中,跨国兼并是指原来两个不同国家企业的资产和经营结合成一个新的法人实体。跨国收购是指东道国当地企业资产和经营的控制权从当地企业转移到外国企业。两者的区别在于,前者至少有一方的法律实体地位不复存在,后者则都保持原法律实体地位(见表5-2)。

表5-2　　　　　　　　绿地投资与跨国并购的优缺点比较

模式	优点	缺点
绿地投资	没有旧企业遗留问题	投资大,建设时间长
	没有资产高估风险	市场不确定性大
	技术不易泄漏	
跨国并购	可以迅速切入目标市场	信息不对称导致过高的代价
	获取自然资源	整合困难
	获取创造性资产	失败率较高
	减少竞争/增强核心竞争力	
	某些情况下,可以实现低成本的并购	

(二)案例分析

该启发思考题主要考察的是跨国公司对外直接投资的形式选择,是在对案例整体信息与相关理论学习与应用基础上的综合性问题。在分析该启发思考题时,需综合应用企业国际化经营的阶段、跨国公司市场进入模式以及对外直接投资理论。在分析中,可以沿着如下步骤循序深入。

第一,应用企业国际化经营的阶段理论,回顾桂林南药国际化经营经历的发展阶段。通过对比 Uppsala 企业国际化发展模型,发现桂林南药未来的国际化发展已经进入设立生产子公司或直接投资的阶段。因而,从理论上,明确桂林南药未来在非洲国际化经营的发展趋势。

第二,应用跨国公司市场进入模式及其影响因素理论,识别出桂林南药在非洲的发展应当选择投资型市场进入模式。通过直接投资进入,将资本连同管理技术、销售、财务以及其他技术转移到非洲当地,建立受本企业控制的分公司或子公司的市场进入模式。

第三,应用跨国直接投资理论,分析新建和并购两种方式各自的优缺点和适用性。从股权结构上,又可分为独资企业和合资企业。

对于新建企业,一般来说,企业在当地已经有一些客户,这些客户需要企业提供售前和售后服务;企业想控制产品的销售、广告宣传以及版权和专利权等;企业向雇用本国移民或当地职员来建立办事机构。主要缺点是在当地建立公司的费用较高(如法律方面的费用等),当地劳动法的限制,当地缺少先进基础设施,等等。

对于并购企业,主要优点是一开始就具有现成的市场销售渠道,已经具有一定的声誉,可以在目前有利条件下开发新产品,迅速打入当地市场。主要缺点是寻找和评估兼并对象十分困难,有时在目标国家并不存在好的兼并对象,即使有,也因保密、不同的会计准则、虚假或靠不住的财务记录以及其他隐藏的问题,给客观评估兼并对象造成困难。

如果选择并购投资,必须解决以下几个关键的问题:

(1)搜集关于并购公司资金方面的信息。
(2)需要调查该公司的客户及销售情况。
(3)需要考虑该公司是否适合桂林南药的管理风格。
(4)如果并购失败,将损失多少金钱和精力?

第五节 案例教学的课堂设计

本案例可以作为专门的案例讨论课来进行，也可以根据授课内容调整作为讲解案例。可按照如下的安排分析和讨论，供授课教师参考使用。案例授课班级人数控制在 40 人左右为宜，分为 6~8 个小组，每组 5~7 人为宜。

一、时间安排

整个案例的讨论时间控制在两个课时，90 分钟为宜。课堂安排如表 5-3 所示。

表 5-3　　　　　　　　　　课堂教学时间安排

步骤	内容	教学活动	时间安排
1	课前准备	①提前给学生布置国际化经营的相关知识点的学习；②提前一周将案例正文发给所有学生，请学生以个人为单位在课前完成案例阅读、查阅资料；③根据班级人数提前将学生进行分组，指定组长，要求组长组织组员根据启发思考题的引导，以小组为单位，进行案例的初步思考和讨论	提前一周
2	课堂导入	①主题导入：教师介绍案例研讨与理论学习目标，并对课前预习的知识点进行提问	10 分钟
		②案例回顾：通过提问引导学生进行案例内容回顾，通过回顾，带领学生集体讨论，并穿插知识点的讲授	15 分钟
3	案例研讨	小组讨论：根据启发思考题内容，组长组织在小组内开展研讨，形成共识	24 分钟
4		组间讨论：小组间就启发思考题内容及研讨进行交流	15 分钟
5		班级讨论：教师通过提问对各小组的观点进行梳理，通过点评引导全班讨论，并结合知识点进行归纳总结，注意通过提问、追问和反问等方式激发学生思考和讨论	21 分钟
6	案例总结	教师以启发思考题为总结线，要点式总结案例讨论结果，并强化每一道启发思考题分析所应用的理论知识点，回顾案例研讨与教学目标的达成情况	5 分钟

二、板书布置

案例课堂的板书，以启发思考题为主线，以理论知识点和案例内容研讨相对照的方式设置板书规划。在具体操作中，以引导学生回答的填空式板书为主,随着课堂和研讨进度,逐渐丰富板书,让学生通过积极思考和研讨参与共创,提升知识学习获得感和能力锻炼的成就感。板书布置如图5-2所示。

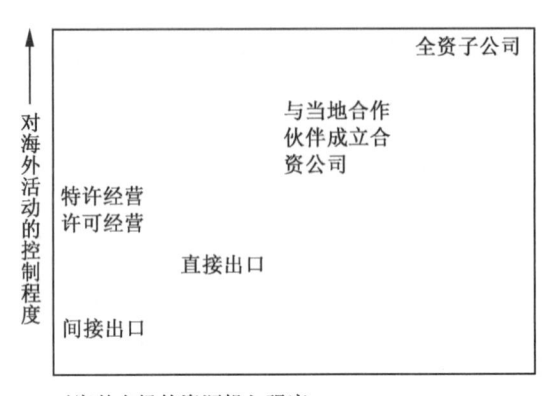

板书1 桂林南药的国际化经营阶段分析

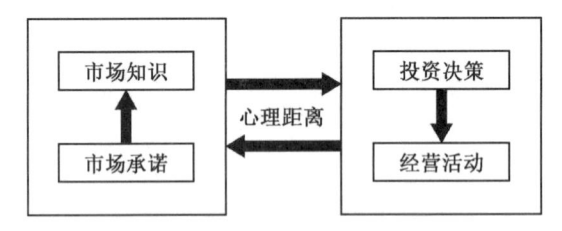

板书2 企业国际化经营的学习模型

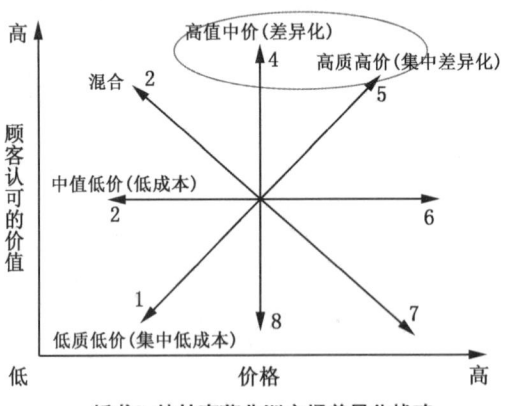

板书3 桂林南药非洲市场差异化战略

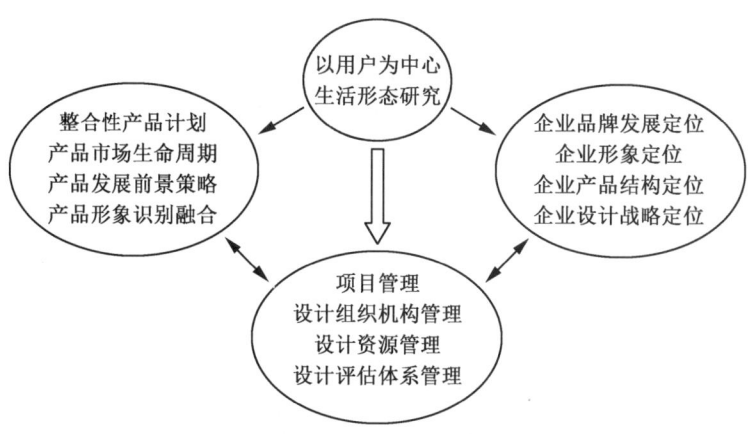

第五章 案例教学与应用实例(一):桂林南药——从诺奖技术到非洲疟疾克星 | 127

```
                    以用户为中心
                    生活形态研究
                   ↙     ↓     ↘
   整合性产品计划              企业品牌发展定位
   产品市场生命周期             企业形象定位
   产品发展前景策略             企业产品结构定位
   产品形象识别融合             企业设计战略定位
           ↕        ⇓        ↕
                    项目管理
                设计组织机构管理
                 设计资源管理
                设计评估体系管理
```

板书4 桂林南药非洲本土化战略分析

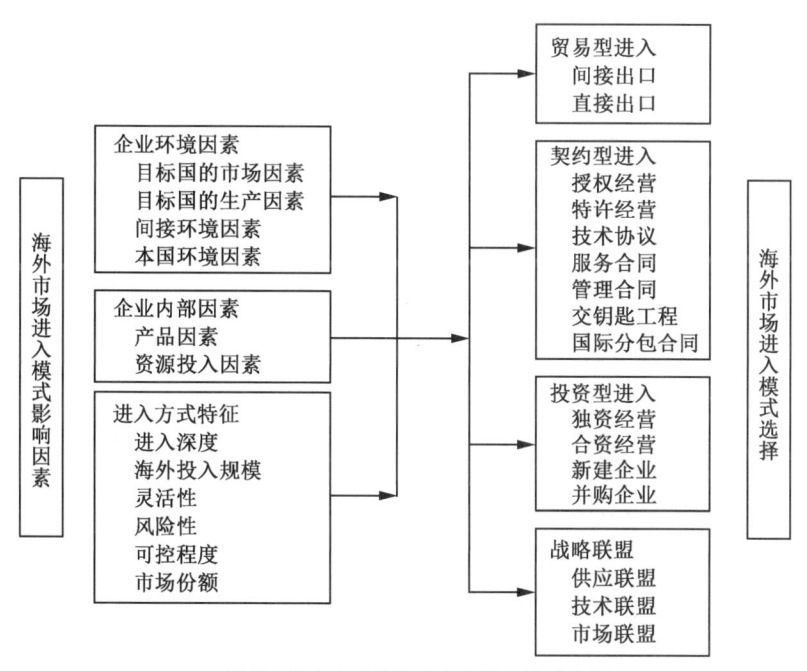

```
                                         贸易型进入
                                          间接出口
                                          直接出口

            企业环境因素                  契约型进入
             目标国的市场因素               授权经营
             目标国的生产因素               特许经营
             间接环境因素                  技术协议
             本国环境因素                  服务合同
海                                          管理合同          海
外   ──→                                   交钥匙工程         外
市          企业内部因素                   国际分包合同       市
场           产品因素                                         场
进           资源投入因素                                     进
入   ──→                                  投资型进入         入
模                                          独资经营          模
式          进入方式特征                   合资经营          式
影           进入深度                       新建企业          选
响           海外投入规模                   并购企业          择
因           灵活性
素           风险性                        战略联盟
             可控程度                       供应联盟
             市场份额                       技术联盟
                                            市场联盟
```

板书5 桂林南药的海外市场进入模式选择

图5—2 板书布置

附录1：补充阅读

1. 方案背景

疟疾与肺结核、艾滋病并称为亟需世界卫生组织援助的全球三大传染病，是非洲一种普遍的蚊媒病。1972年屠呦呦教授发现青蒿素，但由于其稳定性及水溶性欠佳，复星医药桂林南药承接国家523办公室任务，对青蒿素进行二次研发，成功研制出可溶于水的青蒿琥酯。1987年，青蒿琥酯及注射用青蒿琥酯获得国家卫生部颁发的X-01号及X-02号新药证书。20世纪90年代，青蒿琥酯渐渐走出中国，取代奎宁，为非洲及东南亚国家抗击疟疾带去福音。

青蒿琥酯是上海复星医药（集团）成员企业桂林南药生产的具有中国知识产权的青蒿素类抗疟药，该系列抗疟产品已在全球80多个国家和地区销售。注射用青蒿琥酯是世卫组织推荐的治疗重症疟疾的一线用药，是世卫组织、全球基金会、联合国儿童基金会、无国界医生组织等公益性组织的直接供应商。目前注射用青蒿琥酯已在全球40多个国家注册销售。据世卫组织官方披露，2018年，91个国家估计有2.28亿疟疾病例，其中93%的病例发生在非洲。截至2021年年底，桂林南药已累计向全球疟疾疫区供应注射用青蒿琥酯2.4亿支，帮助超过4 800万重症疟疾患者恢复健康，其中大部分是5岁以下非洲儿童。

2. 合作模式

20世纪90年代，青蒿琥酯推广初期遭遇多重坎坷。而如今，青蒿琥酯在国际抗疟领域发挥了举足轻重的作用，尤其是注射用青蒿琥酯，全球重症疟疾市场占有率高达90%以上。而非洲属地化营销模式的建立，是该产品取得市场推广成功的关键因素。

（1）东非。建立属地化药品注册团队和营销团队。随着业务的拓展，2013年成立尼日利亚子公司，负责尼日利亚市场的销售；2016年在坦桑尼亚成立子公司，负责东非英语区国家市场的业务。此外，公司在非洲设有多个办事处，并与当地代理商合作推广业务。为了更好地深耕市场，员工实现属地化，截至2017年年底，各子公司海外员工人数约200人。

（2）西非。2010年，公司在加纳成立子公司，负责加纳及周边国家市场的业务；2012年，在科特迪瓦成立西非子公司，负责西非法语区17个国家的业务；2017年，上海复星医药（集团）收购了法国Tridem公司，该公司是西非法语区第三大药品分销公司，销售网络覆盖法语区21个国家和地区。桂林南药与Tridem合作，导入深度分销模式，完善营销平台，海外营销队伍人数增至近800

多人。此外,公司正在积极响应国际社会"Made in Africa,Use in Africa"(非洲制造,用于非洲)的倡议,于2020年正式启动非洲建厂项目,希望通过药品在非洲的本地化生产,在保障药品供应、确保药品质量的同时尽可能降低药品价格,让当地人民用上可负担的优质药品,为共建无疟疾世界贡献力量。

3. 运营管理

(1)提高质量及工艺标准,顺利通过世卫组织药品预认证,成为世卫组织推荐的治疗重症疟疾的优选用药。

(2)携手疟疾防治领域全球顶级专家,建立专家资源库,开展"eCME多媒体在线医学培训"项目,通过视频会议等基于互联网的多媒体互动形式为非洲地区医务人员提供一个在线学术平台。目前已成功举办6场eCME活动,覆盖肯尼亚、坦桑尼亚、乌干达、马拉维、赞比亚、加纳、科特迪瓦和布基纳法索等近10个非洲国家和地区。

(3)与世卫组织、全球基金、比尔·盖茨基金、联合国儿童基金会、无国界医生组织等国际机构建立良好的沟通渠道,从而帮助到全球更多疟疾患者。

(4)针对非洲社区的"儿童疟疾预防知识科普项目",与坦桑尼亚疟疾防治委员会合作推出疟疾预防卡通宣传片,并将之推广到14个非洲国家,帮助提升非洲当地民众的疟疾防范意识,降低疟疾发病率,最终实现"无疟疾世界"的目标。

(5)与各国NMCP(国家疟疾控制组织)建立良好互动,推动注射用青蒿琥酯列入采购预算以及了解资金来源,并且与各国CMS(药品采购中心)合作推动采购。

(6)为加强中非等发展中国家药品监管领域交流与合作,帮助解决非洲国家药品质量管理人才匮乏的问题,商务部开始主办"发展中国家药品监管领域部长级研讨班",并由复星医药桂林南药承办。

4. 项目效益

(1)经济效益

①近年来,复星医药桂林南药海外销售收入持续攀升,近五年累计出口创汇约32亿元人民币,2020年出口1.2亿美元,较2016年海外销售收入同比增长约50.62%,占全国西药制剂出口总额的3%,为推进中非医药进出口合作贡献了力量。

②创造就业岗位。复星医药桂林南药在加纳、尼日利亚、坦桑尼亚、乌干达、赞比亚及西非法语区国家设立子公司和办事处,为非洲当地解决了超过

1 000人的就业,提高了当地居民的就业率。

(2)社会效益

①全球重症疟疾领域专家资源库的建立,为非洲当地医生疟疾治疗提供专业技术支持,为提高非洲疟疾治疗水平起到了促进作用。

②有效抑制疟疾发病率,降低疟疾发病率和死亡率。世界卫生组织在《2020年世界疟疾报告》中指出,2000—2019年间,全球疟疾死亡人数稳步下降,从2000年的736 000人降至2019年的409 000人。2000年和2019年,5岁以下儿童疟疾死亡总数的百分比分别为84%和67%,这体现出青蒿素抗疟药在国际社会的推广和使用发挥了举足轻重的作用。

③以SPAQ-CO为首的疟疾预防药物有效缓解了非洲地区公共卫生系统承受的疟疾负担,消除了WHO和国际社会对"新冠疫情致使非洲医疗系统几近崩溃,造成非洲疟疾爆发"的忧虑。

5. 复制推广前景

复星医药桂林南药是商务部认定的国家外贸转型升级基地(生物医药)的龙头企业,同时也是广西生物医药国际化龙头企业。公司连续五年位列中国西药制剂出口前十强,2017年曾位居全国第二。目前,国际上对"中国制造"有着更多认知,但对"中国创造"的认知多在于电子信息科技等领域,其实中国制药行业近年来也发展迅速,青蒿素类抗疟药在"海上丝绸之路"国家有着多年的历史口碑,特别是2015年屠呦呦教授获得诺贝尔奖,更让这类创新抗疟药在海外市场连连成功。时至今日,它已成为中国制药行业走向世界舞台的名片。

综上,青蒿素的创新,是中医药原创思维与现代科技结合,以中国式方法解决世界医学难题的例证。青蒿琥酯系列抗疟药在非洲的推广经验,可以为即将走向非洲市场的国内企业(特别是医药企业)起到借鉴及参考作用。

附件1　历史沿革:从青蒿素到青蒿琥酯[1]

从青蒿素到青蒿琥酯:中国001号新药发展史

- 1972年　发现青蒿素
- 1977年　发明青蒿琥酯
- 1978年　发明注射青蒿琥酯
- 1979年　《中华医学杂志——英文版》发表文章 Antimalaris Studies on Qinhaosu 首次向全世界公布青蒿素结构
- 1980—1986年　青蒿素衍生物开发　双氢青蒿素、蒿甲醚、青蒿琥酯
- 1987年　青蒿琥酯获颁001号中国新药证书　注射用青蒿琥酯获颁002号新药证书　青蒿琥酯、蒿甲醚生产批件
- 1990年后　国际学术界对青蒿素类药物的研究　Mahidol Oxford Research Unit
- 1991年　青蒿琥酯片泰国注册
- 1994年　注射用青蒿琥酯首张海外注册证(泰国)　青蒿琥酯片非洲销售
- 2006年　SEAQUAMAT试验结果发表　世卫组织推荐用非洲以外地区成人重症疟疾治疗一线药物　世界卫生组织推荐使用基于青蒿素的复方抗疟药(ACT)治疗无并发症疟疾
- 2010年　世界卫生组织推荐使用注射用青蒿琥酯治疗重症疟疾　AQUAMAT试验结果发表　Artesun®通过WHO PQ认证　THE LANCET
- 2011年　世卫组织推荐注射用青蒿琥酯作为所有重症疟疾患者的优先治疗药物
- 2013年　开始向SMC项目供应SPA-CO系列产品
- 2015年　屠呦呦因发现青蒿素获诺贝尔生理学或医学奖
- 2017年　复星医药并购法国Tridem公司,完成非洲业务平台融合
- 2019年　D-ARTEPP(双氢青蒿素磷酸哌喹)系列产品通过WHO PQ
- 2022年　Glumac(蒿甲醚本芴醇片)系列产品通过WHO PQ

---

[1] 图表来源:企业提供。

附件2　生产环境[1]

注射剂生产制造中心　　原料药生产制造中心　　立体库

附件3　财务指标（近五年）[2]

① 2022年第一季度工业总产值 **2.87亿元**

近六年产值情况（万元人民币）

2017	2018	2019	2020	2021	2022第一季度
80 000	93 000	93 000	108 000	112 000	28 700

② 2022年第一季度海外销售收入 **2.23亿元**

近六年海外销售收入（万元人民币）

2017	2018	2019	2020	2021	2022第一季度
59 678	63 200	63 625	81 190	79 000	22 300

③ 2022年第一季度利税总额 **1.04亿元**

近六年利税情况（万元人民币）

2017	2018	2019	2020	2021	2022第一季度
40 572	37 010	35 614	38 500	39 000	10 400

---

[1]　图表来源：企业提供。
[2]　图表来源：企业提供。

第五章 案例教学与应用实例(一):桂林南药——从诺奖技术到非洲疟疾克星 | 133

附件4 企业产品线[①]

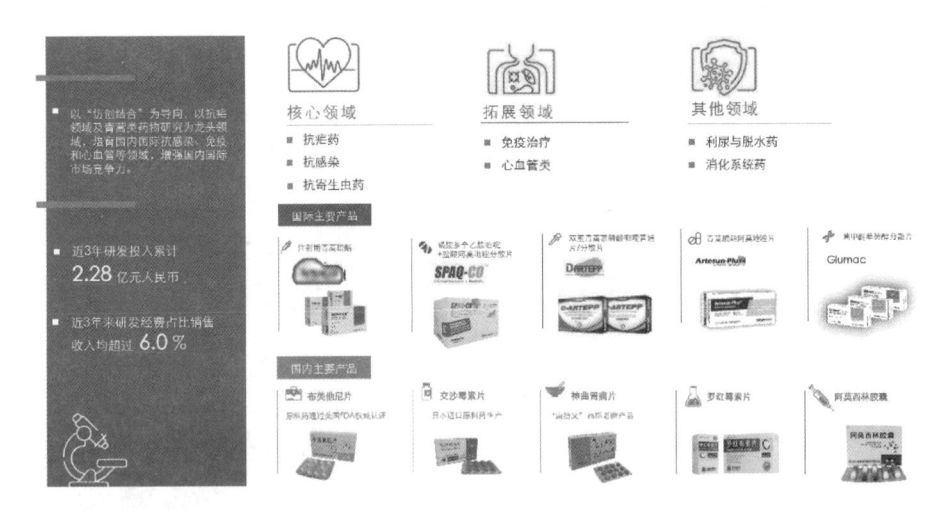

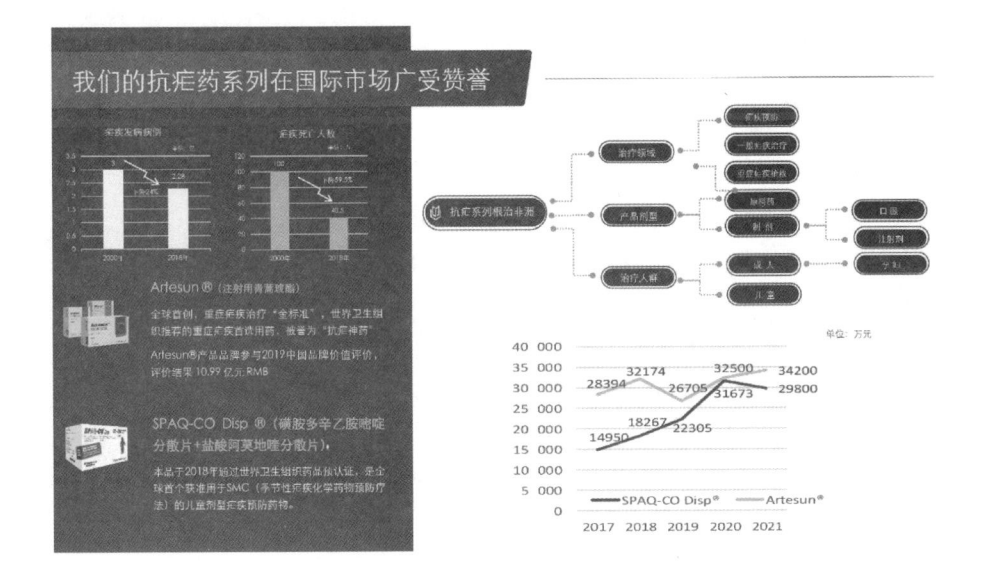

附件5 抗疟药系列[②]

---

① 图表来源:企业提供。
② 图表来源:企业提供。

附件 6　企业社会责任履行[①]

① 图表来源:企业提供。

第六章　案例教学与应用实例(二)：数智赋能——广西正大重塑生猪产业链新图景

第一节　案例正文

数智赋能——广西正大重塑生猪产业链新图景[①]

0. 引言

2021年以来，正大集团广西公司(以下简称"广西正大")抓住新一轮数智科技发展的历史机遇，审时度势推出"智慧生猪"项目，率先布局生猪全产业链的数字化、智能化技术应用，探索生猪产业的"数智化"变革之路。经过3年多的建设实践，"智慧生猪"项目阶段性成果丰硕，先后完成"智慧生猪——智慧猪场"和"智慧生猪——广西正大产业链协同服务平台"等标志性成果。在"智慧生猪"的赋能下，广西正大实现了"从农场到餐桌"的全链条数字化管控，生猪全产业链数智化协同水平不断飙升。

2024年，面对生猪产业智慧化发展的新图景，广西正大总裁赖平生提出了"3010"战略目标，即力争到2030年，集团实现生猪养殖智能化率超过80%，年商品猪出栏量突破并稳定在100万头以上。然而，我国生猪产业小规模、分散化的特点依然明显，产业数字化、智能化转型缺乏内生动力。此外，非洲猪瘟等疫病防控压力持续加大，国内外经济环境复杂多变，给现代化生猪产业带来诸多不确定性挑战。在此背景下，广西正大如何顺应生猪产业发展新趋势、新要求，持续推进"智慧生猪"项目建设，实现"3010"宏伟蓝图？

[①] 本案例由桂林航天工业学院管理学院陈国民、张一纯，广西正大畜禽有限公司翟栋高，广西师范大学政治与公共管理学院汤茜草(通讯作者)，桂林航天工业学院黄文霞共同撰写。

1. 广西正大：深耕生猪产业，引领行业变革
1.1 扎根广西，做大做强生猪产业

广西正大隶属于泰国正大集团，是国内生猪养殖和肉制品加工领域的龙头企业。公司成立于1991年，在30余年的发展历程中，广西正大秉持"为消费者提供安全、优质、高性价比的食品"的企业使命，立足广西得天独厚的农业资源禀赋，充分发挥跨国集团先进技术和管理优势，逐步实现了从饲料生产到生猪养殖、屠宰加工、肉制品深加工、冷链运输、市场营销等环节的全面布局。

目前，广西正大拥有年产百万吨以上的饲料生产能力，在广西各地建有多个现代化养殖基地和大型屠宰加工厂，年出栏生猪50万头以上，形成了"从农场到餐桌"的"农工贸一体化"全产业链经营格局（如图1所示）。

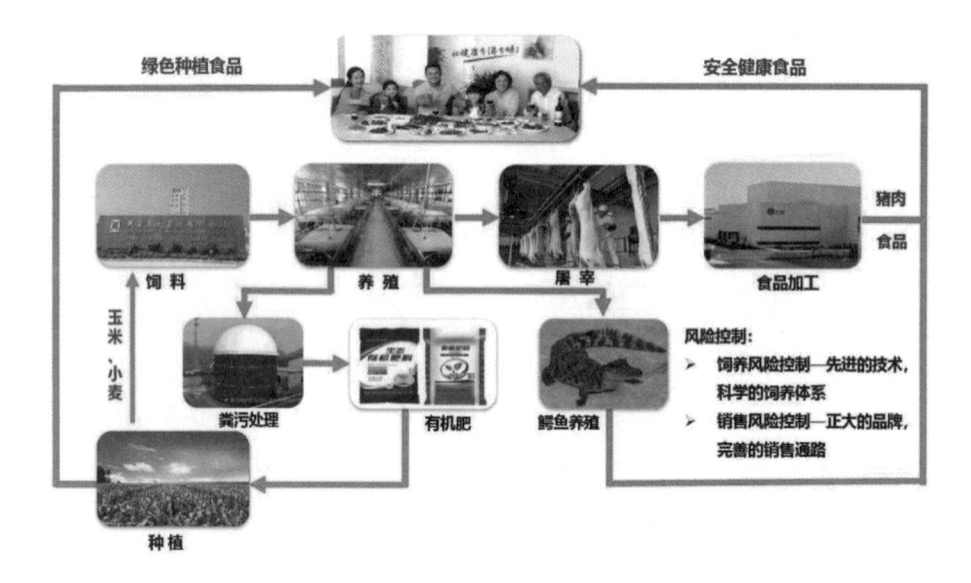

图1 广西正大生猪全产业链经营格局示意图

在饲料种植与加工领域。广西正大与兄弟公司湖北正大合作，大力发展玉米、大豆等饲料作物种植，已形成近30万亩的饲料原料种植基地，从源头保障饲料原料的供应。在饲料加工环节，公司引进国际先进的饲料加工设备和工艺，建成多个现代化饲料厂，年产能在80万吨以上。

在原种猪繁育领域。广西正大现有存栏1万头以上的原种猪场5个，形成了以杜洛克、长白、大约克夏为主的核心母猪群，不仅为自身商品猪养殖提供了高品质种源保障，也为广西及周边区域提供了大量原种猪和二元母猪，在保障

区域生猪产能、促进养殖标准化方面发挥了重要作用。

在商品猪养殖环节。广西正大旗下现有 100 多个标准化养殖场,总存栏量超过 50 万头。公司高度重视猪场的科学规划、标准建设和精细化管理,采用智能化环控系统,严格执行兽医防疫和饲养管理 SOP,形成了标准化、集约化、专业化的生产模式。同时公司建立了严格的质量安全管理体系,确保产品质量安全、药残控制等指标持续领先。

在生猪屠宰及肉制品加工方面。广西正大拥有 5 个长期合作的大型屠宰加工基地,1 个在建的自有超大型屠宰加工基地,年屠宰生猪上限数量可达 100 万头,日均屠宰能力超过近 2 万头。在屠宰加工基地,配套的分割、深加工车间可根据市场需求灵活调配产品结构。公司严格执行 HACCP、ISO22000 等食品安全管理体系,率先在行业内实现"从养殖到餐桌"全产业链可追溯,屠宰加工一体化优势突出。

在销售渠道建设方面。广西正大采取线上线下相结合的全渠道营销策略。线下,公司先后在广西各地建立了 200 多个品牌直营门店和 1 000 多个特许经销网点,销售网络辐射泛珠三角及华中地区。此外,还与沃尔玛、大润发等大型商超建立了长期合作关系。

1.2 数字化建设先行,奠定"智慧生猪"发展基石

为适应生猪产业发展新趋势、新要求,广西正大自成立之初便将信息化作为企业发展的重要战略,持续推进以信息系统建设为重点的数字化转型实践。早在 2008 年,广西正大便在国内同行业中率先引入 ERP 系统,实现了计划、采购、仓储、生产、销售、财务等核心业务流程的信息化管理,为生猪养殖和肉制品加工的信息化、自动化、智能化管理积累了丰富经验。

2016—2020 年间,广西正大顺应互联网经济发展趋势,积极探索产业数字化变革路径。2017 年,公司与京东及阿里合作,依托电商巨头的数字化供应链能力,打造了生鲜猪肉产品"产地直供"电商平台。平台充分对接广西正大 21 个养殖基地,通过构建起"基地养殖—集中屠宰—冷链配送—线上零售"全程溯源体系,将优质肉食产品直供到消费者餐桌,打通食品流通"最初一公里"和"最后一公里",实现从养殖场到舌尖的全程数字化管理,在行业内形成了标杆示范效应。

2021 年以来,随着人工智能、大数据、5G 等新一代信息技术的加速发展和行业应用,广西正大适时提出从基础"信息化"、中级"数字化"向高阶"数智化"升级,加速构建生猪产业链数智化转型——"智慧生猪"发展新引擎。

一方面,公司加快数字化系统的迭代升级:对 ERP 系统进行扩容改造,将生猪养殖、屠宰加工、冷链物流等业务板块全部纳入,打通从饲料采购到成品配

送的数据链条,实现产业链一体化管控;引入智能化仓储管理系统(WMS),综合应用 RFID 电子标签、AGV 搬运机器人、音频识别等先进技术手段,全面提升饲料仓储、成品分拣作业的自动化和信息化水平;利用大数据分析和算法优化,对经销商和消费者精准画像,为养殖、销售等关键业务决策提供科学依据。

另一方面,公司积极搭建产学研用协同创新平台,加速生猪产业关键共性技术的研发攻关和应用转化:与中国农业大学、华南理工大学等科研实力雄厚的重点高校共建"数字生猪联合实验室",围绕种猪选育、饲料精准投放、重大疫病防控等方向开展物联网、人工智能、区块链、云计算等技术的联合攻关,形成了一批拥有自主知识产权的核心技术成果。

2. 生猪产业:产业链提质增效之困

生猪养殖是我国畜牧业的重要组成部分,在保障"菜篮子"产品供给、促进农民就业增收等方面发挥着不可替代的作用。改革开放以来,伴随着生猪产业市场化进程的不断深化,行业规模不断壮大,产业化、规模化、标准化水平持续提升。养殖小区、规模猪场、屠宰加工厂、冷链配送中心等产业链关键节点日臻完善,初步形成了从养殖到餐桌的生猪肉制品供应体系。特别是近年来,国家高度重视生猪产业发展,出台了一系列支持政策,为做大做强生猪全产业链创造了良好环境。

然而,当前我国生猪产业链仍存在诸多亟待补齐的短板。生猪产业链涵盖了饲料生产、种猪繁育、商品猪养殖,到生猪屠宰、肉制品深加工、冷链物流、终端零售等众多环节,产业链条长、涉及主体多、运作机制复杂(如图 2 所示)。

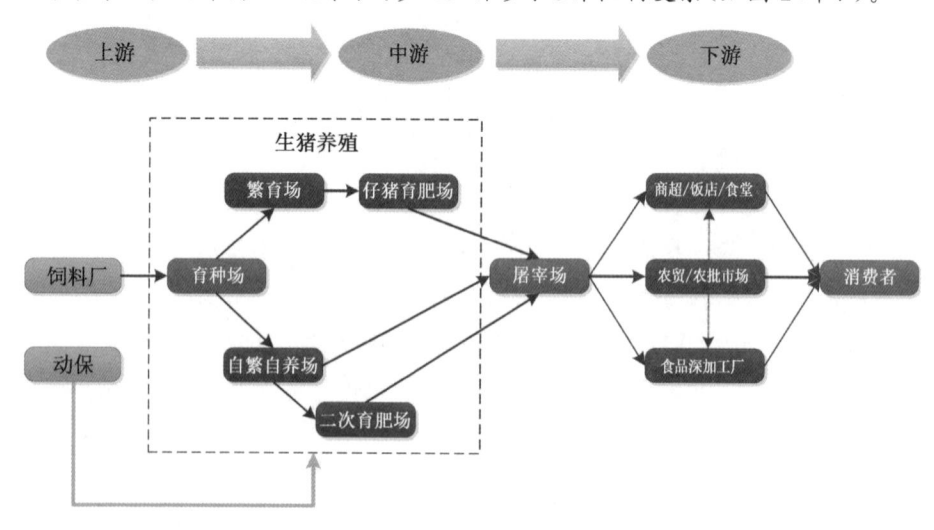

图 2 生猪产业链解析示意图

这导致我国生猪产业链在集约化、一体化、信息化等方面的发展还不够成熟,高质高效的全产业链协同运作仍面临诸多掣肘,产业链提质增效举步维艰。受产业发展基础、资源要素禀赋等多重因素制约,我国生猪产业链条高效协同、提质增效面临的主要困境表现在以下几个方面:

2.1 产业链条割裂、协同效率不高

生猪产业链涉及养殖、饲料、兽药、屠宰、加工、物流、零售等众多行业,各产业链条环环相扣、相互影响。然而长期以来,产业各环节自成体系、发展不平衡,缺乏统一的产业链整合者,导致上下游衔接不紧密、业务协同效率低下。一方面,商品猪价格波动剧烈,养殖、屠宰加工、销售等环节信息不对称,供需失衡时有发生;另一方面,养殖户、屠宰厂普遍"小、散、弱",与大型饲料厂、食品加工企业的议价能力不足,产业利益分配不均衡,资源配置效率有待提高。

近年来,虽然龙头企业加快了产业链的延伸整合,但受限于高昂的交易成本和不完善的利益协调机制,多数中小养殖户和屠宰加工企业尚未真正融入现代产业链体系,产业组织化程度仍显不足。亟需进一步创新产业链运行机制,促进各环节协同发展,提升全链条运行效率。

2.2 生产方式粗放、成本居高不下

目前,我国生猪养殖仍以中小规模农户为主,占出栏量的70%左右。小农户普遍缺乏规范化、标准化的饲养管理,疫病防控能力薄弱,难以满足大型屠宰加工企业、连锁超市的订单需求。同时,小农户对市场风险的抵御能力不足,极易受生猪价格剧烈波动的冲击,进退失据,难以实现稳定发展。

虽然近年来规模化、集约化养殖比重不断提高,但多数规模猪场的精细化、信息化管理水平还比较低,饲养过程主要依靠经验,料肉比、发病率等关键指标与发达国家仍有差距。加之近年来玉米、豆粕等饲料原料价格高企,以及劳动力、土地、环保等要素成本持续上涨,我国生猪养殖成本居高不下,亟需降本增效。

2.3 市场风险频发、抗周期能力不足

作为周期性特征明显的产业,生猪市场价格大起大落已成"常态",而我国生猪产业链条长,涉及利益主体多,各环节内生抗风险能力不强。一旦出现极端行情,产业链条就如"轻轻触碰,整个多米诺骨牌尽数倒下"。在这种局面下,上下游矛盾加剧,产业发展陷入恶性循环。

对此,亟需建立健全现代农业风险管理体系,加快构建覆盖产业链主要环节的预警监测和协调应急机制,及早采取有针对性举措,从供给、需求两端共同

发力,有效防范、缓释市场风险,维护产业链稳定运行。

2.4 食品安全隐患、追溯体系滞后

食品安全是生猪产业发展的生命线。遗憾的是,当前我国生猪产业溯源体系建设明显滞后,尚未实现生猪养殖、运输、屠宰、分割、加工、配送等环节的系统性信息化管理,难以满足食品安全提档升级需要。

以规模猪场为例,母猪产仔数、仔猪保育成活率、育肥出栏率、兽药使用、免疫记录等关键数据的信息化采集传输还不够及时准确,追溯环节不够完整,个别养殖场还存在超量用药等违规操作,食品安全风险隐患不容忽视。"当前,我们虽已初步建立起从养殖到餐桌的食品安全管控体系,但在实践中,养殖过程关键数据的采集传输还不够及时,个别不合格产品流入市场的情况仍难以杜绝。产业链食品安全追溯能力亟待进一步加强!"赖平生坦言。

综上所述,当前生猪产业亟待破解产业链提质增效的困局。置身新发展阶段,生猪产业链正处在"换道超车"的转型窗口期,产业链各环节急需在理念、机制和路径等方面寻求创新突破,加快构建现代生猪产业体系,走出一条质量变革、效率变革、动力变革的高质量发展之路。

3. 数智赋能:"智慧生猪"横空出世

2021年年初,广西正大深刻认识到,传统的产业组织方式和发展模式已然难以为继,亟需以数字化、智能化手段变革生猪养殖业发展方式,推动生猪全产业链的系统化重构和协同化发展。随即,公司管理层开始围绕如何运用数智技术重塑生猪产业链开展系统性调研。

3.1 数智技术为生猪产业链转型升级注入新动能

2021年3月至7月,广西正大多方联动开展了为期4个月的调研论证。一方面,公司组织技术骨干、信息化专家等,赴阿里云、京东、腾讯等头部科技公司考察学习,深入了解人工智能、物联网、区块链等新一代数智技术在农业领域的创新应用。另一方面,公司管理层实地走访国外知名生猪企业,现场取经,借鉴标杆企业的全产业链数智化转型的经验做法。

调研发现,人工智能、物联网、区块链等新一代数智技术在生猪产业链的应用潜力巨大,有望从养殖、加工、物流、零售等多个环节入手,为传统生猪产业注入新动力:

其一,物联网技术赋能精准养殖。通过在养殖场布设智能环境控制、智能饲喂等感知设备,可实时采集猪舍温湿度、二氧化碳浓度等环境参数以及猪群采食量等生理健康数据,结合人工智能算法分析,形成"养殖环境—生长状态"

的动态优化闭环,实现生猪养殖的数字化管理和精细化控制,从而提高饲料利用率、降低死淘率。

其二,大数据分析赋能科学决策。构建生猪养殖业务大数据中台,汇聚育种、免疫、疫病、出栏等业务数据,利用机器学习算法开展生长性能评估、流行病学预测、产销趋势研判等,形成养殖全流程数字化管理闭环,为精准饲喂、智能免疫、柔性生产等科学决策提供数据支撑,实现传统人工经验式管理向数字驱动的智慧决策的跨越。

其三,区块链技术重塑产业信任。生猪产品质量安全溯源是消费者日益关注的重点。区块链技术可通过在养殖、屠宰、加工、零售等环节部署区块链节点,利用分布式账本、共识机制等技术手段,对每头生猪每个生产加工环节进行数字化存证,实现生猪全生命周期数据的不可篡改、全程可追溯,从而重塑产业链各参与方之间的信任,筑牢食品安全防火墙。

其四,数字化平台打通产业壁垒。生猪产业链涉及饲料生产、养殖、屠宰、加工、物流等诸多业务场景。利用大数据、区块链、人工智能等技术搭建智慧协同平台,可打通饲料生产与养殖需求、生猪出栏与屠宰加工、成品分割与配送等业务环节的信息壁垒。对接饲料厂的生产管理系统,动态感知饲料库存水平,结合养殖场生猪存栏量智慧化调配饲料生产计划,实现饲料供应与养殖需求的精准匹配。此外,协同平台还能汇聚养殖、屠宰、加工、销售等各环节数据,实现"产销协同、业财一体"。

3.2 "三步走"绘就"智慧生猪"建设蓝图

2021年8月,基于前期调研成果,广西正大启动编制"智慧生猪"项目建设方案,系统性谋划企业生猪全产业链数智化转型的顶层设计和实施路径。经过反复研讨和方案打磨,集团于当年12月,编制完成项目总体规划,提出了"智慧猪场—协同平台—产业生态"三步走的发展路径:

第一步,聚焦生猪产业链的核心——中游的生猪养殖和屠宰加工两大关键环节,打造"智慧猪场"。在生猪饲养环节,依托智能环控、智能饲喂、AI疫病监测等系统,实现养殖过程的精准管理、自动控制。在生猪屠宰环节,引入机器视觉分割、RFID生猪身份识别、MES制造执行系统等技术,实现屠宰加工过程的自动化、信息化管理。

第二步,立足中游的养殖和屠宰的数智化成果,向产业链上游饲料加工、以及下游销售和配送等重要环节延伸,持续推进数智化转型,打造"智慧生猪—产业链协同服务平台"。以广西正大养殖、屠宰环节积累的海量生产数据为基础,搭建产业链数据中台,并采用区块链技术构建"饲料加工—养殖—检疫—屠宰—配送—销售"全流程追溯体系,实现各环节数据的互联互通、业务协同。同时以大数据分析为支撑,建设生猪产业链协同决策系统,涵盖疫病预警、产销协同、质量管控等功能,支持管理人员科学决策,实现"从农场到餐桌"的一体化数字协同闭环管理。

第三步,立足前两步成果,进一步打造"数智化生猪产业创新生态系统"。广西正大将携手产学研各界伙伴,成立"智慧生猪产业联盟",搭建开放共享的产业创新平台,加强物联网、人工智能、大数据、区块链等数智技术的协同攻关与融合应用,打造"智慧生猪"全场景解决方案,构建可持续、可复制的产业发展新模式。

特别地,为保障"智慧生猪"项目平稳落地,广西正大成立了由总裁赖平生亲自挂帅的领导小组,从顶层设计、技术开发、应用实施、多方协同等方面强化组织保障。在坚实的顶层规划指引下,广西正大"智慧生猪"的建设蓝图已然铺开……

4."智慧猪场"先行:数智化重塑养殖屠宰新模式

2022年3月,广西正大投资2.2亿元,正式启动"智慧生猪"项目一期建设。根据项目"三步走"规划,广西正大首先聚焦生猪产业链核心——中游的生猪养殖和屠宰两大关键环节,着力打造"智慧猪场",旨在为企业生猪全产业链数智转型奠定坚实基础。

4.1 构建"智慧养殖"管理体系

2022年3月至9月期间,广西正大深入剖析传统生猪养殖痛点,因地制宜打造了生猪养殖数智管理系统——"猪博士"。该系统充分运用物联网、大数据等新一代数字技术,构建起贯穿生猪生产全过程的智慧化养殖体系,实现了养殖环节的精细化管控和智能化决策。

其一,在猪舍环境监测方面。广西正大在养殖场布设了环境传感器、监控设备等物联网感知层,实时采集猪舍温湿度、空气质量等环境参数上传"猪博士",结合视频监控数据,全面监测猪群生长状态,为养殖环境智能调控、生猪健康养殖提供精准判断。

其二,在母猪繁殖监测方面。广西正大通过"猪博士",对母猪生理数据进行全生命周期跟踪,通过智能项圈采集母猪体温、活动量等数据,并结合大数据分析,精准预测母猪发情周期,优化配种效率;对怀孕母猪则实施精准化管理,智能调配饲喂量,提升母猪繁殖能力。

其三,在仔猪保育方面。广西正大通过"猪博士",基于仔猪生长数据,建立了"体重—采食量—营养配方"饲喂模型。严格控制料肉比、定制化饲喂日粮,促进仔猪健康生长,提高成活率。与传统方式相比,精准饲喂使仔猪生长速度提高近25%,饲料利用率提升三成以上。

其四,在育肥猪方面。广西正大利用"猪博士"的"智能体重监测"和"自动饲喂"功能模块,实现猪群的"一口一料"。实时监测育肥猪体重,结合生长曲线模型,动态优化饲喂量,在降低育肥成本的同时,有效缩短出栏周期,大幅提升了养殖效益。

最后,"猪博士"还导入了疫病预警模型,综合考虑疫苗免疫、抗体检测等数据,对猪场疫病风险进行评估预警,支持兽医人员及时制定防控策略,最大限度降低疫病损失。"猪博士"数智化手段强化疫病防控,试点猪场疫病发生率降低五成以上。

4.2 打造"智慧屠宰"新模式

2022年年末,在生猪养殖端数智化转型的基础上,广西正大开始聚焦生猪屠宰加工领域,从硬件设备改造和软件升级两方面发力,着力打造"机器换人、系统管控"的"智慧屠宰"新模式。

首先,在自动化设备改造方面。广西正大在原有半自动化屠宰基础上,引入了一系列智能装备:在屠宰流水线配备激光导引设备,实现生猪体位精准定位,提高自动化屠宰分割效率;采用RFID电子耳标自动识别系统,通过射频技术采集进厂生猪信息,减少人工录入环节;应用X光无损检测技术,快速筛查生猪体内异物,提升病危猪筛查效率;引进高压空气剥皮设备,较传统人工操作效率提高50%以上。

其次,在信息化管理方面。广西正大自主研发了屠宰MES系统,对屠宰作业各环节实现数字化管控。该系统可自动对接和集成屠宰作业各环节数据,包括进厂检疫验收、屠宰分割、库存盘点、质检把关等,并针对屠宰量、效率、不合格率等关键绩效指标,进行多维度智能分析,形成可视化数据驾驶舱,为排产计划优化、人员配置、设备运维等管理决策提供了科学依据。引入MES系统后,有效管理信息的采集维度扩展3倍,数据追溯时间缩短近60%。

经过一年多的建设实践,广西正大"智慧屠宰"模式初显成效:截至2023年12月,公司屠宰加工效率较改造前提高近50%,作业和管理人员减少28%,运营成本下降21.8%;产品品质稳定性和一致性也得到大幅改善,出厂检验合格率保持在99.9%以上。

5. "协同平台"发力：多场景链接建奇功

伴随"智慧猪场"的阶段性成功，广西正大开始将数智化的触角进一步延伸至生猪产业链上游和下游。2023年年初，公司再次追加3.6亿元投资，启动"智慧生猪"项目方案的第二步规划"智慧生猪——正大广西产业链协同服务平台"（以下简称"协同平台"）建设，致力于打造覆盖"从农场到餐桌"的生猪产业链数智化协同体系。

协同平台立足"智慧生猪"项目建设前期在养殖、屠宰环节积累的海量数据，利用数据中台、大数据分析、区块链、人工智能等新兴技术，打通从养殖到餐桌各个业务环节的数据壁垒，创新"饲料加工—养殖—检疫—屠宰—配送—销售"全流程、多场景协同应用，构建数字化闭环管理新模式，进一步挖掘生猪产业链的降本增效潜力。

5.1 数据融通，打通产业链协同"任督二脉"

生猪产业链涵盖了饲料加工、养殖、屠宰、加工、冷链配送、销售等诸多业务环节，实现全链条的数据融通共享，是推动多场景协同应用的关键基石。广西正大从顶层设计入手，建设覆盖全产业链的统一数据平台，实现了从农场到餐桌的数据"一站式"汇聚。

首先，广西正大将物联网技术广泛应用于公司生猪产业链各业务场景的信息化改造中：通过在饲料加工厂区植入基于算法优化的生产计划与调度系统，在养殖场布设环境监测传感器，在屠宰车间应用RFID识别技术，在仓储运输环节嵌入智能温控系统，以及覆盖整个销售网络的销售数据采集系统等，实现了覆盖全产业链的数据自动化采集机制，搭建起从源头到终端的数据"高速路"。

其次，公司制定了统一的数据标准规范，利用ETL工具对采集的多源异构数据进行清洗、映射、关联，形成了标准化的饲料加工、养殖、屠宰、配送、销售等主题数据域，为关联分析及协同应用夯实了数据基础。

最后，在数据汇聚的基础上，广西正大还搭建了数据智能分析中台，引入机器学习、知识图谱等人工智能算法，围绕疫病预警、产销协同、质量管控等关键场景，构建大数据分析模型，实现数据价值的释放与应用。

5.2 多场景协同，开辟产业链提质增效"新蓝海"

统一的数据"协同平台"是产业链各环节协同创新的"数字底座"。在此基础上，广西正大立足生猪产业链的业务全局，聚焦"从农场到餐桌"的关键场景，创新多场景协同机制，持续挖掘产业链提质增效潜力：

第一,打造"饲料—养殖"协同优化体系。广西正大利用大数据分析和人工智能算法,对接饲料原料种植基地的农事管理系统,精准指导种植管理,提升饲料原料品质。同时,农场种植数据与饲料厂生产管理系统无缝对接,根据原料质量参数智能调配饲料配方,促进饲料产品的高度定制化。饲料生产数据又与养殖场精准饲喂系统联动,实现养殖全程饲喂的精细化管控,促进生猪健康生长。

第二,打造"养殖—检疫"协同防控体系。广西正大利用区块链技术,将生猪养殖、免疫、用药等数据进行全流程记录、多方存证上链,实现了生猪"从出生到出栏"的全程可追溯管理。同时,公司还与政府监管部门实现数据互通共享,建立"政企协同、社会共治"的立体化疫病防控网络,让生猪疫病防控更加智慧、高效。

第三,创新"产销协同"柔性化生产。传统的以产定销模式,常常面临供需错配、库存积压等问题。广西正大基于大数据分析,建立"以销定产"的柔性化生产调度机制,通过动态关联分析客户订单需求、养殖出栏进度、加工库存水平等数据,利用机器学习算法优化生产节奏,实现了从养殖加工到产销供需的精准匹配。

第四,深化"配送—销售"多渠道协同。广西正大将 TMS 物流系统与门店销售系统、电商平台的数据连通,集成订单履约、仓储调拨、配送路径优化等全流程数据,建立起一体化运营调度机制。系统可通过大数据分析,实时优化仓储布局、配送线路,使配送时效提升 20% 以上。同时,线上线下销售数据的融合分析,也让公司得以洞察客户需求变化,持续优化猪肉产品结构,创新营销玩法,激发消费新活力。

5.3 智慧协同,开创生猪产业高质量发展新局面

"智慧生猪——正大广西产业链协同服务平台"的落地,标志着广西正大构建起覆盖生猪全产业链条的数字化管理体系。"从农场到餐桌"数据链路更加顺畅,各业务场景的协同效率持续提升,产业链整体运行更加智慧、高效,发展的质量和效益实现"双提升"。

一是数智化养殖水平行业领先。2023 年,广西正大生猪出栏量突破 50 万头,创历史新高;母猪繁殖能力(PSY 指标)提升至 28 头,位居行业前列;育肥成本下降 16%,养殖效率提升 18.9%,智慧养殖成果斐然。

二是食品安全保障能力大幅跃升。通过"从农场到餐桌"的全链条数字化管理和质量追溯,广西正大生鲜猪肉产品抽检合格率连续 3 年保持 100%,获评

"国家食品安全示范企业",为消费者吃上放心猪肉及猪肉衍生产品提供了有力保障。

三是生猪产业链各环节协同运行效率显著提升。在多场景协同机制的加持下,广西正大产业链各业务环节的协同效应充分释放。库存周转效率提高34.5%,运营成本下降28.8%,市场响应速度提升50%以上。2023年,实现营收超30亿元、纳税额超5 000万元,增幅均超两成,经济效益持续攀升。

6. 尾声

凭借在生猪产业链数字化转型方面的出色表现,广西正大受到行业内外的广泛称赞。时至今日,依托不断完善的"智慧生猪"体系,广西正大正加速构建生猪全产业链数智化运营闭环,为全国生猪养殖户、屠宰加工企业提供贯穿"从农场到餐桌"的全链条整体解决方案,引领行业变革。

谈及广西正大未来发展,总裁赖平生志存高远:"我们将继续秉持开放共享的理念,加快构建'产学研用'一体化生猪产业创新生态。立足广西,辐射全国,聚焦生猪养殖精准管理、智能化屠宰加工、冷链物流管控、食品安全追溯等典型应用场景,持续打磨自身在大数据、人工智能、物联网等底层技术及产业化应用方面的能力,为我国生猪产业高质量发展贡献'正大智慧'……"

广西正大计划,在2025至2030年期间,以广西为核心,以珠三角及周边腹地为战略支点,加速"智慧生猪"的区域拓展,力争每年新增1~2个区域示范节点。依托政府产业扶持政策,广西正大将发挥龙头企业示范效应,建立"智慧生猪——正大广西产学研创新联盟",辐射带动广大养殖户和业内中小企业数智化转型升级,为构建现代生猪产业体系、保障国家食品安全贡献力量。

第二节 案例教学定位

一、适用课程

本案例适用于产业经济学、企业战略管理课程中关于产业链、价值链及战略转型相关内容章节或"数字化/数智化转型"专题课程综合性案例讨论课。可以用来讨论数字经济与互联网思维如何导入传统畜牧养殖业的相关主题。

二、适用对象

本案例适用对象主要包括MBA、EMBA和企业管理培训人员,亦可供经济类、管理类专业的本科生、研究生教学适用,也适用于以"数字经济""产业数字化""数字价值链"为主题的 EDP 培训课程。

三、教学目标

本案例以广西正大生猪产业链数智化转型历程为主线,通过对传统生猪产业链存在的痛点、数智科技在生猪行业领域的应用前景、生猪行业数字化发展趋势等方面进行详细的分析和讨论,引导学生学习"产业链数智化概念内涵""产业链数智化转型的内外部驱动因素""产业链数智化转型的策略与路径"及产业链数智化转型成功关键点——"产业链整合能力"/"数智化关键保障要素"/"企业家精神"等核心知识点。在此基础上,将理论框架与企业案例相结合,通过对"智慧生猪"项目建设过程中的举措、挑战以及未来发展方向做进一步深层思考和剖析,训练学生的信息搜索能力、信息梳理与归纳能力、理论应用能力,以及创造性解决实际问题的能力。具体来说,本案例的教学目标包括"知识学习—能力提升—素质培养"三个层面(如表 6-1 所示)。

表 6-1　　　　　　　　　　案例教学目标

	知识学习
核心知识点	产业链数智化转型理论
具体知识点	产业链数智化概念内涵
	产业链数智化转型的内外部驱动因素
	产业链数智化转型的策略与路径
	产业链数智化转型成功关键点:产业链整合能力
	产业链数智化转型成功关键点:数智化关键保障要素
	产业链数智化转型成功关键点:企业家精神
	能力提升
信息搜集能力	了解生猪产业链的运作特点、以及面临的深层次矛盾和痛点,把握生猪行业数字化、智能化转型的发展趋势,识别和总结数智科技在生猪产业链转型升级中的优势、潜力和现实阻力
信息梳理能力	在对案例以及拓展资料认真阅读的基础上,对案例内容做进一步信息梳理:广西正大决定践行生猪产业链数智化变革转型的时代背景和现实动因,以及"智慧生猪"项目在智慧猪场、协同平台两个建设阶段的关键推进举措和阶段性成果

续表

能力提升		
理论应用能力		应用"产业链数智化概念内涵"知识点,分析产业链数智化转型的特征,对比其与一般的公司业务数智化转型的区别
^		应用"产业链数智化转型的内外部驱动因素"知识点分析广西正大践行生猪产业链数智化转型的原因
^		应用"产业链数智化转型的策略与路径"知识点分析"智慧生猪"的建设过程、过程中广西正大的举措
^		应用"产业链整合能力""数智化关键保障要素""企业家精神"三个知识点,分析"智慧生猪"成功的原因
创造性解决实际问题的能力		综合运用数字创业理论各知识点分析"智慧生猪"下一发展阶段的战略方向选择——精耕细作 Vs. 铺开策略
素质培养		
思政育人点		广西正大生猪产业链数智化转型实践,是顺应国家推动数字农业、智慧畜牧业建设,加快生猪产业现代化进程的政策导向的积极举措。这表明,企业发展战略与国家政策的高度协同,是实现企业可持续发展的重要前提 广西高层在推动"智慧生猪"项目过程中,充分展现了新时代民营企业家勇于创新、善于变革、敢于担当的时代风采。面对生猪产业发展的新形势、新挑战,以总裁赖平生为首的广西正大高层准确把握行业数字化、智能化发展趋势,坚定不移地推动企业数智化变革,引领生猪产业链加速迈向现代化。这种心系国计民生、勇立变革潮头的家国情怀和创新精神,值得广大学子学习践行 "智慧生猪"项目是广西正大践行科技兴农理念,服务国家"菜篮子"民生工程的生动实践。项目充分运用数智科技,推动生猪养殖模式向集约化、数字化、智能化转型升级,有力保障了猪肉产品供给,助力国家战略性农产品有效供给,彰显了企业服务"三农"、造福社会的责任担当。学生应以此为鉴,不断增强社会责任意识,立足本职,创新进取,在服务国家战略、造福人民生活中实现自身价值
认知提升点		通过对本案例的学习和研讨,提升对传统企业数字化、数智化转型的系统性认知。树立在数字经济时代背景下,以数智技术全面赋能传统畜牧养殖业变革的战略思维

第三节 案例教学框架设计

一、启发思考题

(1)与一般的公司业务数智化转型相比,产业链数智化转型有何特征?

(2) 广西正大为什么要进行生猪产业链数智化转型？

(3) 广西正大是如何推进产业链数智化转型项目"智慧生猪"建设的？

(4) "智慧生猪"获得阶段性成功的根本原因是什么？

(5) 在"智慧生猪"未来建设发展中，广西正大还面临哪些问题与挑战？企业应如何应对，谈谈你的看法？

二、分析思路

教师可以根据自己的教学目标（目的）全部或部分地使用本案例。本部分给出的案例指导性分析思路如图 6-1 所示，供教师教学时参考使用。

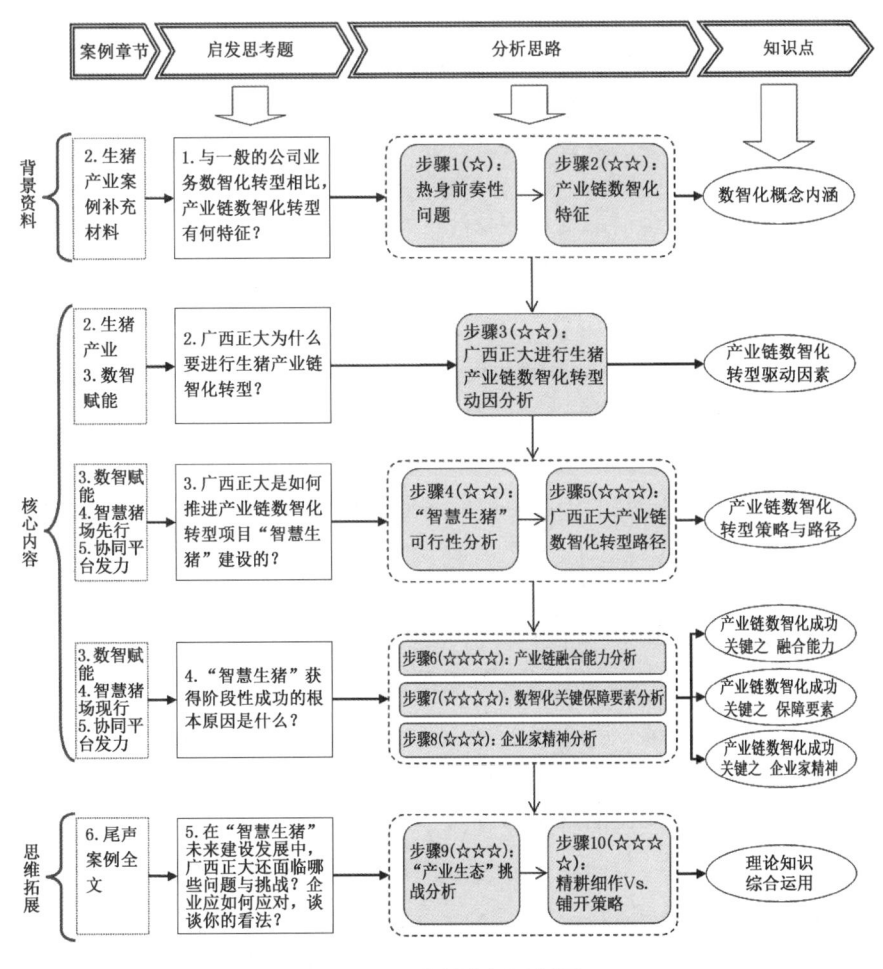

图 6-1 案例分析逻辑图

案例分析本着由表及里、难易交替、由浅入深的原则展开。首先,教师可以就广西正大的企业背景、所属行业背景、产业链数智化转型动因等内容向学生提问,并介绍生猪产业链特点和当前"小散弱"短板以及未来发展趋势。教师通过与学生互动,帮助其了解企业和行业背景,快速进入案例情境。

在此基础上,引导学生学习核心知识点"产业链数智化概念内涵""产业链数智化转型的内外部驱动因素""产业链数智化转型的策略与路径"及产业链数智化转型成功的关键点——"产业链整合能力"/"数智化关键保障要素"/"企业家精神"等。每个知识点学习过程可沿着"学生发言→知识点引入→分析应用"的顺序交替进行,以保持学生参与热情和学习兴趣。在此过程中,培养学生理论联系实际的能力。

最后,引导学生结合案例和自身观察,针对以下问题进行开放式讨论:①与一般的公司业务数智化转型相比,产业链数智化转型有何特征?②广西正大为什么要进行生猪产业链的数智化转型?③广西正大产业链数智化转型项目"智慧生猪"为什么是可行的?企业是如何推进"智慧生猪"建设的?④"智慧生猪"获得阶段性成功的根本原因是什么?⑤在"智慧生猪"接下来的建设中,广西正大还面临哪些问题与挑战?企业应如何应对?锻炼学生创造性解决实际问题的能力。具体如下:

步骤1(难度系数☆):案例导入问题,涉及案例正文第2章和扩展阅读材料内容,教师可以先向学生提问:"了解畜牧养殖业吗?了解生猪行业吗?了解生猪相关产品吗?生活中都接触到哪些类似广西正大这样的大型生猪供应企业?有过购买其产品的经历吗?了解畜牧养殖业,特别是生猪行业的数智化发展趋势吗?"这几个问题是案例讨论的"热身"前奏,使学生在了解生猪行业、大型生猪供应企业,以及数智技术在生猪养殖行业或其他畜牧养殖业的应用现状,产生参与和分析讨论的兴趣,从而快速进入案例情境。

步骤2(难度系数☆☆):数智化产业链的特征分析。首先结合案例正文第2章内容,剖析生猪产业链的特征与痛点。随后,带领学生研读案例正文3.1节内容,使其理解数智科技赋能后的产业链运行效果,以此来对"产业链数智化"和"数智化产业链"有浅层的感知性理解。在此基础上,向学生传授"产业链数智化概念内涵"知识点,帮助其充分理解产业链数智化的具体表征及其与一般的公司业务级数智化的区别。

步骤3(难度系数☆☆☆):广西正大生猪产业链数智化转型的动因分析。涉及案例正文第2章和第3章内容。在步骤2基础上,帮助学生理解广西正大推进生猪产业链智能化转型的内外部驱动力。引导学生关注生猪或其他畜牧养殖业的行业特点、企业自身问题，以及数智科技发展趋势等影响因素，厘清广西正大生猪产业链数智化转型的契机和企业酝酿的过程，进而向学生传授"产业链数智化转型的内外部驱动因素"知识点，奠定案例后续分析基础。

步骤4（难度系数☆☆）：广西正大产业链数智化转型抓手"智慧生猪"项目的可行性分析，涉及案例正文第3章内容。在步骤3基础上，引导学生从企业战略共识基础、数智科技对生猪产业链短板的针对性克制效用、项目方案顶层设计、企业数智化资源与能力等方面，分析"智慧生猪"的可行性基础。

步骤5（难度系数☆☆☆）：广西正大产业链数智化转型实施路径分析，涉及案例第3、4、5章内容。结合"智慧生猪"建设过程，向学生传授"产业链数智化转型的策略与路径"知识点，分析广西正大产业链数智化转型在价值共探、关键点/环节业务流程再造、打通"点到点"数据壁垒、构筑产业链协同生态等方面的举措及成效。

步骤6（难度系数☆☆☆☆）：广西正大的产业链整合能力分析，涉及案例第4、5章内容。此步骤是在步骤5的基础上，结合"智慧生猪"实施路径，向学生传授产业链数智化转型成功的关键点——"产业链整合能力"知识点，引导学生分析广西正大在生猪产业链信息流、节点、业务流程整合等方面的深厚积淀，以及如何奠定"智慧生猪"成功的能力基础。

步骤7（难度系数☆☆☆☆）：广西正大的数智化关键保障要素分析，涉及案例第4、5章内容。此步骤是在步骤5的基础上，结合"智慧生猪"实施路径，向学生传授产业链数智化转型成功的关键点——"数智化关键保障要素"知识点，引导学生分析在"智慧生猪"建设过程中，广西正大在数智化资源能力、战略引领与组织协调等关键要素保障方面的举措，以及如何支撑"智慧生猪"落地见效。

步骤8（难度☆☆☆）：以总裁赖平生为首的广西正大高层企业家精神分析，涉及案例第3、4、5章内容。在步骤6和步骤7基础上，开展进一步讨论。在此步骤中，教师向学生传授产业链数智化转型成功的关键点——"企业家精神"知识点，带领学生应用该知识点对"智慧生猪"得以良性运行、关键支撑和保障措施得以及时出台和落实进行深入讨论和分析。

步骤9（难度☆☆☆）："智慧生猪"未来建设挑战分析，涉及案例正文3.2节和案例尾声内容。引导学生分析"智慧生猪"第三阶段在协同机制完善、竞争壁垒构筑、关键保障要素持续供给等方面面临的主要挑战，帮助学生形成对数智化转型任务复杂性、不确定性的认知。

步骤10(难度☆☆☆☆☆):广西正大生猪产业链数智化转型未来方向选择分析,涉及案例正文第6章"尾声"。在此步骤中,首先基于步骤9的分析,提出广西正大未来的战略方向选择——精耕细作 Vs. 铺开策略,进行开放式的案例方案讨论。在此过程中,培养学生的创造性解决实际问题的能力。

三、关键要点

本案例的关键情节点、关键知识点和关键能力点如表6-2所示:

表6-2　　　案例关键情节点、关键知识点和关键能力点

关键情节点	
1.广西正大	深耕生猪产业、全产业链布局、数字化建设
2.生猪产业	生猪产业链的特征及存在的问题
3.数智赋能	数智科技为生猪产业链转型升级注入新动能、"智慧生猪"三步走
4.智慧猪场先行	构建"智慧养殖"养殖体系、打造智慧屠宰模式
5.协同平台发力	数据融通、多场景协同、开创高质量发展新局面
6.尾声	广西正大生猪产业链数智化转型的未来规划
关键知识点	
概念点	生猪产业;生猪产业链特征
理论点	①产业链数智化概念内涵; ②产业链数智化转型的内外部驱动因素; ③产业链数智化转型的策略与路径; ④产业链数智化转型成功的关键点——产业链整合能力、数智化保障要素、企业家精神
关键能力点	
信息搜集与整理能力	学员能够在阅读案例正文信息的基础上,搜索和拓展阅读生猪行业的相关资料,加深对于案例主题的理解
应用理论解释现象的能力	学员能够根据案例主题主动学习、应用相关的理论,解释案例中的现象,形成案例问题的解决思路
分析与综合的能力	学员能够综合案例信息、应用相关理论知识点,分析案例启发思考题,提出针对性的解决方案
批判性思维与协作能力	通过复盘和推演案例事件,学员提升系统性思考能力和批判性思维,并能够在小组研讨和问题解决中分工协作

第四节　案例教学的理论讲授与分析应用

一、启发思考题1：与一般的公司业务数智化转型相比，产业链数智化转型有何特征？

(一)教学定位

本题属于背景和主题导入性"热身"问题，让学生通过阅读案例并延伸搜索相关数智科技背景信息，理解"产业链数智化概念内涵"知识点，并对比出企业业务级数智化与产业链数智化的差别。

(二)理论依据

1.产业链数智化概念内涵

(1)数智化的概念与内涵。"数智化"(Digital Intelligence)是"数字化"(Digitalization)在广度和深度上的延伸与拓展，代表了数字技术升级和应用的新阶段、新高度。

"数字化"指的是将信息、数据、流程、操作等转换为数字形式的过程。这意味着采用数字技术和工具将传统的非数字形式的内容或过程转化为数字形式，使其更容易存储、访问、分析和共享。数字化强调将模拟的、非数字化的内容转化为数字形式，是信息处理和管理的基础。

而"数智化"则是指利用数字技术和数据驱动的方法，实现智能化、自动化和优化决策的能力。它结合了人工智能、大数据分析、机器学习等智慧算法学技术，以及物联网、区块链等数据承载传输系统媒介，通过对大量数据的收集、整理和分析，为企业和组织提供更深入的洞察力和智能化的决策支持。"数智化"的核心是将数据转化为有价值的信息和知识，并基于这些信息和知识决策和行动。通过数据的收集和分析，数智化可以帮助企业发现趋势、预测未来、优化流程和提高效率。

(2)产业链数智化的概念与内涵。产业链涵盖某一产品或服务的生产、分配、交换和消费的全过程。产业链是由不同行业、部门或企业构成的链条式联系，其涉及原材料供应、中间产品加工、最终产品制造、产品分销、销售和售后服务等环节，每个环节通过价值创造活动为最终产品或服务增值，环节之间存在"投入—产出"的依存关系。

产业链数智化，是指在新一代数字科技支撑和引领下，以数据为关键要素，以价值释放为核心，以数智赋能为主线，对产业链上下游各节点、各业务流程等要素的数智化改造、升级和再造的过程。

（三）案例分析

公司业务数智化转型是指企业利用人工智能、大数据分析、物联网、区块链等新一代数字技术和数据驱动的方法，对业务运营的各个环节进行智能化、自动化改造和优化决策，从而提高运营效率和创新能力。公司业务数智化转型通常聚焦公司内部的某一业务领域。例如，营销领域的数智化表现为通过收集和分析客户数据，精准洞察需求，优化营销策略，实现个性化精准营销；风险管理领域的数智化则体现在对海量业务数据实时监测分析，智能预警风险，提高风控水平。

产业链数智化转型则通常是链主企业发起和主导，上下游成员参与和协作，利用数智技术，打通产品从原材料采购到设计、生产、销售、服务的各个环节，跨组织间的实现数据共享、业务协同和决策优化，进而提升产业链整体运行效率和韧性。产业链数智化的应用场景涵盖了供应商管理、需求预测、智能制造、仓储优化、渠道管理、市场营销等诸多方面。链主企业通过产业链数智化转型，实现其对产业链的管控和资源协同，增强其在产业生态中的话语权和影响力。

综上所述，与一般的公司业务数智化转型相比，产业链数智化转型特点如表6-3所示。

表6-3　　公司业务数智化转型 VS. 产业链数智化转型

对比维度	公司业务数智化转型	产业链数智化转型
发生范围	通常在企业内部开展，聚焦企业内部业务流程	链主发起和主导、产业链上下游成员参与和协作；涵盖原材料供应到产品销售全过程的"链条式"关系集合，横跨多个企业或组织
复杂性	涉及环节相对较少，数据来源相对单一，数据治理和分析难度相对较低	涵盖产品设计、原料/配件采购、生产制造、物流配送以及终端销售等全流程，数据来源复杂多样，对数据治理和分析能力要求极高
协同性	侧重企业内部各部门间协同，对外部协同要求低	需打通内外部壁垒，构建跨组织协同平台，协同范围和难度更大
场景多样性	业务场景相对单一，数智化应用通用性强	各环节场景差异大，需要开发多领域针对性的多样化应用
影响范围	主要影响企业内部绩效，对外部影响相对有限	深刻影响产业链运作模式，进而驱动行业变革和产业生态重塑

其一，发生范围更广。产业链数智化转型的发生范围远超单一企业边界，涵盖产业链上下游的所有参与主体，包括供应商、制造商、分销商等，围绕产品设计、原材料采购、生产制造、配送、销售等端到端流程开展。而公司业务数智化转型通常局限于企业内部，聚焦销售、生产、财务等内部业务流程的数智化改造和优化。

其二，复杂性更高。产业链涵盖从原材料采购到产品交付的全流程，包括设计、采购、生产、仓储、配送、销售等诸多环节，参与主体广泛，业务流、信息流、资金流交织，远比单一业务领域复杂。产业链数智化需要处理海量异构数据，对企业数据治理和分析能力提出了极高要求。

其三，协同性更强。产业链上下游企业间存在复杂的业务关联。因此，产业链数智化需要打通企业内外部的数据壁垒，建立跨组织的数据共享机制和业务协同平台，以实现供需协同、产销协同、财物协同等，协同范围和难度远大于企业内部的部门间协同。

其四，场景更丰富。产业链各环节的业务特点差异较大，对应的数智化场景也呈现多样化，从上游的需求预测、智能采购，到中游的生产制造、库存优化，再到下游的智能物流、智慧零售等，需要针对不同场景开发领域专属的解决方案。而单一业务如营销，其数智化在客户洞察、个性化推荐等方面的应用则较为通用。

其五，影响范围更广。产业链数智化转型具有广泛而深远的影响，不仅能提升产业链整体运作效率和抗风险能力，带动所有参与企业的业绩改善，而且往往会产生示范效应，引领行业广泛开展数字化变革，进而推动产业分工和竞争格局的重塑，对现代产业生态的构建产生深远影响。而公司业务数智化转型的影响主要局限于公司内部绩效提升。

二、启发思考题 2：广西正大为什么要进行生猪产业链数智化转型？

(一)教学定位

本题旨在引导学生剖析产业链数智化转型的内外部驱动因素。在对案例正文第 2 章和第 3 章内容阅读的基础上，通过引导学生关注生猪产业的行业特征和产业链特点，以及广西正大自身的问题，理解生猪产业链数智化转型的必要性和紧迫性。

(二)理论依据

产业链数智化转型是指(链主)企业运用新一代数字技术,对产业链各环节进行全面的数字化、网络化、智能化改造，实现产业链的透明化协同和敏捷化运作，进而带动商业模式创新和价值创造方式的变革。产业链数智化的内外部驱动因素主要包括：

1. 内部驱动因素

(1)产业链管理升级需求。产业链往往存在环节衔接不畅、信息传递滞后、供需匹配不精准等问题，导致运作效率不高、成本居高不下。数智化转型通过打通数据壁垒，优化上下游组织间的"端到端"业务流程，为提升产业链整体绩效带来新路径。

(2)塑造竞争新优势的战略考量。产业链管理能力已成为企业核心竞争力的关键组成部分。数智化是产业链升维进化的必由之路。企业通过数智化，可以提升产业链的快速响应能力、精准服务能力，助力企业在新一轮竞争中抢得先机。

(3)领导者认知。企业领导者对内外部环境的认知水平，影响其对数智化转型机遇与挑战的判断，进而决定企业推进产业链数智化的意愿和力度。领导者的前瞻性思维和决策魄力，是推动企业加速产业链数智化进程的关键"催化剂"。领导者以开放的心态和创新视角来拥抱变革，能够为产业链数智化转型的落地执行带来源源不断的内生动力。

2. 外部驱动因素

(1)数字技术的迭代发展。人工智能、物联网、区块链等数字技术飞速迭代，与产业链管理场景加速融合，为产业链转型升级提供了源源不断的技术动能。企业只有主动拥抱新技术，用数智化"武装"产业链，才能在变革中保持竞争力。

(2)市场环境和行业竞争。一方面，伴随消费需求日益多样化和个性化，加之突发风险事件频发，产业链运作的难度大大提升。面对瞬息万变的市场，企业急需通过数智化手段提升产业链韧性，从容应对市场环境变化。另一方面，随着产业数字化变革加速，越来越多的企业开始实施数字化(数智化)变革，不断突破性能边界，地区间行业竞争加速比拼产业链。因此，数智化产业链成为企业突围传统发展模式、重塑行业竞争格局的"利器"。

(3)产业发展政策导向。随着数字经济上升为国家战略，国家出台一系列政策支持产业链数字化转型，推动产业链创新发展。顺应政策导向，加速产业链数智化进程，有助于企业获得更多发展机遇和政策利好。

(三)案例分析

广西正大进行生猪产业链数智化转型,是在"产业链管理升级需求""塑造竞争优势的战略需求""领导者认知""数字技术迭代发展""市场环境和行业竞争复杂多变"和"产业政策导向"六大内外因素共同影响下做出的必然选择(如图6-2所示)。

内因

- 产业链管理升级需求
  - 生猪产业链在集约化、一体化、信息化等方面的发展还不够成熟
  - 全产业链协同运作仍面临诸多掣肘
  - 提质增效任重道远

- 塑造竞争优势战略考量
  - 单纯依靠传统组织模式、基础信息化与中级数字化管理难以适应生猪产业高质量发展要求
  - 巩固区域龙头企业地位
  - 争取成为全国行业标杆

- 领导者认知
  - 高层共识——必须推进生猪产业链数智化转型
  - 总裁赖平生的战略远见和坚定意志力
  - "一把手"挂帅督战

驱　动 → 广西正大"智慧生猪" ← 驱　动

- 数字技术迭代发展
  - 区块链、物联网等新兴技术的跃进式发展,让生猪产业链诸多管理痛点有了新的破解路径

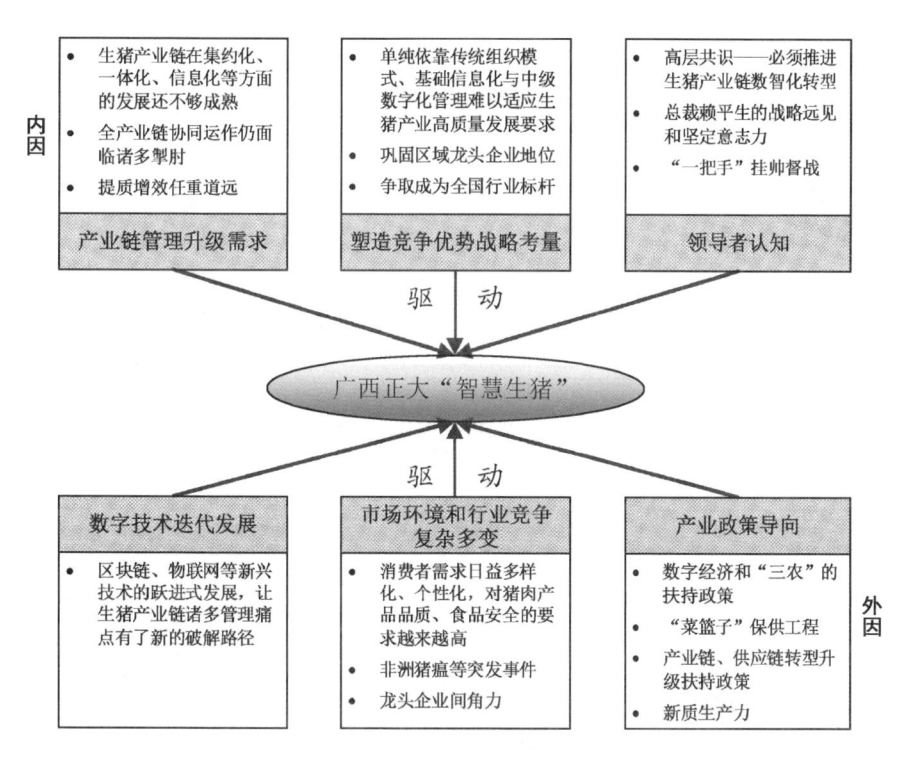

- 市场环境和行业竞争复杂多变
  - 消费者需求日益多样化、个性化,对猪肉产品品质、食品安全的要求越来越高
  - 非洲猪瘟等突发事件
  - 龙头企业间角力

- 产业政策导向
  - 数字经济和"三农"的扶持政策
  - "菜篮子"保供工程
  - 产业链、供应链转型升级扶持政策
  - 新质生产力

外因

图6-2　广西正大生猪产业链数智化转型驱动因素示意图

1. 内因1:产业链管理升级需求

由案例正文第2部分内容可知,我国生猪产业链仍存在诸多亟待补齐的短板。生猪产业链涵盖了饲料生产、种猪繁育、商品猪养殖、生猪屠宰、肉制品深加工、冷链物流、终端零售等众多环节,这导致我国生猪产业链在集约化、一体化、信息化等方面的发展还不够成熟,高质高效的全产业链协同运作仍面临诸多掣肘,产业链提质增效举步维艰。因此,补齐这些短板,打造高效协同、透明可控的现代化生猪产业链,是广西正大作为区域性龙头生猪供应企业的需求和动力。

2. 内因 2：塑造竞争优势战略需求

面对生猪产业转型升级和行业竞争加剧的新形势，广西正大领导层敏锐地意识到，单纯依靠传统的产业组织模式、基础信息化与中级数字化管理已不能适应高质量发展要求，亟需运用数智技术推动产业链变革，塑造新的竞争优势。结合案例正文内容可知，"2021 年以来，正大集团广西公司抓住新一轮数智科技发展的历史机遇，审时度势推出'智慧生猪'项目……且经过 3 年多的建设实践，该项目收获一系列硕果"。由此可见，产业链数智化转型是广西正大基于生猪行业发展趋势做出的战略抉择，也是其巩固行业龙头地位、争取跃迁成为国内标杆性生猪供应企业的关键一招。

3. 内因 3：领导者认知

案例正文多处体现广西正大高层对生猪产业链数智化转型有着前瞻性思考和坚定决心。总裁赖平生更是高瞻远瞩，敏锐洞察生猪产业发展新趋势，并果断付诸行动，成立高规格的"智慧生猪"项目领导小组。在"一把手"的战略远见和坚定意志感召下，公司上下才能形成变革共识，稳扎稳打推进生猪产业链数智化转型。领导者的前瞻性认知和魄力担当，是广西正大生猪产业链数智化变革的关键"催化剂"。

4. 外因 1：数字技术迭代发展

物联网、人工智能、区块链等新一代数字技术的突破性进展，让生猪产业链诸多痛点有了新的破解路径。案例正文第 3 部分提到，广西正大通过考察头部科技企业、对标国外先进同类企业等方式，洞悉到以大数据、人工智能为代表的数智技术在养殖精准管理、产销协同、食品安全追溯等场景的应用潜力，由此确立了数智化驱动产业链变革的思路。可见，新一代数字技术的加速发展成熟，既为生猪产业链转型升级带来了新的可能，也对产业数智化能力提出了更高要求。因此，敏锐把握并积极运用新技术赋能产业变革，是广西正大加速产业链创新的重要技术驱动力。

5. 外因 2：市场环境和行业竞争格局复杂化

一方面，消费需求快速升级，消费者对猪肉产品的品质、安全、多样性要求越来越高，对产业链的柔性化、精细化运作能力提出了更高要求。另一方面，国内外复杂的经济形势、非洲猪瘟等重大疫情以及极端天气事件，也让生猪产业链运行面临更多不确定性风险。此外，行业竞争日趋激烈，龙头企业间围绕生猪全产业链话语权的角逐加剧。在以上因素交织影响下，构建数智化的现代生猪产业链体系已经成为广西正大应对瞬息万变的市场环境、提升产业韧性和竞争力的必然选择。

6. 外因 3：产业政策导向

国家高度重视生猪等重要"菜篮子"产品稳产保供，大力支持生猪产业转型升级和现代化发展。各地方政府也响应中央号召，纷纷出台了一系列扶持地方生猪产业发展的政策，为广西正大这样的地方龙头做大做强生猪全产业链创造了良好环境。因此，广西正大通过数智化转型，推动生猪产业链转型升级，既契合了国家战略，也有助于争取更多的政策扶持。由此可见，有利的政策环境是广西正大数智化转型的重要推动力。

三、启发思考题 3：广西正大是如何推进产业链数智化转型项目"智慧生猪"建设的？

（一）教学定位

本题主要让学生通过在启发思考题 2 中对产业链数智化转型驱动因素分析的基础上，根据案例正文第 3 部分、第 4 部分和第 5 部分内容，主动思考，企业应如何落实和执行产业链数智化转型战略。

本题旨在让学生理解企业推动产业链数智化转型是一项艰巨的任务，离不开科学合理的顶层规划、稳健的执行力以及持续不断地优化资源配置。

（二）理论依据

1. 产业链数智化转型的策略与路径

企业数智化转型的策略有多种，聚焦到产业链情境之中，其策略主要体现在基于数据驱动的数智化运营持续优化上，具体包括：其一，产业链数智化转型价值共探；其二，产业链关键"点"业务流程再造；其三，打通"点到点"数据壁垒，实现产业链局部协同；其四，构建产业链协同生态。四个策略之间有递进关系，由此形成一条数智价值共创的路径，如图 6—3 所示。

（1）产业链数智化转型价值共探。产业链数智化转型要从整体最大价值出发，链主企业要联合上下游企业，通过评估当前数字化成熟度，识别短板和机会，共同探讨数智化转型的目标愿景、关键领域和优先次序。各成员企业要在共同愿景下明确定位，建立利益共享机制，形成转型合力，共绘产业链数智化宏图。

（2）产业链关键"点"流程业务再造。聚焦对整体绩效影响较大的某个关键节点企业，如链主企业、核心供应商、制造商等，优先对其开展数智化改造，重塑其业务流程，实现数据驱动优化，提升单点效能。

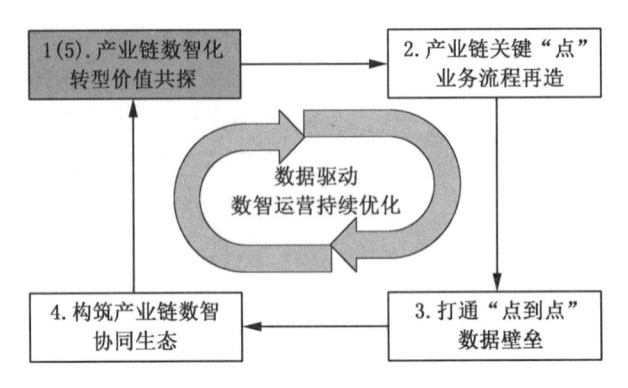

图 6—3　产业链数智化转型策略与路径示意图

(3) 打通产业"点到点"数据壁垒,夯实数智协同基础。一条产业链上的企业间要共建统一的数据标准和接口,利用新技术构建可信的"点到点"数据采集、传输和共享机制。要树立"数据共享共赢"的理念,创新数据共享模式,最大限度地开放数据、打通数据流动,为产业链关键环节、关键业务协同奠定坚实基础。

(4) 构建产业链数智协同生态。在"点到点"数据流动的基础上,链主企业要进一步搭建数智协同平台,吸引更多参与者,促进全方位协同,推动产业链向紧密协作、创新驱动、柔性敏捷的"生态化"结构演进。通过加强协同创新,创造数智化新业态,产业链将实现从成本到价值、从配置到创新的战略蝶变。

(三)案例分析

1. "智慧生猪"项目为什么可行

"智慧生猪"项目是完全可行的,其可行性主要体现在企业战略共识基础、核心技术路径、项目实施保障条件三个方面。

其一,产业链数智化转型的战略共识基础。面对生猪产业转型升级的时代命题,广西正大准确把握数智技术发展机遇,并将生猪产业链数智化转型上升到企业战略高度。经过广泛而深入的研讨,企业上下形成了"利用前沿数智科技系统性推进生猪产业链重构"的共识。在这一过程中,广西正大还积极链接政府、高校、科技公司等外部力量,通过战略合作谋求多方共赢。正是在内外协同的战略共识指引下,"智慧生猪"的蓝图得以绘就,转型动力得以凝聚。

其二,聚焦人工智能、物联网、区块链等数智科技的应用。案例第 3.1 节提到,广西正大通过广泛调研论证,洞悉人工智能、物联网、区块链等新一代数智技术在养殖精准管理、产销协同、食品安全追溯等方面的应用前景。由此,企业确立了以新兴数智技术为驱动引擎,推进生猪产业链体系化变革的思路。

其三,依托自身禀赋形成项目实施的保障条件。作为广西生猪行业的龙头企业,广西正大拥有"从农场到餐桌"的覆盖生猪全产业链的业务布局,这为"智慧生猪"项目全链条设计、"点到点"数据贯通等提供了"得天独厚"的条件。此外,企业多年深耕生猪产业,在产业资源、社会资本、品牌声誉等方面都具有较强优势,有利于其整合各方力量,加速"智慧生猪"关键场景应用落地和创新价值释放。

综上所述,"智慧生猪"项目符合生猪产业链变革趋势和数智技术发展方向,有坚实的战略共识基础、契合的核心技术路径以及充分的实施保障条件,因而具有很强的可行性。

2. 广西正大如何推进"智慧生猪"项目

对照产业链数智化转型的策略路径,广西正大"智慧生猪"项目遵循产业链数智化转型的基于数据驱动的"价值共探—关键点/环节再造—局部协同—生态培育"的循序渐进的过程(如图6-4所示)。

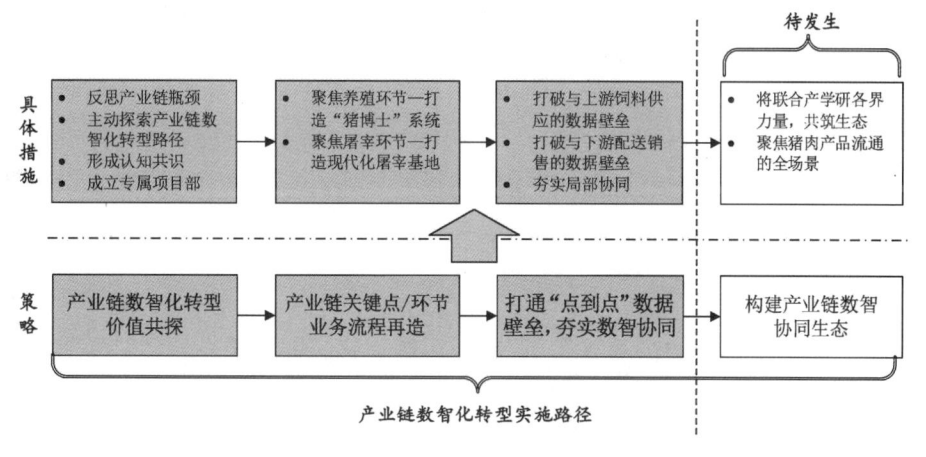

图6-4 广西正大"智慧生猪"实施路径示意图

第一步,产业链数智化转型价值共探。面对日益凸显的生猪产业链管理短板,广西正大(总部)率先识变,从产业链全局优化的战略高度,与产业链上下游的子公司、兄弟公司以及其他合作伙伴等,共同研判产业链数字化成熟度,剖析猪肉产品质量安全、供需失衡等突出问题。在此基础上,在广西正大的主导下,各方达成了以"生猪产业链体系化重构"为核心的数智化转型愿景共识,为"智慧生猪"项目实施奠定了价值基础。

第二步,产业链关键点(环节业务)流程再造。在价值共探的基础上,广西正大将生猪产业链中游的养殖、屠宰两大核心环节作为"智慧生猪"项目的突破口。在养殖环节,广西正大联合科技上下游成员以及数科巨头公司,共同打造了"猪博士"智能养殖管理系统。该系统基于物联网、人工智能、大数据分析等技术,实现了母猪、仔猪、育肥猪全生命周期的精准饲喂、疫病防控和猪舍环境管控。在屠宰环节,广西正大投资建设了现代化屠宰加工基地,引进了机器视觉分割、RFID 识别、MES 系统等自动化、信息化设备和系统,实现了从生猪屠宰到肉品分割、包装的全流程数字化管控。

第三步,打通产业链"点到点"数据壁垒,夯实数智协同基础。在养殖和屠宰环节数智化改造的基础上,广西正大进一步延伸至产业链上游的饲料供应以及下游的冷链配送、产品销售等环节,通过数据共享打通各环节板块间的数据壁垒,实现了数据上链的互联互通。在可靠数据流动的基础上,广西正大实现了产销协同、财物协同、业财协同,生猪产业链运行效率显著提升。

第四步,携手各界共建生猪产业链数智创新生态。未来,广西正大将着眼长远,积极拓展"智慧生猪"的外延。通过搭建开放生态平台,企业将广泛链接政府、高校、行业伙伴等各界力量,围绕猪肉产品生产、加工、流通、消费等场景,探索数智科技与生猪产业各领域的融合创新。随着"智慧生猪"的持续迭代,生猪产业数智创新生态的构建必将加速,这也会为我国生猪行业高质量发展持续赋能。

综上所述,广西正大"智慧生猪"项目建设紧密围绕产业链数智化转型的一般规律,深度契合基于数据驱动的"价值共探—关键点(环节再造)—局部协同—生态培育"的策略路径,坚持循序渐进、持续深化,走出了一条独具特色的创新发展之路。

四、启发思考题 4:"智慧生猪"获得阶段性成功的根本原因是什么?

(一)教学定位

本题主要让学生通过在启发思考题 3 中对广西正大生猪产业链数智化转型的策略和实施路径分析的基础上,结合正文第 3 部分、第 4 部分和第 5 部分内容,主动思考企业推进产业链数智化转型成功的关键所在。

广西正大生猪产业链数智化转型初见成效,其核心在于依托自身强劲的"产业链整合能力"建成生猪产业链数智化协同运行机制。而这一机制的顺畅运行,离不开"数智化关键资源与能力"和"战略与组织协调"两大关键保障要素的支撑,以及集团高层新时代企业家精神的引领作用。

本题旨在让学生理解产业链数智化转型是一项艰巨的任务,离不开链主企业强劲的产业链整合能力、数智化关键保障要素以及企业高层的企业家精神,这三大类是支撑产业链数智化转型成功的关键点。

(二)理论依据

1.产业链数智化转型成功的关键点:产业链整合能力

产业链整合能力是企业、特别是链主企业产业链数智化转型的重要前提。产业链整合能力反映了企业对产业链的控制和影响力,是企业在产业链中权力地位的体现。整合能力强的企业(其通常在产业链中处于"链主"地位),使其能够对产业链上下游实施有效协调。推动产业链各环节的数据共享、业务协同和流程优化,是落实产业链数智化转型的关键支撑。

企业的产业链整合能力可以从"产业链信息流(数据流)整合能力""产业链节点关系整合能力"与"产业链业务流程整合能力"所构成的基本架构分析,如表6—4所示。

表6—4　　　　　　　　　产业链整合能力基本架构

维度	具体含义
产业链信息流（数据流）整合能力	产业链运行所产生的信息流/数据流,是产业链管理的依据,是产业链一切变革的基石。对产业链信息流/数据流的整合,就是要用数智化手段,打破各点/环节的数据孤岛状态,实现上下游的数据链路贯通,形成可视化的产业链数字映射。在此基础上,企业可以通过数据分析优化产业链管理决策
产业链节点关系整合能力	产业链竞争的本质是产业链网络竞争,这就要求链主企业具备整合和协调上下游节点关系的能力。这包括对各级供应商、制造商、分销商、合作商等的整合。产业链通过契约机制、信任机制等方式,构建利益共享、风险共担的命运共同体,形成稳定的战略合作伙伴关系,是这一维度整合能力的关键表征
产业链业务流程整合能力	产业链的本质是围绕核心企业/链主,连接上下游成员以及终端客户的一系列业务流程。产业链流程整合能力强调运用流程优化的理念和技术,再造采购、生产制造、配送、销售等关键流程,消除冗余、压缩时间、降低成本,实现产业链全流程的精益化、高效化运作

综上,信息(数据流)整合能力、节点关系整合能力以及流程整合能力,共同构成了产业链整合能力。三个维度相互交织,体现了企业在产业链整合过程中的数字化、协同化、精益化等显著特征。其中,信息(数据流)整合是源头和基础,节点关系整合强调了产业链整合的协同本质,而流程整合则指明了产业链整合的精益化方向。

2.产业链数智化转型成功的关键点:数智化关键保障要素

产业链数智化转型成功离不开企业数智化关键保障要素的支撑,数智化关键保障要素涵盖"数智化资源与能力"和"战略与组织协调能力"。

（1）数智化资源与能力。数智化资源与能力是企业产业链数智化转型的物质基础。数智化资源与能力建设包含数智化知识体系、数智化工具体系和数智化实践学习三个方面：其一，数智化知识体系是运用数智化转型、智能制造等前沿理论知识，提升员工认知能力，涵盖技术培训、管理培训和数智化应用培训等。其二，数智化工具体系包括支撑产业链数字化、智能化的软硬件基础设施，如物联网、云计算、大数据、人工智能、区块链等新兴技术应用组件以及数据采集、处理、存储、分析、应用等配套工具。其三，数智化实践学习是指借鉴内外部标杆企业数智化转型的成功经验和失败教训，从而全面提升自身智化能力成熟度。

（2）战略与组织协调能力。战略与组织协调是确保产业链数智化转型落地见效的关键支撑。一方面，产业链数智化转型是一个系统性的变革过程。企业需要在高层形成清晰的数智化转型愿景和路线图，并将其纳入公司整体发展战略，给予长期的资源投入和政策保障。另一方面，产业链数智化转型的落实，需要高层管理者、中层运营者和基层操作执行人员全身心的投入与高效协作。因此，为确保企业的产业链数智化转型战略有效执行，需要匹配相应的组织协调能力。

具体地，要协调好企业各层员工参与产业链数智化转型的战略任务，企业首先需要建立一套完善的人才培养制度，核心技术人才需通过招聘来满足，管理人才和非核心技术人才可内部自己培养，同时还需引入外部资源进行咨询与培训。其次，产业链数智化转型不是开几场会议喊喊口号，管理者应身体力行，以身作则，结合企业文化变革，宣导使命愿景和价值观，同时将员工的绩效与产业链数智化转型工作成果强相关。最后，企业应提供相应的数智平台资源让员工发挥其价值，这些资源包括硬件设备、流程制度、信息系统平台、组织权责等。

3. 产业链数智化转型成功的关键点：企业家精神

熊彼特创新理论最早指出，企业家精神的本质就是创新，随后企业家精神的内涵从个体、组织向社会层面不断延伸：

（1）个体层面，代表了企业家在经营活动中的一般特征和心理特质，是在不确定性下以最有创造性的活动开辟道路的创新精神和勇于承担风险的精神。

（2）组织层面，代表企业家精神在整个公司的渗透，如创新性、前瞻性和冒险性，并受到组织结构、文化、资源、战略等的影响。

（3）社会层面，企业家精神责备认为是在一定的社会人文环境和经济制度规范中形成的一种以创新精神为核心、以风险承担精神为支撑的综合性精神意志。

在数字经济大背景以及产业链数智化转型情境下，企业家精神被赋予了新的时代内涵。企业家需要以数智化思维审视产业链,以创新意识谋划产业链变革,带领组织突破路径依赖,开启产业链数智化转型新征程。这就要求企业家具备家国情怀、全局视野和创新勇气。一方面要立足企业发展,带领组织上下开拓进取;另一方面要放眼行业进步,引领产业数智化变革;还要胸怀国家战略,将产业链创新与国家发展大局相结合。

(三)案例分析

1. 从企业的产业链整合能力看,"智慧生猪"为何能获得阶段性成功?

"智慧生猪"项目能在较短时间内取得阶段性成功,得益于广西正大深厚的产业链整合能力。正是因为广西正大在生猪全产业链的缜密布局,在产业链信息流、节点、业务流程整合等方面的长期投入,"智慧生猪"项目才具备成功落实的前提条件(如图6—5所示)。

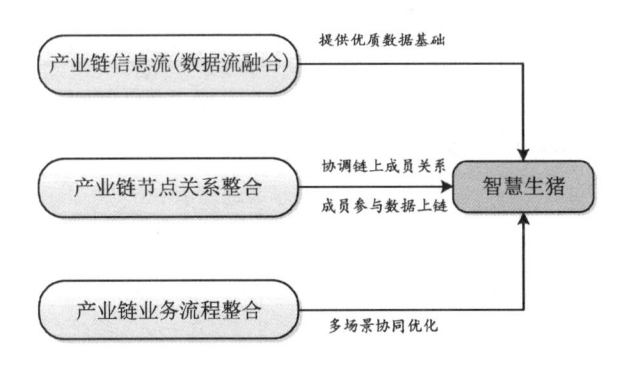

图 6—5　广西正大产业链整合能力解构示意图

(1)产业链信息流(数据流整合)能力。广西正大早在 2008 年便开始谋划信息化、数字化建设,引入 ERP 系统对采购、仓储、生产、销售、财务等核心业务流程进行信息化管理。此后,特别是在 2016 年后,企业持续加码数字化投入,陆续推进以下举措:扩容改造 ERP 系统,打通从饲料采购到成品配送的数据链条;引入智能化仓储管理系统(WMS),综合应用 RFID 电子标签、AGV 搬运机器人等技术手段,全面提升饲料仓储、成品分拣作业的自动化和信息化水平;利用大数据分析和算法优化,对经销商和消费者精准画像;等等。这些举措为生猪产业链数据全链条采集、多维度分析奠定了扎实基础,为"智慧生猪"的数据上链提供了优质的数据源。

(2)产业链节点关系整合能力。作为广西地区生猪行业的龙头企业,广西正大与产业链上下游各类市场主体建立了稳固的合作关系,这包括对于饲料原料供应商、经销商、合作社(农户)、集团子公司、兄弟公司的资源整合和统筹协调。基于在广西地区生猪行业中的影响力和话语权，"智慧生猪"项目能够快速争取到各利益相关方的支持，达成生猪产业链各节点的一致行动。正是在这种良性的多方协同机制下，产业链上下游成员主体参与数据上链的积极性得以充分调动。

（3）产业链业务流程整合能力。广西正大立足生猪全产业链优势，对饲料供应、种猪繁育、商品猪养殖、屠宰加工、冷链物流、零售等各环节业务流程进行精细化梳理、"点到点"贯通。一方面，企业制定了标准化饲养管理SOP，建立食品安全管理体系，形成了"从农场到餐桌"全链条信息可追溯。另一方面，企业引入JIT、VMI等先进管理理念，推动产业链各环节的柔性化、扁平化运作。由此，广西正大塑造了高度协同、响应迅捷的产业链运行机制，这为"智慧生猪"多场景应用的落地见效创造了有利条件。

2. 从数智化关键保障要素看，"智慧生猪"为何能获得阶段性成功？

"智慧生猪"项目能在较短时间内取得突破性进展，离不开"数智化资源与能力"以及"战略与组织协调能力"两大关键保障要素的支撑。

表6—5　　　　　　　　"智慧生猪"数智化保障要素

保障维度	一期"智慧生猪"阶段（2022年至今）保障措施	二期"协同平台"阶段（2023年至今）保障措施
数智化资源与能力	投资2.2亿元启动"智慧生猪"建设； 与知名高校、科研院所共建"数字生猪联合实验室"； 加强员工在物联网、人工智能、区块链、大数据等新技术应用方面的培训； 引进国外先进"智慧养殖"模式	追加3.6亿元推动"智慧生猪—协同平台"建设，在"智慧生猪"基础上纵深发展； 将产业链协同平台扩展至更多下属养殖场和屠宰场，提升平台覆盖广度； 深化人工智能技术在饲料精准投放、疫病智能预警等场景的应用； 着手打造全猪产业链数据中心
战略与组织协调能力	公司高度重视"智慧生猪"项目，明确"智慧生猪—协同平台—产业生态"三步走路径规划； 成立由总裁亲自挂帅的项目小组，全面统筹顶层设计、技术开发等环节； 从团队架构、人员配置到业务流程、服务质量管控等方面，进行全方面的管理创新	持续强化"智慧生猪"项目领导小组建设，将分布在产业链各处的子公司、兄弟公司、合作伙伴纳入统一管理框架，形成一盘棋； 建立跨养殖、屠宰、物流、零售等业务条线的协同机制，提升"端到端"协同效率； 优化产业链组织间协同机制、利益分配机制

广西正大在"智慧生猪"项目一期和二期建设阶段，在夯实数智化资源禀赋

和能力、加强战略引领和组织协同方面的系列举措大体一致,二期保障措施在一期基础上进一步深化拓展,具体如表6-5所示。

3.从企业家精神来看,"智慧生猪"为何能获得阶段性成功?

"智慧生猪"项目的阶段性成功离不开广西正大高层新时代企业家精神的引领作用。广西正大高层的企业家精神主要体现在个体层面的前瞻性认知、组织层面的创新性驱动,以及社会层面的使命感和责任感。

(1)个体层面的企业家精神主要体现在对生猪产业链数智化转型趋势的前瞻性认知。2021年年初,以赖平生为首的广西正大高层敏锐洞察到,在数字经济浪潮下,单纯依靠传统的产业组织模式和协调机制已难以适应生猪行业发展需求,必须以数智化手段变革生猪产业发展方式,推动产业链的系统性重构。正是凭借这种前瞻性认知,广西正大高层才能审时度势地推出"智慧生猪"项目,抢占生猪产业数智化转型的制高点。

(2)组织层面的企业家精神主要体现在推动"智慧生猪"项目建设过程中的创新性驱动。在高层的带领下,广西正大率先在生猪养殖和屠宰两大关键环节大胆探索数智科技的创新应用。例如,企业自主研发"智慧生猪—猪博士"智能养殖管理系统,利用物联网、人工智能技术变革传统饲养模式;投资建设"智慧生猪—智慧猪舍"现代化屠宰基地,利用机器视觉、RFID等先进技术实现屠宰数字化管控。正是凭借这种勇于变革的精神,广西正大才能突破固有路径依赖,开创性地构建起全链条数智化运行新机制。

(3)社会层面的企业家精神主要体现在"智慧生猪"项目的战略定位和发展愿景中。一方面广西正大将"智慧生猪"项目视为企业服务国家"菜篮子"民生工程、践行食品安全主体责任的重要抓手。广西正大坚决担负起保障猪肉供给、提升质量安全的社会责任。另一方面,广西正大坚持开放、共享的发展理念,积极搭建"智慧生猪产业联盟",充分发挥广西正大的示范带头作用,带动中小养殖企业、养殖户集体数智化转型,助力现代生猪产业体系建设。这充分彰显了广西正大"企业发展与行业同频共振"的格局与情怀。

五、启发思考题5:在"智慧生猪"未来建设发展中,广西正大还面临哪些问题与挑战?企业应如何应对,谈谈你的看法?

(一)教学定位

本题为案例讨论的最后一部分,旨在通过开放式方案设计环节,引导学生综合运用前面所学习到的知识点与方法。本题的前半部分,即"'智慧生猪'在接下来的第三步'产业生态'建设阶段,面临哪些问题与挑战?",需要在案例正文第 3 部分、第 4 部分和第 5 部分内容基础上,结合产业链数智化转型成功的关键点——"产业链整合能力"和"数智化关键保障要素"知识点分析。

本题的后半部分,即"广西正大应如何应对"需要结合正文尾声内容基础上,进行开放式讨论。该部分讨论没有固定答案,本说明仅提供分析参考。

(二)案例分析

1."智慧生猪"即将开启的"产业生态"建设,面临哪些问题与挑战?

"智慧生猪"项目第三阶段的核心任务是打造开放共享的产业链数智生态圈,推动形成可持续、可复制的生猪产业链创新发展新模式。

根据案例尾声内容的提示,广西正大计划在 2025—2030 年期间,以广西为中心,以珠三角及周边腹地为战略支点,加速推进"智慧生猪"项目的辐射范围。相比前期"智慧猪场"和"协同平台"建设,"产业生态"建设在空间范围、参与主体、应用场景等方面更为广泛和复杂,因而面临更多不确定性。广西正大在这一过程中将面临以下三大挑战:

第一,如何进一步完善"智慧生猪"产业链协同机制。尽管前期已初步建立了养殖、屠宰、配送、销售等关键环节的业务协同机制,但结合案例第 2 部分内容,我国生猪产业链当前的短板依然存在——"小散弱"特征明显、上下游衔接不畅、供需失衡时有发生。在更大范围推广和复制"智慧生猪"模式时,如何因地制宜地打通区域产业壁垒,整合各利益相关方资源,构建成熟的跨区域组织协作范式,对广西正大的顶层设计和统筹协调能力提出了更高要求。

第二,如何构筑"智慧生猪"的市场竞争壁垒优势。当前"智慧生猪"在广西地区市场虽已初具影响力,但随着创新应用向更大地域范围的产业链各环节渗透,如何围绕饲料生产、生猪养殖、屠宰加工、物流配送、终端营销等关键场景,构建差异化的技术解决方案,推动数智科技与生猪产业链的深度融合,打造可复制、可推广的广西正大"智慧生猪"模式,既是巩固领先优势的必由之路,也对企业的产业链创新能力提出了全新挑战。

第三,数智化关键保障要素能否持续赋能。"智慧生猪"的规模化扩张和推广,离不开数智化资源与能力、战略与组织协调等关键保障要素的持续供给。未来,随着创新生态版图不断扩张,企业在数智科技底层技术研发、多方协同治理机制构建等方面都面临更大压力。同时,国内外经济形势的不确定性、非洲猪瘟等疫病冲击,也显著制约着"智慧生猪"的推广普及。如何确保数智化关键要素持续赋能,考验着广西正大的综合调控能力。

2.广西正大应该如何应对?

通过探讨广西正大在"智慧生猪"第三阶段建设中是聚焦广西大本营"精耕细作",还是采取以珠三角及周边腹地为战略支点,加速"智慧生猪"区域拓展的"铺开策略"?引导学生给出支持理由和具体方案设计,培养学生的决策和问题解决能力。探讨过程中,教师可先依据学生对两个方向的支持情况分组,通过交替陈述理由、相互提问、展开辩论等形式开展讨论。之后通过组内协作设计具体实施方案,并通过组间互评使其进一步完善。教师在此过程中只引导、归纳整理,应保持中立。具体过程可参照图6-6所示的讨论框架。

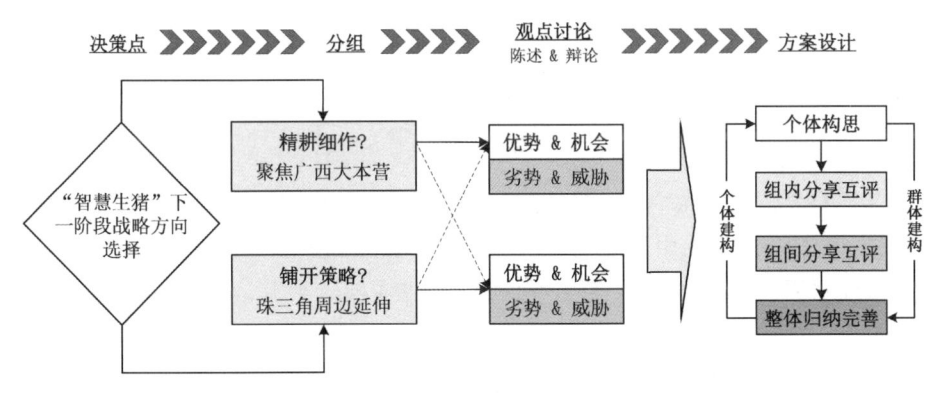

图6-6 开放性讨论框架

(1)观点讨论环节。首先,需要按照学生的初始立场将学生分为"精耕细作"小组和"铺开策略"小组。引导学生分别阐明选择本方向的优势和机会以及选择对立方向可能面临的劣势与挑战。

对"精耕细作"小组,优势在于:广西正大深耕广西地区生猪产业多年,在区域内积累了雄厚的产业资源、渠道网络和品牌影响力。聚焦广西大本营,有助于发挥自身优势,平稳推进"智慧生猪"建设,更符合企业在资金、人才、管理、技术等方面的现实禀赋,有利于稳扎稳打,控制风险,以点带面。劣势在于:广西市场容量有限,随着"智慧生猪"的不断渗透,未来增长空间可能遭遇瓶颈。过度聚焦广西市场,可能使企业错失数字农业变革的窗口期,导致在全国生猪行业的影响力和话语权受到削弱。

对"铺开策略"小组,优势在于:当前正值数字经济蓬勃发展的黄金期,抢抓机遇,借助"智慧生猪"的品牌示范效应,加速向更大地域范围拓展布局,有助于广西正大在"生猪产业数智化"赛道抢占先机,巩固行业领先地位——充分发挥广西正大在生猪养殖、饲料供应、屠宰加工、物流配送、连锁零售等领域已有的产业资源优势基础,加快"智慧生猪"经验在不同区域的复制推广,实现跨越式发展。劣势在于:铺开对广西正大的资源整合能力、跨区域管理水平都提出了更高要求,如果前期准备不足,盲目推进可能带来较大的决策和运营风险。因为不同区域的生猪产业数字化基础、市场环境存在差异,统一模式的简单复制也可能面临水土不服的挑战。

相关立场的支持理由包括但不限于上述内容,学生可以通过更广泛的资料查询和更深入的分析寻找理论和实践支持。

(2)方案设计环节。经过前期讨论环节,教师可再次询问学生的支持观点,若有学生改变立场则加入新的小组。进而,将以小组为单位,分模块实施方案设计。在此过程中,教师可通过启发式提问,引导学生搭建解决方案的设计思路。

比如,若要选择聚焦广西大本营"精耕细作",广西正大如何进一步巩固其在本地生猪行业的引领地位?如何围绕饲料供应、生猪养殖、屠宰加工等优势领域持续深化"智慧生猪"应用?如何加强与广西政府的合作,争取政策红利?

若要选择面向珠三角及周边腹地等更大范围开展"智慧生猪"的"铺开策略",广西正大如何立足当地农业资源禀赋与产业基础,因地制宜制定实施方案?如何与区域行业协会、龙头企业开展战略合作?在区域拓展的过程中如何把控节奏、稳中求进?

抛出解决此类问题的关键节点,引导学生利用已有知识和信息收集,完成自我建构和组内建构。然后以组间点评的方式,邀请各组汇报方案,其他组寻找亮点或问题,以组间互助的形式完成方案的丰富与完善。

第五节　案例教学的课堂设计

本案例可以作为专门的案例讨论课来进行,也可以根据授课内容调整作为讲解案例。可按照如下的安排分析和讨论,供授课教师参考使用。案例授课班级人数控制在40人左右为宜,分为6~8个小组,每组5~7人为宜。

一、时间计划

整个案例的讨论时间控制在两个课时,90分钟为宜。课堂安排如表6—6

所示。

表 6-6　　　　　　　　　　　课堂计划时间

课前计划			
阶段	教学安排	具体教学活动	时间安排
计划	教师准备	确定课程主题、制定教学计划,包括案例课的形式、步骤以及时间安排	课前一周
		发放案例正文,根据课程主题发布启发思考题,学生分组(每组 4~6 人)	
预习	学生准备	阅读案例正文,课前查阅相关背景资料,可通过视频等方式了解生猪行业、生猪产业链、产业链数字化/数智化转型的相关背景知识,并进行相关理论知识与工具方法的学习与准备	
课中计划			
引导	主题导入	教师介绍课程主题和学习目标,通过引导性提问,带领学生集体回顾案例内容,梳理案例故事线	10 分钟
激发	问题聚焦	教师通过提问的方式,激发学生对案例事件的思考,寻找和聚焦案例中的关键问题,以及其同启发思考题之间的系统联系	15 分钟
分析	理论应用	根据课程主题有侧重地抛出启发思考题,组织学生分组讨论,小组协作形成启发思考题的分析思路与理论方法应用	20 分钟
讨论	批判思维	小组讨论完成后,选择一个小组汇报分析思路和解决方案,其他小组提问并开展桌面推演,通过多角度的质疑和反思,提高理论理解与方法应用能力	30 分钟
总结	融会贯通	教师根据课堂讨论和小组汇报情况,以启发思考题为单元,总结问题点、对应理论点、适用工具方法,并示证应用逻辑	15 分钟
课后复盘			
复习	复盘反思	以小组为单位,回顾课堂讨论内容,形成案例分析报告	课后一周内

二、课堂提问逻辑

参考教学技术与设计理论家 David Merrill 教授倡导的五星教学法,实现通过案例研讨推动知识的学习与能力提升。按照聚焦问题、激活旧知、示证新知、应用新知、融会贯通的步骤作为每一道启发思考题的课堂教学提问逻辑。

通过分组探讨,教师验证学生对于案例的理解程度以及对于问题解决的开放性思维。通过对广西正大生猪产业链数智化转型项目"智慧生猪"建设历程的讲解,结合学生的回答引出启发思考题,并对不同启发思考题进行引导性分解提问,引导学生主动寻找和思考"产业链数智化概念内涵""产业链数智化转型内外部驱动因素""产业链数智化转型的策略与路径"产业链数智化转型成功关键点("产业链整合能力""数智化关键保障要素"和"企业家精神")等相关产业链数智化转型理论知识点的学习与应用。按五星教学法的具体提问逻辑如表 6—7 所示。

表 6—7　　　　　　　　　　　课堂提问问题清单

整体逻辑	启发思考题	引导讨论问题
聚焦问题—激活旧知—示证新知—应用新知—融会贯通	1. 与一般的公司业务数智化转型相比,产业链数智化转型有何特征?	Q1:什么是数智化与产业链数智化?
		Q2:产业链数智化与公司业务数智化的区别是什么?
	2. 广西正大为什么要进行生猪产业链数智化转型?	Q3:广西正大为什么要推进产业链数智化转型项目"智慧生猪"?
	3. 广西正大是如何推进产业链数智化转型项目"智慧生猪"建设的?	Q4:"智慧生猪"项目为什么是可行的?
		Q5:广西正大如何推进"智慧生猪"项目建设?
	4. "智慧生猪"获得阶段性成功的根本原因是什么?	Q6:从产业链整合能力看,"智慧生猪"为何能获得阶段性成功?
		Q7:从数智化关键保障要素看,"智慧生猪"为何能获得阶段性成功?
		Q8:从企业家精神看,"智慧生猪"为何能获得阶段性成功?
	5. 在"智慧生猪"未来建设发展中,广西正大还面临哪些问题与挑战?企业应如何应对,谈谈你的看法?	Q9:"智慧生猪"接下来即将开始的"产业生态"建设面临哪些问题与挑战?
		Q10:"精耕细作"Vs."铺开策略",广西正大应如何抉择?

三、课堂板书计划

本案例教学说明板书按照一块矩形白板设计,具体内容如图 6—7 所示:

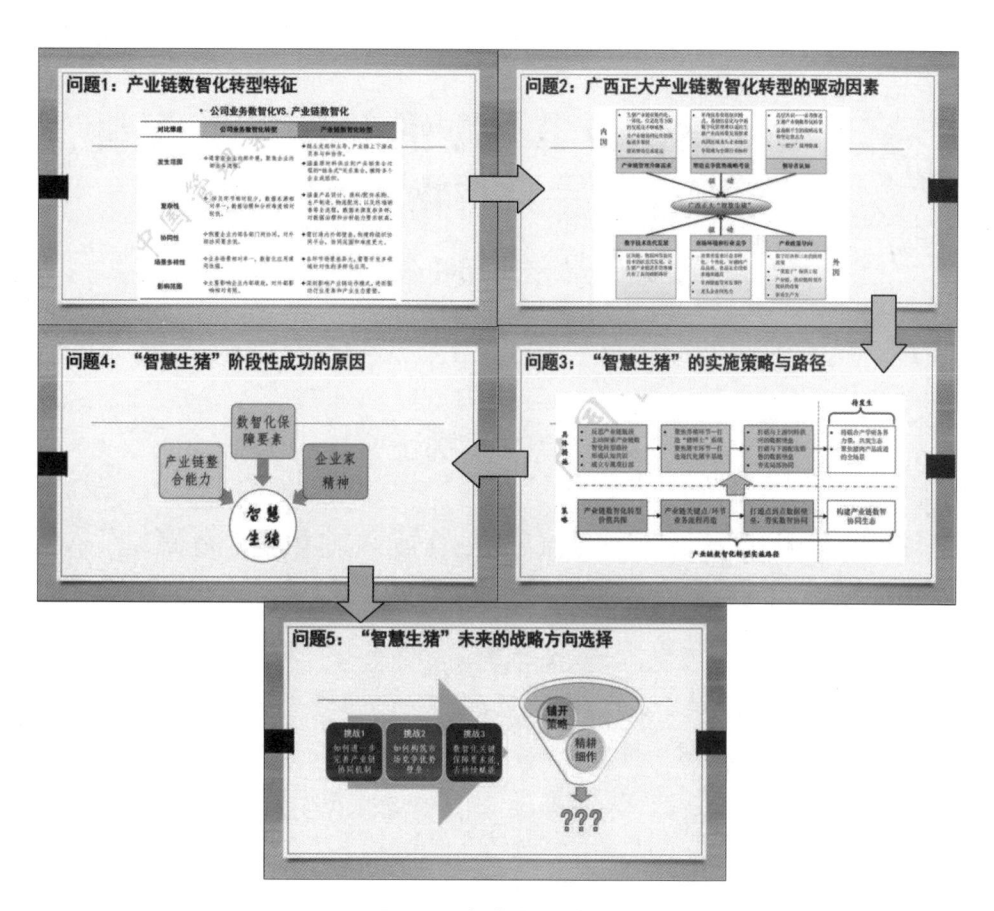

图 6－7 板书安排(参考)

第七章 案例教学与应用实例(三):深耕产教融合——京东物流构筑数智人才培养"新高地"

第一节 案例正文

深耕产教融合:京东物流构筑数智人才培养"新高地"[①]

0. 引言

2024年1月某日傍晚,北京,京东物流公司总部CEO办公室。一份题为《京东物流2023产教融合工作专题报告》的文件呈现在胡伟案前。"智慧物流产教融合卓有成效!"胡伟翻阅报告,脸上满是欣慰和自豪。

纵览报告全文,这是他2021年4月上任京东集团副总裁兼京东物流公司CEO以来,在推动京东物流产教融合战略向数智化升级所取得的累累硕果。三年间,京东物流深入贯彻国家职业教育提质培优、产教融合等战略方针,加速构建新型协同育人新机制,打造产教融合的数智人才培养体系。与清华大学、上海交通大学、北京物资学院等20多所重点高校和行业特色院校深度合作,在全国范围共建10余所"京东智慧物流产业学院"和"京东智慧供应链实训基地"。在此基础上,积极探索"校企同频、学岗共振、知技互融"的"双师型"育人模式。

伴随这些傲人成果,一系列荣誉也纷至沓来。从2022年至今,京东物流先后荣获"全国产教融合优秀企业""供应链人才培养杰出贡献奖""第八届黄炎培职业教育杰出贡献奖"等重量级荣誉和奖项。"产教融合向数智化、生态化升级,我们走在了行业前列!"胡伟暗暗自语,"但这只是新起点!打造数智物流人才培养的'新高地',任重道远!"

[①] 本案例由桂林航天工业学院管理学院何勇、张一纯、吴红共同撰写。

1. 战略升级：京东物流产教融合驶入"数智"赛道

京东集团在物流供应链领域探索产教融合之路由来已久。早在 2013 年，京东集团就与全国各大院校合作，积极开展校企双元现代化物流教育和人才培养。2017 年，集团控股子公司"京东物流集团"（以下简称"京东物流"）正式成立，将物流供应链领域的产教融合实践上升到企业战略高度，并成立了产教融合培训部，开启了成体系、成建制的产教融合新篇章。

2021 年，京东物流产教融合驶入"数智化"全新赛道。伴随数字经济时代的到来，以区块链、人工智能、物联网等为代表的前沿数智技术迅猛发展，物流供应链领域也深受影响。以往产教融合实践的模式和内容，已难以适应新形势新要求。京东物流敏锐洞察到，要顺应智慧物流发展大势，必须加快构建与数字经济相适应的产教融合新模式和新内容，推动人才培养从"规模速度型"向"质量效益型"转变。

2021 年 5 月，在新 CEO 胡伟的领导下，京东物流成立了"智慧物流产教融合"项目组。胡伟任组长，统筹规划项目方案、以及相关保障措施的设计与编制。随后三个多月，京东物流陆续出台一系列扶持政策，鼓励各部门联动，积极探索数智物流人才培养新路径，共同推进"智慧物流产教融合"。特别地，公司规定，从 2022 年起，连续 5 年在"智慧物流产教融合"方面的投入不得低于公司当年营业收入的 2%，为数智物流产教融合的落实奠定坚实的资金保障。

2021 年 10 月，经过反复讨论和修订，京东物流完成"智慧物流产教融合"项目实施方案设计与规划。方案计划，从 2022 至 2026 年，用五年时间逐步打造"两大平台、一个模式、一个联盟"，构筑数智物流人才培养"新高地"。具体如下：

第一，在项目建设一期，择优筛选处在物流供应链领域教学科研头部的院校作为重点合作对象，与它们共建新型产学研创新应用两大平台——"京东智慧物流产业学院"和"京东智慧供应链实训基地"。一方面，京东将加大开放力度，与这些头部院校分享企业最新的物流供应链创新成果，让高校师生与时俱进地了解和学习智慧物流。另一方面，公司还将与它们开展智慧物流技术攻关的强强联合。

第二，在项目建设第二期，打造"智慧物流双师教育模式"。依托前期建成的新型产学研创新平台，京东物流计划选派高级管理人员和核心技术骨干进驻校园，全程参与课堂教学、毕业论文指导、学生实践培训、竞赛项目以及教师培训等,逐步形成和完善"校企同频、学岗共振、知技互融"的"智慧物流双师教育模式"。

第三,在项目建设第三期,构筑"京东智慧物流产教联盟"生态圈。联盟将吸纳物流供应链行业上下游企业、行业组织、科研院所、全国各大院校,以及政府机构等多元主体,构建开放协同、资源共享、互利共赢的生态圈。成员单位将在人才培养、技术创新、成果转化、大学生就业等方面开展全方位深度合作。

2. 砥砺前行:搭建智慧物流产学研创新应用两大平台

2022年伊始,"智慧物流产教融合"项目在全公司范围内全面启动。按照既定规划,京东物流第一步,就是要择优遴选头部院校合作伙伴,携手共建智慧物流产学研创新两大平台(以下简称"两大平台"),即"京东智慧物流产业学院"和"京东智慧供应链实训基地",这是京东物流缔造数智人才培养"新高地"的核心基础。

经过为期三个月的缜密筹划和严格遴选,2022年4月,京东物流最终在全国200多所合作院校中挑选出清华大学、上海交通大学、北京物资学院等22所科研能力强、教学质量佳、产教融合基础好的高校,作为公司首批重点合作院校。京东物流计划在人才培养、科技创新、平台建设等方面给予政策和资源倾斜,打造"智慧物流产教融合"校企合作的样板。

作为校企协同育人的重要抓手,"京东智慧物流产业学院"建设备受瞩目。2022年5月起,京东物流陆续与首批重点合作院校共建产业学院。双方深度融合教学和生产环节,促进人才培养供给侧和产业需求侧精准对接。产业学院还将搭建产学研用协同创新平台,联合开展智慧物流领域关键技术攻关,推动科研成果转化和应用。

实践教学是应用型物流人才培养的关键环节。2022年9月,京东物流投资2亿元,在全国范围选址,布局"京东智慧供应链实训基地",首批重点合作高校的物流供应链相关专业本科生、研究生将是进入基地实训的第一批受益者。基地配置智能仓储、无人配送、大数据分析等智慧物流全流程实训设施,通过项目化教学、情境化体验,让学生在仿真环境中掌握智慧物流核心技能。

"两大平台"是京东物流推动产教融合数智化升级的基石。依托"两大平台",京东物流与重点合作院校分享企业在物流领域的前沿实践经验和创新成果。通过联合举办"京东智慧物流大讲堂"、组织参观考察、开展管理培训等活动,院校师生及时了解物流技术变革和发展趋势,开阔眼界、更新理念,推动教学内容和方法创新。同时,这些头部合作院校也将为京东物流员工提供继续教育机会,满足员工职业发展需求。

截至 2023 年 12 月,"两大平台"建设进展较为顺利,建成"京东智慧物流产业学院"12 所、"智慧供应链实训基地"8 个。在此基础上,京东物流与 22 所重点合作院校也实现了智慧物流联合创新的多点突破:40 余项国家级课题获批立项;378 项智慧供应链专利申请;近千人次研究生和本科生进入"两大平台"接受智慧物流实操训练。

3. 提质增效:打造智慧物流双师教学模式

在"京东智慧物流产业学院"和"京东智慧供应链实训基地"如火如荼建设的同时,2022 年 10 月,京东物流开启"智慧物流产教融合"项目建设二期,即打造"智慧物流双师教育模式",为数智物流人才培养提质增效奠定基础。

"智慧物流双师教育模式"的核心,是建立企业导师和学校导师协同育人的"双导师"机制。京东物流从公司遴选业务骨干和技术专家组建"企业导师库",22 所重点合作院校选拔教学经验丰富、实践能力强的中青年教师组建"高校导师库"。双方通过常态化互动,形成"校企同频":企业导师把握智慧物流前沿动态,学校导师掌握教学最新理念,双方在人才培养目标、课程设置、教学组织等方面达成共识,确保人才培养与产业需求"同频共振"。

在人才培养过程中,京东物流与 22 所重点合作院校共同制定人才培养方案,开发"产教融合、双师联动"特色课程。课程引入京东物流实际项目案例,由企业导师和学校导师协同教学,解决理论实践"两张皮"的问题,实现"知技互融"。同时,京东物流还选派优秀学生到公司和基地实习实训、轮岗工作,通过师徒制培养等方式,强化学生实战能力,打造"学岗共振"的良性循环。

为进一步加强"双师型"教学团队建设,京东物流制定"双师互促共进计划"。公司定期举办教学技能培训,帮助企业导师掌握先进教学理念和方法;合作院校则定期组织教师到京东挂职锻炼,参与实际项目,提升实践教学能力。双方通过常态化、制度化的培养培训,打造一支师德高尚、实践能力强、教学水平高的"双师"教学团队。

截至 2023 年 12 月,在"智慧物流双师教育模式"建设推动下,京东物流联合 22 所重点合作院校共同开发 33 门智慧物流"金课",其中 5 门获批教育部产教融合示范课程;开设 9 个"京东菁英订单班",近 200 名学员在"双导师"联合指导下,100% 顺利毕业并成为京东物流的优秀员工。

在未来五年,京东物流计划将"智慧物流双师教育模式"在公司 200 多所合作院校全面推广和铺开,力争在全国范围新增产教融合订单班 30 个,联合开发

100门智慧物流特色课程,着力打造一支规模宏大、专兼结合的"双师型"智慧物流教学团队,为全行业输送数智物流人才3万名以上,为新时代物流业转型升级提供人力资源引擎。

4. 尾声

回首三年发展历程,京东物流在产教融合数智化升级的探索上,交出了一份出色的答卷,为物流供应链行业输送了大量的适应数字经济发展的新型人才。然而,产教融合数智化升级之路漫漫,未来仍需久久为功。

特别是当前国内外政治经济环境正发生深刻复杂变化——地缘冲突频发,国内经济发展也面临需求收缩、供给冲击、预期转弱三重压力。"智慧物流产教融合"的道路在哪里?京东物流需要深入思考。

一方面,在数字经济时代,新一代信息技术广泛应用,物流供应链产业加速向数字化、智能化、生态化升级,亟需大批复合型、创新型物流人才。京东物流应当顺应产业变革大势,加大"智慧物流产教融合"力度和深度,打造跨场景、多业态的数智化物流人才培养体系,助力行业高质量发展。

另一方面,产教融合是一项复杂的系统工程,需要政府、行业、企业、院校等多元主体协同发力,打通人才链、产业链、创新链、资金链。在"智慧物流产教融合"未来推进过程中,如何汇聚各方力量,形成工作合力,是一大挑战。京东物流规划的"京东智慧物流产教联盟"能否顺利建成并发挥应有作用,还有待时间检验。

第二节 案例教学定位

一、适用课程

本案例适用于企业社会责任和战略管理课程中"共享价值创造(CSV)"章节的教学;适用于人力资源管理和企业培训与开发课程中校企合作、产教融合等章节的教学;也适用于"可持续发展"专题课程的教学,可用来探讨企业如何将社会责任融入商业战略、创造共享价值等主题。

二、适用对象

本案例适用对象主要包括MBA、EMBA和企业管理培训人员,亦可供经济类、管理类专业的本科生、研究生教学使用,也适用于以"社会创新""共享价值创造"为主题的 EDP 培训课程。

三、教学目标

本案例以京东物流产教融合数智化战略实践为切入点,生动刻画了京东物流深入贯彻国家职教改革战略,主动适应数字经济时代需求,引领物流行业变革,打造数智物流人才培养"新高地"的创新历程。案例详细论述了京东"智慧物流产教融合"项目从酝酿设计到全面铺开的发展脉络,系统阐述了公司的战略思考、实施路径、平台建设以及其他关键举措,为探索校企协同育人新模式、加快行业数智化转型升级提供了具有示范意义的"京东方案"。

通过剖析京东物流在推进"智慧物流产教融合"项目建设过程中的战略思考、设计思路和关键举措,教师引导学生深入理解"CSV 的概念内涵""CSV 的内外部驱动因素""CSV 的利益相关者""CSV 产生的价值类型""CSV 的策略与路径"等核心知识要点。在此基础上,将理论框架与企业案例结合,对京东"智慧物流产教融合"未来发展方向做进一步深层思考和剖析,训练学生的信息搜索能力、信息梳理与归纳能力、理论应用能力,以及创造性解决实际问题的能力。具体来说,本案例的教学目标包括"知识学习—能力提升—素质培养"三个层面(如表 7—1 所示)。

表 7—1　　　　　　　　　　　案例教学目标

	知识学习
核心知识点	共享价值创造(CSV)理论
具体知识点	CSV 概念内涵
	CSV 的内外部驱动因素
	CSV 的利益相关者
	CSV 产生的价值:社会价值与商业价值
	CSV 的策略与路径
	能力提升
信息搜集能力	通过对案例正文以及拓展资料的搜索与阅读,了解数智时代物流行业人才供需现状和人才培养痛点,以及国内高校人才培养模式存在的问题,识别和总结复合型数智物流人才培养面临的主要挑战和瓶颈制约
信息梳理能力	在对案例以及拓展资料认真阅读的基础上,对案例内容做进一步信息梳理:京东推出"智慧物流产教融合"项目的内外部动因以及该项目建设的规划阶段特征

续表

能力提升	
理论应用能力	应用"CSV 概念内涵"知识点,剖析京东"智慧物流产教融合"实践,本质上是一种共享价值创造行为
	应用"CSV 的内外部驱动因素"知识点,分析京东推进"智慧物流产教融合"项目建设的内外部环境基础以及面临的时代机遇与现实挑战
	应用"CSV 的利益相关者"和"CSV 产生的价值类型"知识点,"智慧物流产教融合"项目所涉及的多元利益相关主体;剖析不同主体的核心诉求,解析京东物流在统筹兼顾各方利益、构建利益共同体等方面的经验做法
	应用"CSV 的策略与路径"知识点,总结京东推进"智慧物流产教融合"项目建设的过程特征,提炼出"搜寻—嵌入—扩展—优化"CSV 实施路径,并分析这一路径的一般适用性及启示意义
创造性解决实际问题的能力	综合运用 CSV 理论各知识点,分析京东在新形势下,未来的智慧物流产教融合战略发展方向抉择——"收缩战线—聚焦主业"Vs."加大投入—深化拓展"
素质培养	
思政育人点	京东物流积极推进产教融合,主动担当起服务国家人才战略、助推教育事业发展的社会责任,彰显了新时代民营企业的家国情怀和责任担当。学生应以此为榜样,将个人发展与国家进步紧密结合,勇于将所学回馈社会,在工作实践中贡献智慧和力量
京东物流践行"智慧物流产教融合"的过程,是在不同利益相关方之间寻求利益契合点、持续创造共享价值的过程。这启示学生要坚持系统思维和共赢理念,在复杂的利益格局中砥砺前行,用创新实现多方共赢
认知提升点	通过对本案例的学习和研讨,学生加深对 CSV 理论的理解和认知,树立正确的企业社会责任观,提升在复杂环境中统筹商业价值与社会价值创造的系统思维能力

第三节　案例教学框架设计

一、启发思考题

(1)从价值产出角度来看,京东推动"智慧物流产教融合"是否一种典型的"共享价值创造(CSV)"行为?

(2)京东推动"智慧物流产教融合"的内外部驱动因素有哪些?

(3)京东推动"智慧物流产教融合"过程中涉及哪些利益相关者?分别为他们创造了什么价值?

（4）京东是通过哪些举措来推进"智慧物流产教融合"的？

（5）面对当前复杂的政治经济环境，"智慧物流产教融合"在未来的推进过程中有哪些机遇和挑战？京东应如何应对？谈谈你的看法。

二、分析思路

教师可以根据自己的教学目标（目的）全部或部分地使用本案例。本部分给出的案例指导性分析思路如图7－1所示，供教师教学时参考使用。

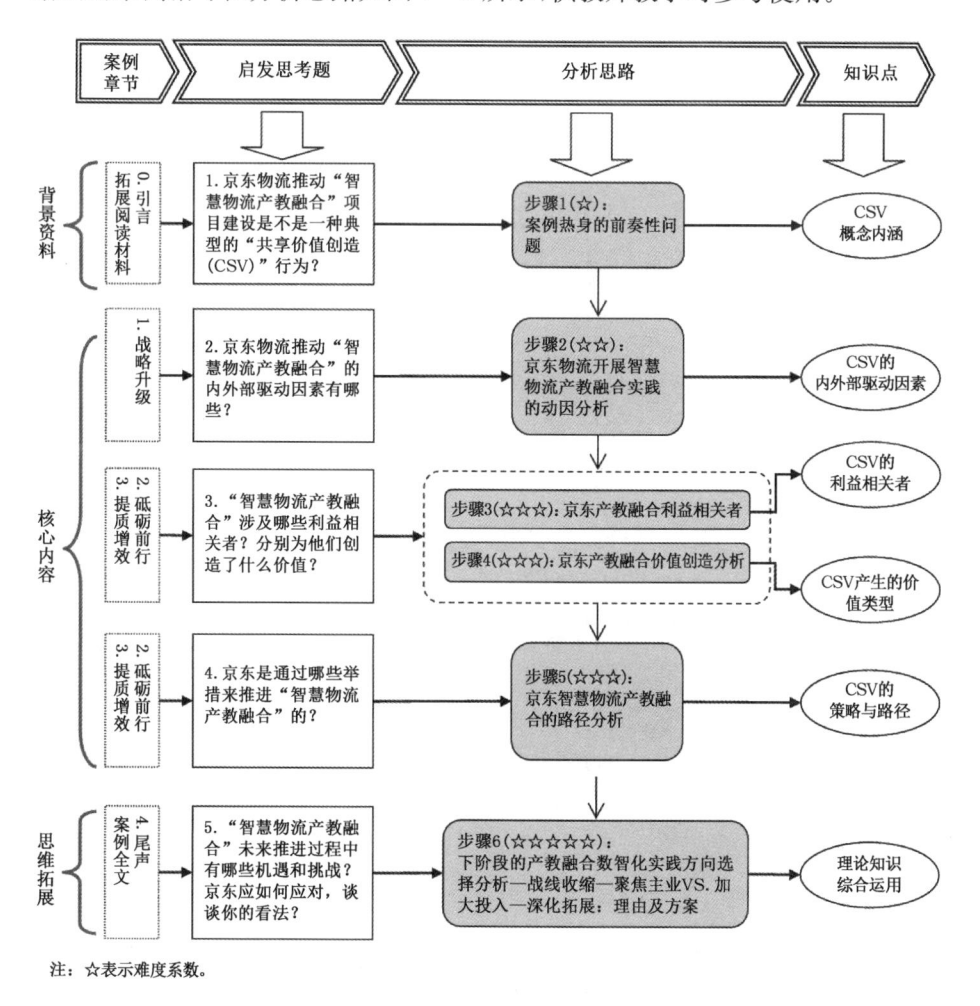

图7－1 案例分析逻辑

注：☆表示难度系数。

案例分析上本着由表及里、难易交替、由浅入深的分析原则展开。首先，教师可以就京东物流产教融合的发展历程、主要举措等内容向学生随机提问,并穿插物流行业数智化转型趋势、人才供需现状、高校人才培养模式、校企合作特点等背景信息,以此提高学生案例讨论的参与度,帮助学生了解企业、行业以及高校人才培养情况,快速进入案例情境。

在此基础上,引导学生学习"CSV概念内涵""CSV的内外部驱动因素""CSV的利益相关者""CSV产生的社会价值与商业价值"以及"CSV的策略与路径"知识点。在每个核心知识点学习的过程中,教师可以沿着"学生发言→知识点引入→分析应用"的顺序,保持分析难度高低交替进行,有助于保持学生的参与热情和学习兴趣。在此过程中,培养学生理论与实践相结合的能力。

最后,引导学生根据案例信息,结合拓展阅读与自身观察,针对以下问题进行开放式讨论:①京东物流推动"智慧物流产教融合"项目建设本质上是共享价值创造行为吗?为什么?②京东物流推出"智慧物流产教融合"项目的内外部驱动因素有哪些?③"智慧物流产教融合"项目涉及哪些利益主体?京东物流如何平衡不同主体的利益诉求?④"智慧物流产教融合"为京东物流和其他利益主体创造了哪些价值?⑤在下一个发展阶段,"智慧物流产教融合"应何去何从?京东物流是"收缩战线、聚焦主业",还是"扩大投入、深化拓展"?

说明具体理由并构造规划方案,锻炼学生创造性解决实际问题的能力。具体如下:

步骤1(难度系数☆):案例导入性问题,涉及案例引言部分以及扩展阅读材料内容,教师可以先向学生提问:"你了解物流行业的数字化、智能化发展趋势吗?""物流人才供需现状如何?""企业参与职业教育有什么意义?"学生可以结合亲身经历和案例材料来回答。这几个问题是案例讨论的"热身"前奏,帮助学生在了解产教融合的时代背景、现实意义的基础上,应用"CSV的概念内涵"知识点,解析出京东物流推动"智慧物流产教融合"本质上是一种典型的"共享价值创造"行为。

步骤2(难度系数☆☆):京东物流推出"智慧物流产教融合"项目的动因分析,涉及案例正文第1部分内容。此步骤在步骤1基础上,帮助学生深入理解京东物流实施产教融合数智化转型战略变革、并推出"智慧物流产教融合"项目的内外部动因。引导学生关注物流行业转型、数智物流人才短缺困局,以及京东物流发展需求等内部驱动因素,运用"CSV的内外部驱动因素"知识点分析京东推出"智慧物流产教融合"的必要性和必然性,奠定案例后续分析基础。

步骤3(难度系数☆☆☆):"智慧物流产教融合"的利益相关者分析,涉及案例正文第2、3部分内容。此步骤运用"CSV利益相关者",带领学生梳理京东物流推动"智慧物流产教融合"项目建设过程中利益主体在不同阶段的动态演进特征,以及不同利益主体的核心诉求,探讨京东在统筹兼顾各方利益、构建利益共同体等方面的经验做法。

步骤4(难度系数☆☆☆):京东物流推进"智慧物流产教融合"项目建设过程中所创造的价值分析,涉及案例正文第2、3部分内容。此步骤是在步骤3的基础上,结合"智慧物流产教融合"项目建设不同阶段的利益主题特征,运用"CSV产生的价值:社会价值与商业价值"知识点,引导学生分析"智慧物流产教融合"在推动智慧物流人才培养、助力行业数智化转型等方面的社会价值,以及在支撑京东物流发展、增强企业核心竞争力等方面的商业价值。

步骤5(难度系数☆☆☆☆):"智慧物流产教融合"项目的实施路径分析,涉及案例正文第2、3部分内容。此步骤是在步骤3和步骤4的基础上开展的进一步讨论。在此步骤中,运用"CSV的策略与路径"知识点,分析京东物流推进"智慧物流产教融合"过程中的举措,总结其成功经验,提炼出"搜寻—嵌入—扩展—优化"实施路径框架,并讨论这一路径的特点、适用条件和借鉴意义。

步骤6(难度系数☆☆☆☆☆):京东物流产教融合战略,以及"智慧物流产教融合"项目下一步的走向分析,涉及案例正文第4部分"尾声"。在此步骤中,首先结合相关拓展阅读材料以及当下政治经济热点新闻咨询,推导京东物流产教融合战略实践即将面临的威胁、挑战以及机遇,以及战略方向选择。随后,围绕京东未来是应该"收缩战线、聚焦主业",还是"加大投入、深化拓展",开展开放式讨论。在此过程中,培养学生的创造性解决实际问题的能力。

三、关键要点

本案例的关键情节点、关键知识点和关键能力点如表7-2所示。

表7-2　　　　　　　　案例关键情节点、关键知识点和关键能力点

关键情节点	
战略升级	京东物流产教融合驶入"数智化"全新赛道
	京东物流成立"智慧物流产教融合"项目组
砥砺前行	挑选出22所头部或特色院校作为重点合作对象
	与重点合作对象共建智慧物流产学研创新应用"两大平台"
提质增效	打造"智慧物流双师教育模式"

续表

关键情节点	
尾声	京东智慧物流产教融合未来的战略选择——收缩战线—聚焦主业 Vs. 加大投入—深化拓展
关键知识点	
概念点	产教融合;校企合作;共享价值创造
理论点	①CSV 的概念内涵 ②CSV 的内外驱动因素 ③CSV 的利益相关者 ④CSV 产生的价值:社会价值和商业价值 ⑤CSV 的策略与路径
关键能力点	
信息搜集与整理能力	学生能够在阅读案例正文信息的基础上,搜索和拓展阅读物流业数智化转型、产教融合和职业教育相关资料,加深对于案例主题的理解
应用理论解释现象的能力	学生能够根据案例主题主动学习、应用相关的理论,对案例中的现象进行解释,形成案例问题的解决思路
分析与综合的能力	学生能够综合案例信息、应用相关理论知识点,分析案例启发思考题,提出针对性的解决方案
批判性思维与协作能力	通过复盘和推演案例事件,学员提升系统性思考能力和批判性思维,并能够在小组研讨和问题解决中分工协作

第四节 案例教学的理论讲授与分析应用

一、启发思考题 1:从价值产出角度来看,京东推动"智慧物流产教融合"是不是一种典型的"共享价值创造(CSV)"行为?

(一)教学定位

本题属于背景和主题导入性问题。让学生通过阅读案例引言和正文第 1 部分内容,并延伸搜索校企合作相关信息,应用"CSV 概念内涵"知识点,从价值创造的角度剖析京东推动"智慧物流产教融合"的价值行为特征,理解其本质上是一种典型的"共享价值创造"行为。

(二)理论依据

共享价值创造(Creating Shared Value,CSV)最早由波特(Porter)和克莱

默(Kramer)在2011年正式提出,是指提升公司竞争力的同时改善公司所在社区经济和社会条件的政策和经营实践。① 共享价值创造概念强调,解决社会问题不应该是企业的负担,而是要找到社会问题中蕴含的商业机会,同时为社会和企业自身创造价值。② 从而实现"互利共赢、价值融合与共享"。

特别需要注意的是,共享价值创造不是分享企业自己创造的价值,而是扩大经济与社会的总价值。因此,可以认为共享价值创造是特定商业模式的结果。③ 共享价值创造虽然不同于传统的企业承担社会责任的模式,但也可以作为一种高阶的企业社会责任范式。④ 而京东这样的平台型企业履行社会责任既能够把社会价值创造内置于平台商业生态体系内,也能够通过共享价值创造,创造社会和商业两种价值来承担社会责任。⑤

(三)案例分析

"智慧物流产教融合"是京东物流践行"共享价值创造"的生动例子,体现了CSV"互利共赢、价值融合与共享"的内在逻辑。

互利共赢方面,京东物流、高校、学生三方直接受益匪浅:京东物流获得了契合智慧物流发展的"量身定制"人才,提升人力资源投入产出效率,进而增强企业核心竞争力;高校获得行业前沿信息,优化课程体系设置,提升办学质量和社会声誉;学生则能提前体验智慧物流领域的职场情境,掌握核心技能,提高就业竞争力。

价值融合与共享方面,京东"智慧物流产教融合"实现了社会价值与经济价值的有机融合与共享。社会价值体现在提升了数智物流人才培养质量,培育了数字经济时代急需的创新型物流人才;经济价值体现在提升了人力资本价值,实现了人才供给与产业需求的精准匹配,形成了人才链和产业链的良性循环,进而推动了物流产业数智化转型升级。

综上,京东"智慧物流产教融合"本质上是一种"共享价值创造"行为实践。

---

① Porter, M. E. & Kramer, M. R. Creating Shared Value [J]. Harvard Business Review, 2011, 89(1—2): 62—77.
② 邢小强,汤新慧,王珏,等. 数字平台履责与共享价值创造——基于字节跳动扶贫的案例研究[J]. 管理世界,2021,37(12):152—176.
③ Michelini L & Fiorentino D. New Business Models for Creating Shared Value [J]. Social Responsibility Journal, 2012, 8(4): 561—577.
④ 肖红军. 共享价值式企业社会责任范式的反思与超越[J]. 管理世界,2020,36(5):13,87—115,133.
⑤ 肖红军,阳镇. 平台型企业社会责任治理:理论分野与研究展望[J]. 西安交通大学学报:社会科学版,2020,40(1):57—68.

二、启发思考题 2：京东推动"智慧物流产教融合"的内外部驱动因素有哪些？

(一)教学定位

本题旨在引导学生应用"CSV 的内外部驱动因素"知识点，分析京东物流推出"智慧物流产教融合"战略的内外部动因，理解这一战略是企业谋求自身价值与社会价值共创共享的必然选择。

(二)理论依据

企业开展共享价值创造行为实践的动力，既有来自企业外部的"推力"，也有来自企业内部的"拉力"，如表 7—3 所示。

表 7—3   共享价值创造(CSV)的内外部驱动因素

驱动因素	具体描述
内部因素	回应客户诉求。企业发现了客户的相关诉求，以满足相关诉求为出发点，开展共享价值创造活动
	探索新商机。企业在发展过程中感知并主动在扶持社会发展的方面寻找新的商业机会
	破解发展困局。企业自身发展遇到瓶颈，需要通过战略创新实现突围，共享价值创造为转型指明了方向
	企业价值观。企业核心价值观的变迁，从利润导向转向利益相关方导向，追求多元价值融合
	企业家。企业领导人的价值追求和使命担当，很多企业家意识到企业不仅要对股东负责，也要对员工、消费者、社区、环境负责，从而主动推动共享价值创造
外部因素	响应政府政策。企业采取了一系列措施来响应国家政策的号召，支持国家政策的目标达成
	利益相关方。利益相关方尤其是消费者和投资者对企业社会责任的要求越来越高，促使企业在创造经济价值的同时，也要兼顾社会价值
	市场竞争压力。企业的市场竞争日趋激烈化，单纯依靠经济价值难以获得竞争优势，需要通过社会价值获取差异化优势

(三)案例分析

京东物流推出"智慧物流产教融合"，是在外部环境倒逼和内生发展需求双重压力下做出的战略抉择。具体如下：

1. 外部驱动因素

其一，国家政策导向。国家高度重视发展职业教育，鼓励和提倡校企合作、产教融合。京东物流积极响应国家号召，主动融入人才培养全过程，契合了服务国家人才战略的大局需求，彰显了企业的社会责任担当。

其二，行业发展趋势。数字经济时代，物流行业数智化转型趋势明显。京东物流认识到要顺应智慧物流发展大势，必须加快构建与数字经济相适应的产教融合新模式和新内容，以引领行业人才结构优化升级。

2. 内部驱动因素

其一，破解发展瓶颈的客观需求。数智物流人才短缺成为制约京东物流发展的突出瓶颈。案例正文已经体现出，以往产教融合实践的模式和内容，已难以适应新形势新要求，京东必须创新人才培养模式，精准补齐人才缺口。

其二，助力战略升级的客观需求。京东物流处于向智慧供应链转型升级的关键时期，加快培养契合转型需求的高素质人才，是推动人才培养从"规模速度型"向"质量效益型"转变的必然要求，也是增强发展后劲的战略性举措。

其三，民族企业以及企业家使命担当。案例多次提到京东集团和京东物流高层对推动"智慧物流产教融合"的高度重视，表明京东这样的民族企业的崇高价值观，以及京东集团董事会主席刘强东先生、京东物流 CEO 胡伟先生的使命担当，是京东集团和京东物流主动谋求经济价值与社会价值统一的重要原因。

综上，京东物流推出"智慧物流产教融合"战略，是顺应外部环境变化、破解内生发展难题的积极应对，契合了企业自身发展和社会人才需求，开创了独特的共享价值创造路径。

三、启发思考题 3：京东推动"智慧物流产教融合"过程中，涉及哪些利益相关者？分别为他们创造了什么价值？

(一)教学定位

本题主要让学生通过在启发思考题 1 和 2 中对共享价值创造(CSV)概念内涵、内外部驱动因素分析的基础上，根据正文第 2 部分和第 3 部分内容，主动思考，京东物流产教融合战略实施过程中，连接了哪些利益相关方，以及为利益相关方创造了哪些共享价值。

(二)理论依据

1. 共享价值创造(CSV)的利益相关者

共享价值创造(CSV)是一个重要的商业概念，旨在让企业在创造经济价值的同时，也为社会创造价值。CSV 的利益相关者非常广泛，主要可以分为企业内部利益相关者、企业外部利益相关者以及其他利益相关者,[1]如表7—4所示。

表7—4　　　　　　　共享价值创造(CSV)的利益相关者

利益相关者类型	具体描述
企业内部利益相关者	股东。企业CSV通过识别新的创新机会和市场,提升自身长期竞争力,从而为股东创造价值。 管理层。企业CSV为管理层提供了一个整合社会目标和商业目标的框架,有助于提升企业自身的战略管理能力。 员工。企业CSV为员工提供了更有意义和满足感的工作,提升了员工的积极性和创造力
企业外部利益相关者	客户。企业CSV以满足客户需求为出发点,为客户提供更大的价值,提升客户满意度和忠诚度。 供应商/合作伙伴。企业CSV倡导在整个价值链上创造共享价值,促进供应商和合作伙伴的互利共赢。 政府。企业CSV有助于实现政府的社会和经济发展目标,如创造就业、促进创新等。 行业协会。企业CSV推动行业创新和可持续发展,为行业协会成员创造价值。 高校。CSV为企业与高校的合作提供了平台,双方可在社会经济问题上形成合力。此外,企业CSV还为商学院提供了新的教学和研究素材,推动了CSV理论的发展
其他利益相关者	社区。CSV关注企业运营对当地社区的影响,致力于解决社区问题,促进社区发展。 环境。企业CSV将环境影响纳入商业决策,推动自然环境可持续发展。 社会大众。企业CSV为社会创造价值,推动社会进步,增进社会福祉

2.共享价值创造(CSV)产生的价值

共享价值创造(CSV)产生两种价值,分别是社会价值和商业价值。社会价值是指在环境、营养、住房、健康、教育和收入等方面的改善与提升。商业价值是指以利润增加、资源获取和竞争地位提高等方式体现。[2][3]

(1)社会价值。企业共享价值创造(CSV)所产生的社会价值,主要体现在拉动就业、社区发展、社会创新、文化传承和慈善公益五个方面(如表7—5所示)。

---

[1] Menghwar, P. Sagar & Antonio, D. Creating shared value: A systematic review, synthesis and integrative perspective [J]. International Journal of Management Reviews, 2021, 23(4): 466—485.

[2] Dembek, K., Singh, P. Bhakoo, V. Literature review of shared value: a theoretical concept or a management buzzword? [J]. Journal of Business Ethics, 2016,137(2): 231—267.

[3] Battisti, S., Agarwal, N. & Brem,A. Creating new tech entrepreneurs with digital platforms: Meta-organizations for shared value in data-driven retail ecosystems [J]. Technological Forecasting and Social Change, 2022(175):121392.

表 7-5　　　　　　　　CSV 社会价值在不同维度的具体表现

社会价值维度	具体描述
拉动就业	企业通过 CSV 活动,创造就业岗位,缓解社会就业压力,特别是为弱势群体提供工作机会,促进社会公平
社区发展	企业与所在社区建立良好关系,投资社区建设,改善社区基础设施,加强社区生态环境保护,提供社区服务,促进社区的可持续发展
社会创新	企业将创新理念应用于解决社会问题,开发惠及大众的产品和服务,推动社会创新,提升社会福祉
文化传承	企业支持文化事业发展,助力文化遗产保护,弘扬优秀传统文化,促进文化多样性,为社会注入文化活力
慈善公益	企业积极投身慈善公益事业,设立专项基金,开展志愿服务,帮扶弱势群体,回馈社会,彰显人文关怀

(2)商业价值。共享价值创造(CSV)为企业带来的商业价值,主要体现在风险管理、创新驱动、投资吸引、人力资本优势、政企关系五个方面(如表 7-6 所示)。

表 7-6　　　　　　　　CSV 商业价值在不同维度的具体表现

商业价值维度	具体描述
风险管理	企业通过 CSV 活动,提升品牌声誉,增强公众信任,化解经营风险,提高抗风险能力,帮助企业实现长期稳健发展
创新驱动	CSV 理念激发企业的创新动力,促使企业开发新产品、新服务、新模式,拓展新市场,实现创新引领发展
投资吸引	企业良好的社会形象吸引了更多投资者的青睐。社会责任投资(SRI)日益受到重视,CSV 成为企业吸引投资的重要砝码
人力资本优势	CSV 营造了积极向上的企业文化,提升了员工的认同感和归属感,激发了员工的工作热情和创造力,为企业积淀了丰厚的人力资本优势
政企关系	CSV 型企业积极履行社会责任,主动承担社会问题,与政府形成了良性互动,进而能获得更多的政策支持和发展机遇

共享价值创造(CSV)产生的社会价值和商业价值是多方面的,涉及社会发展的各个领域和企业运营的各个环节。企业只有将 CSV 理念深度融入发展战略和业务流程,才能真正实现社会价值和商业价值的双赢共生,推动企业与社会的可持续发展。

(三)案例分析

1. 京东"智慧物流产教融合"连接了哪些利益相关方？

综观"智慧物流产教融合"项目从启动到全面铺开的发展历程，京东物流逐步构建了涵盖企业内外部、覆盖多元主体的利益共同体。利益共同体覆盖面由点到线，再到整个产教融合生态圈。具体如下：

首先，项目启动之初，利益相关方主要包括京东物流、22所重点合作院校、以及这22所院校物流供应链相关专业学生等。

其次，随着"两大平台"建设、"双师教育模式"等举措的深入推进，利益相关方进一步扩展到教师、科研人员等高校内部群体。

最后，未来当"智慧物流产教联盟"宏伟蓝图最终铺开时，上下游企业、行业组织、科研机构、政府部门等外部利益主体也被纳入进来。

2. "智慧物流产教融合"为利益相关方创造了哪些价值？

"智慧物流产教融合"项目在不同推进阶段，基于利益相关方范围的动态拓展，持续丰富了CSV价值内涵：

首先，两大平台搭建初期，京东着重为22所重点合作院校的物流供应链相关专业学生创造了提升就业竞争力的社会价值，为自身创造了优化人力资本的商业价值。

其次，在双师教育模式形成时期，培养了一批适应数字经济发展的高水平数智物流师资，推动了教育模式创新，实现了人才链与产业链的协同，进一步拓展了社会价值。而对京东而言，多层次人才梯队的形成，为企业积累了创新驱动的发展优势。

最后，在未来，当"智慧物流产教融合"进入三期的战略联盟构建期，社会价值延展到促进区域经济发展、弘扬企业文化价值观等更广阔层面。那时，京东也将通过深化政企良性互动，营造开放协同的发展生态，将人才优势转化为核心竞争优势，进而实现了商业价值与社会价值的深度融合。

四、启发思考题4：京东是通过哪些举措来推进"智慧物流产教融合"的？

(一)教学定位

本题主要让学生通过在启发思考题3中对企业产教融合战略实践所涉及的利益相关方，以及为各利益主体创作何种价值分析的基础上，结合正文第2部分和第3部分内容，主动思考企业应如何落实和执行"产教融合"战略。

本题旨在让学生理解企业推动产教融合战略是一项艰巨的任务，离不开富有弹性的策略规划、嵌入企业关键业务或商业模式以及持续不断地优化资源利用方式。

(二)理论依据

共享价值创造(CSV)的策略有多种，聚焦到数字平台经济的情境之中，共享价值创造的策略包括：搜寻共享价值创造的机会；嵌入企业的核心业务环节；扩展企业连接的利益主体；优化企业的资源利用方式。四个策略之间有递进关系，由此行成一条共享价值创造的路径(如图7—2所示)。

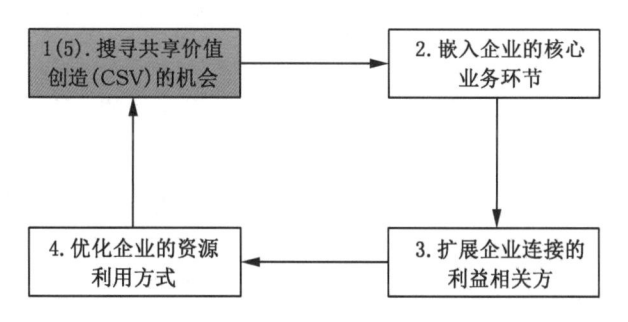

图7—2 企业实施CSV的策略与路径逻辑示意图

(1)搜寻共享价值创造的机会。一方面，共享价值创造的策略一般被企业运用于项目层面或行动层面，而在企业整体层面运用的较少。企业通常会建立专门的部门负责这一项目或行动。另一方面，企业会通过调查或访谈，让利益相关方频繁参与，这些不同利益相关方群体对共享价值创造的机会往往有深入了解，频繁接触能够让他们对共享价值创造的机会提出看法。[1]

(2)嵌入企业的核心业务环节。企业将符合共享价值要求的社会议题内嵌于企业运营环节，即企业把社会议题纳入商业模式与组织架构内考虑与设计，并且充分利用企业自身的核心生产要素来支持共享价值创造。因此，嵌入企业的核心业务环节有两方面，一是嵌入业务架构，即共享价值创造的项目业务与企业原有的业务作对接，从而打造能够实现共享价值创造的业务；二是利用资源要素，即为共享价值创造的项目注入企业已有的各类资源。

(3)扩展企业链接的利益主体。嵌入业务环节仅局限于企业原有的业务模

---

[1] Liel,B. V. Creating Shared Value as Future Factor of Competition: Analysis and Empirical Evidence [M]. Heidelberg: Springer Nature, 2016.

式和价值网络,因此,企业需要围绕社会议题构建新的价值网络,也就是吸收企业内外部不同类型的组织与个体来共同参与。

(4)优化企业的资源利用方式。伴随项目的深入及扩展,企业采取多样化的创新举措和方法优化和提升资源利用的效率与效果。

以上四个策略并非并列关系,而是层层递进的关系,即企业通过"搜寻—嵌入—扩展—优化"的逻辑思路实现共享价值创造。

(三)案例分析

1."智慧物流产教融合"为什么是可行的?

"智慧物流产教融合"项目的可行性,主要体现在以下三个方面:

第一,战略定位精准,契合时代发展需求。数字经济时代,物流业数智化转型大势已成,亟需大批复合型、创新型物流人才。京东物流敏锐把握这一趋势,提出要"加快构建与数字经济相适应的产教融合新模式和新内容",推动人才培养从"规模速度型"向"质量效益型"转型,并在此基础上推出了"智慧物流产教融合"项目。该项目战略定位高瞻远瞩,准确锚定行业转型方向和人才发展需求,具有前瞻性和引领性。

第二,项目方案设计周密,保障体系健全。京东物流制定了"两大平台、一个模式、一个联盟"的三步走项目方案,从协同创新平台搭建、双师育人模式创新、多方联盟生态构建等方面,为项目执行提供了系统化的顶层设计。同时,京东成立专门的项目组,出台了一系列配套政策并设立了专项发展基金,从组织、制度、资金等方面构筑了完善的保障体系,为项目落地执行提供了强有力支撑。

第三,产教融合基础扎实雄厚,实践经验丰富。京东物流深耕产教融合领域多年,自2013年开始就持续探索校企合作模式,积累了丰富的实践经验——"到2017年京东物流成立时,更是将产教融合上升到企业战略高度,开启了成体系、成建制的产教融合新篇章"。在产教融合领域的多年探索实践,为"智慧物流产教融合"项目的落地实施打下了坚实基础。此外,作为行业领军企业,京东物流拥有雄厚的资源禀赋、先进的技术能力、广泛的社会资源,这些都转化为推动"智慧物流产教融合"的独特优势。

综上,"智慧物流产教融合"项目是可行的。

2."智慧物流产教融合"与京东物流既有业务有哪些关联?

"智慧物流产教融合"与京东物流既有业务可谓互联互通、深度融合,形成了良性的闭环效应。具体而言,二者的关联主要体现在以下几个方面:

一是人才输送与业务发展高度契合。"智慧物流产教融合"聚焦培养复合型、创新型数智物流人才,正是京东物流发展智慧物流、智能供应链等新兴业务所亟需的。通过联合开设订单班、共建新专业等多种模式,京东精准匹配业务发展需求,源源不断地为新业务注入高素质人才"新鲜血液",夯实了业务发展的人才根基。

二是课程体系对接业务实际需求。围绕"智慧物流产教融合"项目建设,京东物流与22所重点合作院校联合开发了一系列"产教融合、双师联动"的特色课程,引入企业真实项目案例,力求解决理论实践"两张皮"的问题,实现"知技互融"。由此,人才培养与岗位实际需求实现了精准对接,大幅提升了人才的实战能力,从根本上破解了人才供给与公司业务需求"错位"的问题。

三是协同创新赋能业务转型升级。依托"产业学院"和"实训基地"两大创新平台,京东物流联合22所行业头部或特色院校在智慧供应链、智慧物流等领域开展关键核心技术攻关,取得了一系列科研成果。以"378项智慧供应链专利申请"为例,这些创新成果及时转化应用,将有力推动企业物流供应链业务的数字化、智能化变革,促进业务转型升级,提升核心竞争力。

四是校企合作提升运营管理水平。通过常态化、制度化的培养培训,京东物流与22所重点合作院校建立了互促共进机制:高校为京东员工提供在职培训,提升员工综合素质;而京东选派优秀学生到一线实习实训、轮岗工作,既锻炼了学生实战能力,也为企业注入了创新活力。双向互动、优势互补,最终实现了"1+1>2"的协同效应,促进了企业运营管理水平的整体提升。

综上,"智慧物流产教融合"项目与企业原有业务可谓互为表里、相互赋能。

3. 京东物流如何推进"智慧物流产教融合"建设?

对照CSV的策略路径,京东物流启动产教融合战略实践经历了"搜寻—嵌入—扩展—优化"的循序渐进过程。

第一步,搜寻共享价值创造的机会。面对日益凸显的数智物流人才短缺瓶颈,京东物流敏锐意识到,唯有加快构建与数字经济相适应的产教融合新模式,推动人才培养从"规模速度型"向"质量效益型"转变,才能破解当前瓶颈。通过前期广泛调研,京东明确了政府、高校、行业、学生等利益相关方的核心痛点,在推动产教融合数智化升级上达成了多方共识,由此揭开了"智慧物流产教融合"的崭新篇章。

第二步,嵌入企业的核心业务环节。2021年5月,京东物流迅速成立"智慧物流产教融合"项目组,将其纳入公司战略规划:公司规定,从2022年起,连续5年在"智慧物流产教融合"方面的投入不低于公司当年营业收入的2%,并选派骨干力量，多措并举保障战略落地。将"智慧物流产教融合"嵌入企业发展的主航道、融入人才建设的核心业务，提供了项目实施的有力保障。

第三步，扩展企业链接的利益主体。京东物流以"两大平台"为抓手，不断拓展"智慧物流产教融合"项目建设的广度和深度。先是从 200 多所合作院校中遴选 22 所行业头部和特色院校作为重点合作伙伴，共建"京东智慧物流产业学院"和"智慧供应链实训基地"，打造校企协同育人的创新平台。再到未来携手产学研用各界力量，构筑"京东智慧物流产教联盟"生态圈。京东物流与利益相关方的链接不断扩展，建立了开放共享、互惠共赢的命运共同体。

第四步，优化企业的资源利用方式。随着"智慧物流产教融合"项目建设的纵深推进，京东物流持续创新人才培养机制：打造"智慧物流双师教育模式"，实施双师互促共进计划，优化双师教学团队；开发 33 门智慧物流"金课"，开设 9 个"京东菁英订单班"，创新人才培养模式；建立健全绩效评估，形成常态化、制度化的培养培训机制。一系列创新之举推动了办学资源的优化配置，有力提升了人才培养质量。

综上，"智慧物流产教融合"项目建设和实施的每一步，都紧扣 CSV 路径，循序渐进、环环相扣。通过"搜寻"契机明确理念，"嵌入"业务强化保障，"扩展"平台汇聚力量，"优化"机制激发活力，最终形成了具有京东特色的产教融合数智化发展道路，不仅为企业发展注入了新动能，更为行业树立了共享价值创造的标杆。

五、启发思考题 5：面对当前复杂的政治经济环境，"智慧物流产教融合"未来推进过程中有哪些机遇和挑战？京东应如何应对，谈谈你的看法？

（一）教学定位

本题为案例讨论的最后一部分，旨在通过开放式方案设计环节，引导学生综合运用前面所学习到的知识点与方法。该部分讨论没有固定答案。

（二）案例分析

结合案例尾声部分，当前国内外政治经济环境正发生深刻复杂变化——地缘冲突频发，国内经济发展也面临需求收缩、供给冲击、预期转弱三重压力。在此背景下，"智慧物流产教融合"项目的推进面临诸多不确定性。对此，教师引导学生讨论两种截然不同的策略取向——"聚焦主业、收缩战线"Vs."加大投入、深化拓展"。

先请学生根据自己的初始判断形成小组。两类小组分别讨论本方案的优势和可能遇到的挑战以及另一方案可能面临的劣势和风险,通过组间交流碰撞,引发思考。教师需保持中立,做好引导和总结。然后请各小组综合案例信息和讨论得出的结论,为京东物流未来的产教融合之路设计行动方案。具体过程可参照图7-3所示的讨论框架。

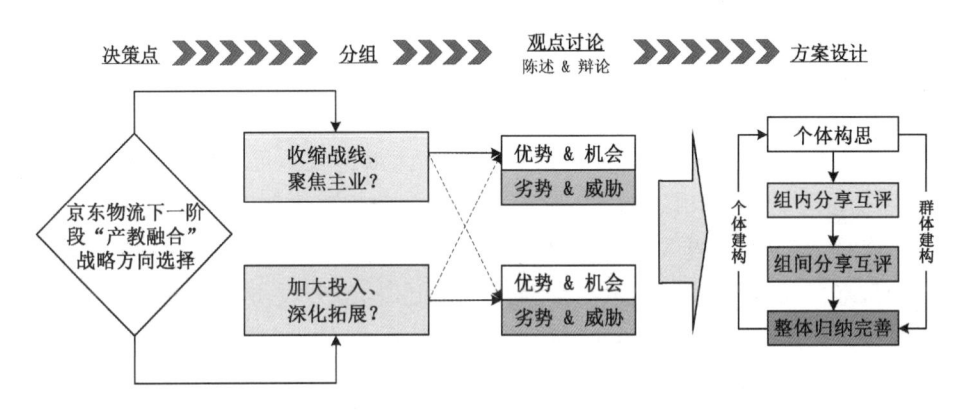

图7-3 开放性讨论框架

1. 观点讨论环节

首先,需要按照学生的初始立场,分为"收缩战线、聚焦主业"小组和"加大投入、深化拓展"小组。引导学生分别阐明选择本方向的优势和机会以及选择对立方向可能面临的劣势与挑战。

具体来说,对于"聚焦主业、收缩战线"小组,优势在于:京东物流已在产教融合领域形成了特色优势和品牌效应,足以满足京东物流未来一段时间内的人才需求。而在经济下行压力加大的背景下,聚焦物流主业,把有限资源集中在巩固和深化既有优势上,能够帮助京东应对日益激烈的行业竞争。劣势在于:过度聚焦,有可能会错失产教融合向多领域拓展的战略机遇,束缚产教融合战略实践的生命力和创造力,不利于形成多点支撑、多维驱动的发展格局。

对于"加大投入、深化拓展"小组,优势在于:新一轮科技革命和产业变革蓄势待发,数字经济方兴未艾,急需建立多元协同的现代物流人才培养体系。京东物流应顺应时代潮流,进一步拓宽产教融合的"朋友圈",充分发挥数字技术、平台资源、创新能力等优势,加快构建跨界协同、多元赋能的人才培养新生态,打造物流人才培养的全国样板。劣势在于:深化拓展不可操之过急,在资源配置、制度建设、协调利益相关方等方面如处理不当,可能会陷入"多线作战""疲于奔命"的窘境。

相关立场的支持理由包括但不限于上述内容,学生可以通过更广泛的资料查询和更深入的分析来寻找理论和实践支持。

2. 方案设计环节

经过前期讨论环节,教师可再次询问学生的支持观点,若有学生改变立场则加入新的小组。然后再以小组为单位,分模块实施方案设计。在此过程中,教师可通过启发式提问,引导学生搭建解决方案的设计思路。比如:

若要选择"聚焦主业、收缩战线",京东物流如何发挥已有的产教融合品牌效应,加强智慧物流产教融合成果转化,助推企业数智化升级?等等。

若要选择"加大投入、深化拓展",京东物流应该先从何处着手?如何完善智慧物流产教融合的顶层设计,创新体制机制,构建开放协同的多元主体利益共同体?如何打造跨界协同的创新平台,促进人才、技术、数据等创新要素流动汇聚?等等。

教师通过抛出解决此类问题的关键节点,引导学生利用已有知识和信息收集,完成自我建构和组内建构。然后再以组间点评的方式,邀请各组汇报方案,其他组寻找亮点或问题,以组间互助的形式完成方案的丰富与完善。

第五节 案例教学的课堂设计

本案例可以作为专门的案例讨论课来进行,也可以根据授课内容调整作为讲解案例。可按照如下的安排分析和讨论,供授课教师参考使用。案例授课班级人数控制在 40 人左右为宜,分为 6~8 个小组,每组 5~7 人为宜。

一、时间安排

整个案例的讨论时间控制在两个课时,90 分钟为宜。课堂安排如表 7-7 所示。

表 7—7　　　　　　　　　　　　　课堂计划时间

阶段	教学安排	具体教学活动	时间安排
课前计划			
计划	教师准备	确定课程主题、制定教学计划,包括案例课的形式、步骤以及时间安排	课前一周
		发放案例正文,根据课程主题发布启发思考题,学生分组(每组 4~6 人)	
预习	学生准备	阅读案例正文,课前查阅相关背景资料,可通过视频等方式了解物流业数智化转型、产教融合和职业教育的相关背景知识,并进行相关理论知识与工具方法的学习与准备	
课中计划			
引导	主题导入	教师介绍课程主题和学习目标,通过引导性提问,带领学生集体回顾案例内容,梳理案例故事线	10 分钟
激发	问题聚焦	通过提问的方式,激发学生对案例事件的思考,寻找和聚焦案例中的关键问题,以及其同启发思考题之间的系统联系	15 分钟
分析	理论应用	根据课程主题有侧重地抛出启发思考题,组织学生分组讨论,小组协作形成启发思考题的分析思路与理论方法应用	20 分钟
讨论	批判思维	小组讨论完成后,选择一个小组汇报分析思路和解决方案,其他小组提问并开展桌面推演,通过多角度的质疑和反思,提高理论理解与方法应用能力	30 分钟
总结	融会贯通	教师根据课堂讨论和小组汇报情况,以启发思考题为单元,总结问题点、对应理论点、适用工具方法,并示证应用逻辑	15 分钟
课后复盘			
复习	复盘反思	以小组为单位,回顾课堂讨论内容,形成案例分析报告	课后一周内

二、课堂提问逻辑

参考教学技术与设计理论家 David Merrill 教授倡导的五星教学法,实现通过案例研讨推动知识的学习与能力提升。按照聚焦问题、激活旧知、示证新知、应用新知、融会贯通的步骤作为每一道启发思考题的课堂教学提问逻辑。

教师通过分组探讨,验证学生对于案例的理解程度,以及对于问题解决的开放性思维。通过对京东智慧物流产教融合战略实践发展历程的讲解,结合学生的回答引出启发思考题,并对不同启发思考题进行引导性分解提问,引导学生主动寻找和思考"CSV 的概念内涵""CSV 的内外部驱动因素""CSV 的利益相关者""CSV 产生价值的类型:社会价值和商业价值"以及"CSV 的策略与路径"等相关共享价值创造理论知识点的学习与应用。按五星教学法的具体提问逻辑如表7—8所示。

表7—8　　　　　　　　　　　课堂提问问题清单

整体逻辑	启发思考题	引导讨论问题
聚焦问题—激活旧知—示证新知—应用新知—融会贯通	1. 从价值产出角度来看,京东推动"智慧物流产教融合"是不是一种典型的"共享价值创造(CSV)"行为?	Q1:产教融合有哪些共享价值创造的特征?
	2. 京东推动"智慧物流产教融合"的内外部驱动因素有哪些?	Q2:近年来,数智化对物流行业有哪些影响?
		Q3:物流行业的人才需求有哪些变化?京东物流为何要推进"智慧物流产教融合"?
	3. 京东推动"智慧物流产教融合"过程中,涉及哪些利益相关者?分别为他们创造了什么价值?	Q4:京东"智慧物流产教融合"连接了哪些利益相关方?
		Q5:"智慧物流产教融合"为利益相关方创造了哪些价值?
	4. 京东是通过哪些举措来推进"智慧物流产教融合"的	Q6:"智慧物流产教融合"为什么是可行的?
		Q7:智慧物流产教融合"与京东物流既有业务有哪些关联?
		Q8:京东如何推进"智慧物流产教融合"?
	5. 展望未来,京东"智慧产教融合"战略实践应何去何从?	Q9:京东物流下一个阶段的智慧物流产教融合战略方向选择该是"收缩战线、聚焦主业"还是"加大投入、深化拓展",应如何选择?

三、课堂板书计划

本案例教学说明板书按照一块矩形白板设计,具体内容如图7—4所示。

图 7-3　板书安排

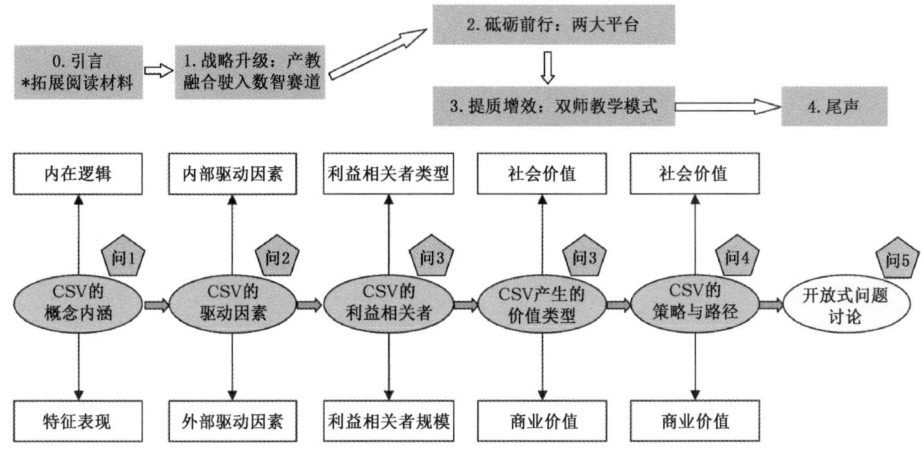

小贴士1：教师可根据自己的理解和教学需要灵活选择板书使用
小贴士2：具体请参考对启发思考题的详细分析

附录：补充阅读

［1］京东物流教育发布：《国家级产教融合企业京东物流——2023年服务职业教育专题报告》，2024年2月．

［2］国家发展改革委、教育部等八部门联合印发《职业教育产教融合赋能提升行动实施方案(2023—2025年)》，2023年12月．